本书系江苏省教育科学"十三五"规划 2018 年度
果（项目名称：中国文化"走出去"背景下的大学生跨
力培养研究；项目编号：D/2018/01/71）。本研究成果得
"青蓝工程"资助。该著作亦为徐州工程学院学术著作出版资金资
助项目。

文化『走出去』背景下的

大学生跨文化交际能力培养研究

郭姗姗 著

北京工业大学出版社

图书在版编目（CIP）数据

文化"走出去"背景下的大学生跨文化交际能力培养
研究 / 郭姗姗著． — 北京：北京工业大学出版社，
2018.12（2021.5 重印）
ISBN 978-7-5639-6492-5

Ⅰ．①文… Ⅱ．①郭… Ⅲ．①大学生－文化交流－能
力培养－研究－中国 Ⅳ．① G125

中国版本图书馆 CIP 数据核字（2019）第 019540 号

文化"走出去"背景下的大学生跨文化交际能力培养研究

著　　者：郭姗姗
责任编辑：齐珍娇
封面设计：优盛文化
出版发行：北京工业大学出版社
　　　　　（北京市朝阳区平乐园 100 号　邮编：100124）
　　　　　010-67391722（传真）　bgdcbs@sina.com
经销单位：全国各地新华书店
承印单位：三河市明华印务有限公司
开　　本：710 毫米 ×1000 毫米　1/16
印　　张：13.5
字　　数：270 千字
版　　次：2018 年 12 月第 1 版
印　　次：2021 年 5 月第 2 次印刷
标准书号：ISBN 978-7-5639-6492-5
定　　价：59.80 元

前　言

　　在文化多元共生的全球化语境中，文化影响力是综合国力的重要组成部分，中国文化国际影响力的增强对中国国际地位的提升以及国际形象的塑造有着重要的作用。党的十八届三中全会决议明确指出要"扩大对外文化交流，加强国际传播能力和对外话语体系建设，推动中华文化走向世界"，国家倡导的中华文化"走出去"战略方针给当前的外语教育提出了新的时代责任和要求，外语教育不仅要满足外语语言能力培养的要求，而且要满足传播中华文化，向世界讲好中国故事、传播好中国声音，增强中国文化在国际上的话语权的需求。因此，在文化"走出去"背景下，如何在外语教学中提高大学生的跨文化交际能力（Intercultural Communication Competence，ICC）、更好地向世界表达中国成为一项重要课题。

　　值得注意的是，教育部一直以来都强调各层次语言学习者跨文化交际能力的培养。2000 年《高等学校英语专业英语教学大纲》规定，英语专业教学的原则为"注重培养跨文化交际能力，在专业课程的教学中要注意培养学生对文化差异的敏感性、宽容性以及处理文化差异的灵活性"；2007 年颁布的《大学英语课程教学要求》指出，大学英语应"以英语语言知识与应用技能、跨文化交际和学习策略为主要内容"；2018 年 1 月，教育部发布的《普通高等学校本科专业类教学质量国家标准》明确要求将跨文化交际能力作为外语类专业学生应具备的能力之一，专业核心课程应包括文化类课程。

　　本书从解读文化"走出去"战略入手，阐述了跨文化交际以及跨文化交际能力的相关理论，并在对国内外诸多的相关研究进行整合吸收、批判创新的基础上，分析了在中国文化"走出去"背景下跨文化交际能力的内涵，并从教学理念、教材建设、教学模式等方面探究符合中国国情和发展现状的大学生跨文化交际能力培养方法和模式。文化"走出去"背景下的跨文化交际能力，不仅包括跨文化知识、态度、技巧和思维，还包括对中华优秀传统文化精华的汲取、对中华优秀传统文化和社会主义核心价值观的传播，向世界更好地表达中国。跨文化交际能力的培养，不仅要满足外语言能力的培养要求，培养具有优秀语言表达能力、良好文化自觉以及开放国际化视野的高素质跨文化交际人才；还要满足传播中华文化，向世界讲好中国故事、传播好中国声音，增强中国文化在国际上的话语权的需求。

本书适合高等院校外语类专业学生、外语教育工作者以及外语相关从业人员使用，也可供外语爱好者参考学习。由于时间及作者水平所限，本书难免存在疏漏与不妥之处，真诚地欢迎各位读者对本书提出宝贵的意见和建议。

郭姗姗

2018 年 5 月

目　录

第一章 文化"走出去"战略解读

第一节 文化"走出去"战略的全球化背景

文化"走出去"是一个历史概念,蔡元培和季羡林都曾经有过关于文化"走出去"的阐述。而我国历史上关于文化"走出去"的理论与实践也是硕果累累,从丝绸之路到郑和下西洋,我国的文化传播到世界各地,尤其是在东南亚地区,我国的文字、风俗礼仪以及一些生活方式都深深地影响了周围国家和地区的文化,并且深深地融入了当地的文化之中。周有光先生在其《文化学丛谈》一书中将东亚文化作为世界文化中的一种类型,认为东亚文化的基础就是华夏文化,形成了"汉字文化圈"。从历史的角度来看,现在的文化"走出去"战略是在全球化大背景下进行文化传播与交流的,与历史上的文化传播具有不同的策略、方法和途径。

一、文明的冲突和文化的融合

(一)文明的冲突

在全球化席卷世界的今天,文明间的冲突显得日益突出。1993 年,曾任美国卡特政府国家安全委员会安全计划顾问的哈佛大学政治学教授塞缪尔·亨廷顿在美国《外交》季刊上发表了《文明的冲突》一文,指出"冷战"后国际政治秩序将以不同文明之间的冲突为主旋律,其后在他 1996 年出版的《文明的冲突与世界秩序的重建》中系统阐述了他的文明冲突论。

亨廷顿强调不同文明之间的对立性和不可融合性,认为当今世界冲突的根源在于不同文明之间的冲突,尤其是西方文明与中华文明和伊斯兰文明之间的冲突,并强调这种冲突的不可调和性。亨廷顿认为,"现代化并不一定意味着西方化。非西方社会在没有放弃它们自己的文化和全盘采用西方价值、体制和实践的前提下，能够实现并已经实现了现代化。西方化确实几乎是不可能的，因为无论非西方文化对现代化造成了什么影响，与它们对西方化造成的影响相比都相形见绌"，因此，他认为西方在发展中国家的现代化过程中将西方文明作为普世文明向世界强行推广的做法是错误与不可行的，同时提出西方文明应在其内部得到坚守，西方国家通过自己的团结才能在多重文明的世界里确保自己的利益。他指出，"在未来的岁月里，世界上将不会出现一个单一的普世文化，而是许多不同的文化和文明相互共存"，同时也强调，"文明的冲突是对世界和平的最大威胁，而建立在多文明基础之上的国际秩序是防止世界战争的可靠保障"。

当然，亨廷顿的观点在世界范围内引起热烈讨论的同时，也受到了许多质疑和批判。哈拉尔德·米勒作为对他过于绝对和保守的思想的批判者，提出了文明之间共存的观点。他认为在国家力量、经济发展、社会互联这三个因素的推动影响下，可以实现将文明间的冲突最终转化为多种文明间的相互理解与共存。

在亨廷顿的文明冲突论中，他以宗教与语言作为主导因素的文化作为其对于"文明"的界定，而阿尔温·托夫勒提出了与此不同的观点，在其享誉全球的著作《第三次浪潮》（1980年）中，他将人类发展史划分为第一次浪潮的"农业文明"，第二次浪潮的"工业文明"以及第三次浪潮的"信息社会"，从而将科技作为文明的主导因素。与亨廷顿较为保守和悲观的观点相比，阿尔文·托夫勒更多的是用一种积极和发展的眼光来看待全球文明的未来，在他的理论当中，世界各国都将在他所提出的三种文明的冲突间前进。

通过对现实世界和各派观点的考察，毋庸置疑的是文明的冲突的确是现实存在的。在同质文化中，传统文化与现代文化的冲突、异质文化之间吸收和排斥的冲突，都包含在文明或文化的冲突当中。在全球化的进程中，当今世界的文化冲突表现在以下几个方面。

第一，在经历近代全球化殖民浪潮或西方化浪潮后，非西方国家在现代化进程中开始掀起一股"非西方化"浪潮。在本国或本民族自身的文化根基上寻找新的现代化出路成为与西方文明相抗衡的有力途径。西方国家凭借自身政治、军事、资本及技术优势向全球扩张西方文明。据统计，全球50家大型媒体娱乐公司占据了当今世界上95%的传媒产业市场。目前传播于世界各地的新闻，有90%以上为美国和西方国家所垄断，其中又有70%是由跨国公司垄断；美国控制了世界75%的电视节目的生产和制作。第三世界国家的电视节目中有60%～80%来自美国，而在美国的电视中，外国节目仅占1%～2%；美国影片产量占全球影片产量的6%～7%，但在全世界的总放映时间却超过50%。在全世界跨国流通的100本书中，有 85 本是由发达国家流向发展中国家的；跨国流通的每 100 小时音像制品中，有 74 小时是从发达国家流向发展中国家的。面对这种强有力的冲击，以及对于历史上被西方文明侵略的一种自觉的文化反思，这种本国、本民族传统文化的复兴开始愈加有力地与之形成对抗，这种对抗在一些地区甚至升级演变为以宗教激进主义为口号的暴力冲突。而针对这种由于非西方国家传统文化复兴导致的文明差异与冲突，有学者提出，今后将会出现以西方文化为中心的欧美文化区、以中国文化为中心的东亚文化区、以印度文化为中心的南亚文化区和以伊斯兰文化为中心的中东与北非文化区。

第二，本国发展和前进历史中旧制度文明与新制度文明的冲突以及当今世界其他制度文明与本国制度文明的冲突。文化体系具有相对稳定性和保守性，随着社会的进步，文化会不断进化，旧的文化系统内会出现一些新的文化因子。这些新的文化因子在传播过程中，肯定会受到旧文化的排斥和抵制，因而造成新旧文化之间的冲突。而特定的民族文化造就的特殊民族感情和行为方式，在与不同特点的民族文化相遇时，就会出现民族文化与外来文化之间的竞争和冲突。

（二）文化的融合

与文化冲突相对，文化融合是指不同形态的文化或者文化特质之间的相互结合、相互吸收的过程。它以文化的同化或相互感应为标志，在融合的过程当中，各种文化彼此改造，各种文化特质之间相互渗透、相互结合、互为表里，最终融为一体。文化融合是人类文化发展的主流。从历史上看，世界各大文明都无一例外是在文化融合的基础上逐渐形成的，如古希腊文化的形成就是环地中海地区的欧、亚、非各个民族文化融合的结果；中国历史上回族的产生以及当今中国大杂居小聚居的各民族居住状况就是各民族文明交融的典型。

放眼当下，美国作为世界上最大的移民迁入国家，本身就是多元文化交织融合的结果。当中国人在学习英语、享受西餐的同时，很多西方人也在学习汉语、练习中国功夫。尤其是在交通手段多样便捷、信息实现即时传输的当今，文化的融合在每个人的日常生活中都能得到体现。在文化多元化的进程中，不同国家、地区和民族的文化通过更多的交流渠道进行更加积极和开放的交流，促进了不同文明之间的理解和融合。

从哈佛大学的杜维明教授最早开始倡导文明对话，到以彭树智教授为代表的中国学者提出"文明交往论"，我们应当看到，在不否定矛盾和冲突的前提下，和平始终是文明间交往的最佳实现方式，交相融合始终也是世界文明发展的主流。彭树智教授指出，"文明的生命在于交往，交往的价值在于文明，文明的真谛在于文明所包含的人文精神本质"。文明交往论强调的是一种不同文明之间取长补短、和谐共生的状态，而这本身也是世界文明发展的最佳途径。同时，文明间的融合和冲突从来都不是割裂的，它们同时存在于文化发展和文化多元化的过程当中，是一体两面的矛盾关系。因此，我们必须用辩证的眼光去看待文化多元化的这两个方面，既要看到在不同文化的冲突背后是文化融合的大趋势，而文化融合也绝不会脱离了冲突和摩擦而轻易实现。世界文明的发展由于不断的冲突和相互融合而成为一个极富有张力的过程，我们必须用发展、全面的眼光去看待这一过程。

二、文化多元化的内涵

（一）文化多元化概念的产生

文化多元化，是与经济全球化相适应并受其不断推动而发生、发展的，是各民族、国家或地域文化间广泛而快速地互动的现象与历史进程，同时它也包括在此基础上多元文化系统形成与发展的一种趋势。

作为经济全球化发展的必然结果，文化多元化产生于18世纪末期的工业革命。工业革命开始于18世纪末期的英国，其后在19世纪上半叶又迅速开展于法国、美国、德国等国家。工业革命所产生的现代大工业生产方式、生产技术的突飞猛进及更加广阔的世界市场，使其成为多元化的起点。马克思和恩格斯在1848年发表的《共产党宣言》中指出："资产阶级，由于开拓了世界市场，使一切国家的生产和消费都成为世界性的了……旧的、靠本国产品来满足的需要，被新的、要靠极其遥远的国家和地区的产品来满足的需要所代替了。过去那种地方的和民族的自给自足和闭关自守状态，被各个民族的相互往来和各方面的相互依赖所代替了。物质的生产是如此，精神的生产也是如此。各个民族的精神产品成了公共的财产，民族的片面性和局限性日益成为不可能，于是许多种民族的和地方的文学形成了一种世界文学。"由此可见，伴随着经济全球化的发展和深化，现代文化在全球范围内的确立和扩展成为文化多元化的起点。

在经济全球化的进程中，由于现代通信和交通技术的不断提高，使得各文化体结束了原本相互隔绝、较少有大规模互动的状态，从而转变为快速而广泛的交流与互动。由于飞机、火车、轮船等交通工具的不断发明和革新，使得以往人类在世界范围内遥远而漫长的交往变得日益便捷和迅速；电报、电话的发明使得信息的传递和交流时间大为缩短，而互联网的出现和广泛应用，更是使信息的即时传输变得轻而易举。阿尔文·托夫勒在其著作《权利的转移》（1990年）中精辟地指出，"要想将某一特定的信息限制在国界之内或将其拒之于外已经变得更加困难了"。在此过程中，各个文化体之间的影响日益加深，"以至于在一个文化体自身发展、变迁的过程中，外部文化可以影响一个文化体的性质、重大变迁及未来的发展"。

正如上文所指出的，这种文化体间广泛而深入的互动使得不同文化在紧密联系和相互影响的基础上将产生向一个有机的文化整体——多元文化系统发展的趋势，这也是文化多元化的题中之意。

（二）文化多元化的争论

对于全球化背景下文化多元化的发展趋势，学界主要存在两种观点：一是文化同质化；二是文化异质化。

文化同质化，即在全球化的背景下，各民族和国家文化之间普遍性不断扩大、趋于一致，具体而言，即是指在美国大众文化或西方消费主义的主导下，世界文化趋于同质的观点。这种观点无疑是片面的。它只看到了在当今世界文化的发展过程中，西方发达国家凭借其在经济全球化的主导地位向发展中国家和地区强势输出自身价值观念或所谓的"普世价值"，而广大发展中国家在融入世界经济和大力发展本国经济、实现现代化的过程中普遍呈现出的一种接受西方观念的主动性，从而使得西方文化价值得以渗透并在全球范围内得以扩展的表面现象。同质论的缺陷在于，它轻易忽视了各民族、各国家深厚的文化传统，各具特点的人文、地理环境和生产实践等地域性的差异，而这种地域性的差异或文化的异质性是极难被消除的。同时，任何文化体本身对于外来文化的进入具有天然的抗拒性和排斥性，而任何外来文化只有在本地域文化的"过滤""取舍"和本地化的处理后才能被接纳。"文化是认识的过滤器"，正是表明人们总是会从自身的文化观念出发去考量外来文化，而绝不会出现一种文化被直接移植到另一个文化体中的现象。

文化异质化作为与文化同质化相反的另一种观点，是指不同民族和国家文化的独特性在全球化进程中不断扩大的过程和趋势，具体表现为不同文化间矛盾、摩擦、冲突等的增多和难以调和。这种观点同样存在其理论上的缺陷。持这种观点的人从不同文化相碰撞所产生的差异与冲突上找到文化异质论的现实依据，尤其是在20世纪80年代末90年代初随着苏联解体、东欧剧变而到来的后冷战时期，文化的冲突对于世界动荡格局的形成的确起到了一定作用，而文化异质论者以此为出发点，简单认为这种不同文明或文化之间的差异和冲突将难以调解。因此，有学者认为，异质论或文明冲突论在本质上也具有为美国或西方文化中心主义辩护的含义。但如同文化同质论者所犯的错误一样，文化异质论者忽视了文化间的同质性，这种同质性表现为"各民族和国家物质生产活动的共同性和历史发展规律的统一性，它主要体现为文化的时代性"。纵观世界文明的发展，不同文明间并没有因为各自的差异性而表现为持续的冲突，而恰恰表现为各种文明之间的取长补短、求同存异，从这个意义上来讲，文化的差异性正是世界文明融合的起点与基础。

此外，在上述两种观点都有失偏颇的情况下，有学者提出了第三种观点，即认为文化同质化与文化异质化并存。借这个折中的观点我们应该看到，在文化多元化的过程中，文化同质化和文化异质化是一体两面、矛盾共生的关系。而在世界文明的形成和发展过程中，也不能简单地认为文化多元化就是文化融合而忽略其间的文化冲突，这对于我们如何看待我国文化"走出去"具有很好的现实指导作用。

三、文化多元化的现状

目前，全球化已经成为不可阻挡的历史潮流和趋势。全球化作为一种重要的现象，包括经济全球化、文化多元化和政治全球化等类型，它们之间相互作用、互相影响，共同把全球化浪潮向前推进。

文化多元化是不同地域、民族、国家之间的文化在全球范围内的自由互动与交流，是不同文化与文明在交流过程中的相互理解与尊重的过程。文化多元化并不是世界文化的一体化，文化多元化也不是世界文化的同质化。目前学术界对于文化多元化最后的结果存在很大的争议。经济全球化、政治全球化和文化多元化的发展趋势无疑给世界各国文化交流与文化自身的发展施加了重要的外部影响。文化多元化为中国文化的发展提供了难得的机遇。它拓展了我们的文化视野，使我们可以用国际视野来环顾世界，审视自己的文化；它给我们提供了更多文化参与的机会和更大文化创造的舞台，为中国文化走向世界开辟了道路。

文化多元化作为席卷世界的浪潮，给世界带来了前所未有的变局，并愈加深刻地影响着世界的发展方向。由西方主导的经济全球化所产生的文化多元化，在使世界各民族、各国家之间交流日益频繁和深入、联系更加紧密的同时，也让其内在的不平等性更加显露出来。不可忽视的一点是，西方国家凭借资本、技术等优势形成的文化霸权主义和文化帝国主义，深刻影响并威胁着发展中国家的文化生存。资本主义出于自身利益需要，决定了全球化绝非是一个纯粹的经济和科技的无差别流动，而是一个强势国家通过经济扩张而推行西方政治理念和文化价值的历史过程，这实际上是过去五百年来西方扩张运动的延续。西方强势文化借助文化多元化的浪潮，通过好莱坞电影、麦当劳等一系列文化产品强势输出到发展中国家，令发展中国家在历经近百年的"泛西方化"后饱受冲击的民族文化再次经受威胁。我们应该清楚地看到，文明冲突和文化融合的背后，弱势文化在跨文化传播中正处于艰难的困境，我国必须坚固自己的文化根基，逆流而上，而不至于成为文化多元化这一股强势浪潮的牺牲品。

四、文化多元化带给中国的机遇和挑战

世界多极化、经济全球化深入发展，当今世界正处在大发展、大变革、大调整时期，各种思想文化的交流、交融、交锋更加频繁，科学技术日新月异，维护国家文化安全任务更加艰巨，文化在综合国力竞争中的地位和作用更加凸显，增强中华文化国际影响力、国家文化软实力的要求更加紧迫。

全球化不单向我们提出挑战，同时也提供了百年难遇的发展机遇。首先，全球化促进了人类自身相互借鉴和吸收他国优秀文化成果，带来了文化上的交流。其次，广大发展中国家正在缩小与发达国家的差距，促进了资本、技术、人才的跨国界流动。经济全球化是科学技术进步的结果。最后，全球化促进了中国文化的不断发展与创新，文化视野不断向前拓展。五千年的中华民族文明史，悠久的历史文化中，不但有精华传统，也有糟粕陈腐。中国文化的创新发展也必将为人类的文明进步做出更大的贡献。全球化突破了国家和民族的狭隘视野，不但能够使中国用世界的眼光和宽博的胸怀来解读全球化进程中暴露出的一些问题，同时中国更应站在"面向世界，面向现代化，面向未来"的高度，重新反思自身的文化遗产。

但是，文化的多元化也是一把"双刃剑"。

从消极意义看，文化多元化造成了文化的趋同性，文化的趋同性则意味着民族精神的消亡，而民族精神的消亡，意味着民族的衰落和消亡。从积极方面看，文化的全球化为中国文化走向世界提供了国际舞台，为世界其他民族了解中华民族的精神与价值提供了机会。从当今文化发展的趋势看，西方发达国家的文化占有优势，相对落后的国家的文化多受到其诸多侵害。令人担忧的是，西方发达国家正在利用他们的这种优势通过影视、书籍、游戏等方式取代或消灭相对弱势的文化，而且矛头直指其民族精神，不惜一切代价要摧毁这些民族赖以存续的民族精神。今天的中华民族精神也正面临着这种威胁和挑战。

由此可见，全球化带来的不仅是机遇，而且还有更严重的挑战。中国文化的发展应该在这个过程中，发挥凝聚一切积极力量的作用，为中国的和平发展提供精神动力和支持。全球化背景下的文化多元化并不意味着绝对的同一，而是多样性的统一。在多元化趋势下，中国文化要在保持自己特点的前提下，不断吸取世界其他国家的优秀传统，在发展自身的同时，向世界展示中国自己的文明。

第二节　文化"走出去"战略的内涵与意义

自从我国改革开放以来，改革与开放成为我国经济和社会发展的主旋律。与之相适应的文化领域也在进行改革，文化体制改革成为贯穿于文化领域改革的主要线索，文化领域的对外开放成为文化工作的重要内容。WTO 谈判成功和加入世界贸易组织之后，我国文化领域面临着国外文化企业的竞争，我们的文化建设不仅要能够对抗外来企业的竞争，还要能够主动走出去参与国际竞争和国际分工，传播我国优秀传统文化。文化"走出去"在我国经济社会发展的大背景下成为我国文化战略和"走出去"战略中的重要组成部分。

一、我国文化"走出去"战略的提出

我国文化"走出去"政策是随着我国的经济社会发展而不断形成和发展的。关于文化对外交流和文化"走出去"在不同时期有不同表述。

"十五大"报告中对我国文化对外交流和发展的表述是："我国文化的发展，不能离开人类文明的共同成果。要坚持"以我为主、为我所用"的原则，开展多种形式的对外文化交流，博采各国文化之长，向世界展示中国文化建设的成就。坚决抵制各种腐朽思想文化的侵蚀。"

《关于〈中共中央关于深化文化体制改革推动社会主义文化大发展大繁荣若干重大问题的决定〉的说明》中对文化"走出去"战略的定位是：坚持发展多层次、宽领域对外文化交流格局，借鉴吸收人类优秀文明成果，实施文化"走出去"战略，不断增强中华文化国际影响力，向世界展示了我国改革开放的崭新形象和我国人民昂扬向上的精神风貌。

"十七大"则从"文化软实力"的角度将文化的重要性进一步提升，具体表述是："当今时代，文化越来越成为民族凝聚力和创造力的重要源泉、越来越成为综合国力竞争的重要因素，丰富精神文化生活越来越成为我国人民的热切愿望。要坚持社会主义先进文化前进方向，兴起社会主义文化建设新高潮，激发全民族文化创造活力，提高国家文化软实力，使人民基本文化权益得到更好的保障，使社会文化生活更加丰富多彩，使人民精神风貌更加昂扬向上。"同时还强调"加强对外文化交流，吸收人类优秀文化成果，提高中华文化影响力"。

2011 年十七届六中全会将文化产业提升到了国家战略层面，提出"文化强国"战略，实施文化"走出去"工程，要从四个方面推进文化"走出去"。

（1）我国文化产业发展差距还非常明显，文化产品和服务出口总体上还处在探索起步阶段，规模总量偏小、结构不尽合理、营销手段落后，特别是缺乏在国际上有较大影响力的文化企业和文化品牌。这就迫切要求我们具有更加广阔的国际视野、更加开放的文化心态，创新推动中华文化"走出去"的思路和模式，在继续做好对外文化交流的同时，切实扩大对外文化贸易，培育外向型文化企业，打造知名文化品牌，加强出口平台和营销渠道建设，不断提高国际文化市场所占份额，有效扩大中华文化国际传播力、竞争力和影响力，在激烈的国际文化竞争中赢得主动。

（2）完善支持文化产品和服务走出去政策措施。政策是推动文化"走出去"的有力杠杆。这些年，各地各部门出台了一系列促进文化出口的政策措施，要做好宣传解读工作，完善实施细则，确保各项政策落到实处、发挥实效；要充分考虑文化产品和服务出口起步晚、基础弱的实际，进一步加大政策扶持力度，完善译制、推介、咨询等扶持机制。

（3）培育一批具有国际竞争力的外向型文化企业和中介机构。文化企业的质量、规模和实力，决定着一个国家和地区在国际文化市场格局中所处的地位。要加快培育一批能与西方文化企业相比肩的骨干文化企业，加大对文化出口重点企业和重点项目的扶持，不断壮大对外文化贸易的主力军，努力形成以国有文化企业为主体、非公有制文化企业积极参与的对外文化贸易格局。加强与国外知名文化机构的合资合作，积极发展各类版权代理、交易机构，推动对外版权贸易。鼓励文化企业和重点主流媒体通过独资、控股、参股等多种方式，在境外设立分支机构，使我国文化产品和服务更直接地打入国际文化市场。

（4）推进出口平台和海外营销渠道建设，拓展文化贸易网络。继续办好用好中国国际文化产业博览交易会等重点国际文化会展，加强统筹规划，加大海外推介和招商力度，改善硬件软件方面的服务，不断提高会展的层级、水平和成效。支持和组织国内文化企业参加境外节展，借助国际文化交易平台推销优秀文化产品。注意发挥海关保税区"境内关外"的优势，加强文化出口基地建设。

《文化部"十二五"时期文化改革发展规划》指出，进一步密切中国与世界各国及重要国际组织的文化关系，配合国家重要外事工作，组织国家文化年、中国文化节、文化周等重大对外文化活动，精心组织"欢乐春节"等大型品牌活动，"十二五"期间，在国际、多边、双边等场合举办国家级重大涉外文化活动30项以上。

加强文化人士交流与互访，拓展表演艺术、视觉艺术、文物、图书、影视等各领域的交流与合作。加强思想文化领域的国际对话，倡导相互尊重、开放兼容的文明观，支持在哲学社会科学领域开展学术对话与研讨，增强国际学术界的中国声音，"十二五"期间，邀请 500 名国际文化名人与 1000 名青少年文化使者来华访问，对外文化援助的受援国家超过 20 个。

加快海外中国文化中心建设，加速建设布局合理、功能多样、内容丰富的海外中国文化中心，到"十二五"期末总数达到 30 所。密切海外中国文化中心与其他海外教育和文化机构的合作，借助扎根当地的平台优势，加强与驻在国民众的交流互动，提高中华文化的国际传播能力和对国外优秀成果的吸收借鉴能力。

积极探索推动中华文化"走出去"的新方式、新办法，鼓励更多地以民间和商业的方式走出去，促进不同文化的相互了解和尊重，建立健全政府对外文化贸易工作框架。

推动一批大陆优秀文化项目及文化产品入岛交流，不断增强对台文化交流的亲和力、感染力、影响力。选派一批优秀内地艺术团赴港澳交流，充分发挥区位优势，不断深化对港澳地区的文化交流与合作。

随着文化在我国发展中的重要性逐渐增加，文化"走出去"战略成为文化强国的重要内容，文化"走出去"战略部署也在"十二五"期间基本形成。

二、文化"走出去"战略的内涵

党的十七届六中全文通过的《中共中央关于深化文化体制改革推动社会主义文化大发展大繁荣若干重大问题的决定》指出：要推动中华文化走向世界，开展多渠道多形式多层次对外文化交流，广泛参与世界文明对话，促进文化相互借鉴，增强中华文化在世界上的感召力和影响力；创新对外宣传方式方法，增强国际话语权，增进国际社会对我国基本国情、价值观念、发展道路、内外政策的了解和认识；实施文化"走出去"工程，完善支持文化产品和服务走出去政策措施，支持重点主流媒体在海外设立分支机构，培育一批具有国际竞争力的外向型文化企业和中介机构，完善译制、推介、咨询等方面扶持机制，开拓国际文化市场。此外，要加强海外中国文化中心和孔子学院建设，鼓励代表国家水平的各类学术团体、艺术机构在相应国际组织中发挥建设性作用，组织对外翻译优秀学术成果和文化精品；构建人文交流机制，把政府交流和民间交流结合起来，发挥非公有制文化企业、文化非营利机构在对外文化交流中的作用，支持海外侨胞积极开展中外人文交流。

这一段陈述，深刻揭示和精辟概括了中国文化"走出去"战略的基本内涵，就是通过对外文化交流、对外文化宣传、对外文化贸易等途径，来扩大中华文化的国际影响力，增强文化产业竞争力，塑造中国的文化大国形象，营造中国和平发展的国际环境，进一步提升当代中国的文化软实力，为把中国建设成为社会主义文化强国做出贡献。其基本内容包括以下三个方面。一是对外文化交流。主要是指以政府、民间或政府与民间联合作为行为主体所进行的文化外交。对外文化交流包括双边交流和多边交流，它以文化柔性的力量、细雨润物的方式交流情感、沟通心灵、巩固友谊。对外文化交流是中国文化"走出去"战略的重要组成部分。二是对外文化宣传。对外文化宣传是以文化为载体，充分利用现代宣传媒体和宣传手段向世界说明中国、介绍中国，包括说明、介绍中国的基本国情、价值观念、发展道路、内外政策、建设和发展成就等。其主要目的是树立中国对外开放的形象、和平发展的形象、文明进步的形象、建设民主法治国家的形象和改革创新的形象等。三是对外文化贸易。强大的对外文化贸易是一个国家文化崛起的象征，也是文化"走出去"的根本体现。积极参与国际文化市场竞争、向世界出口大量体现中华民族文化特色和科技含量高的现代文化产品，是中华文化走向世界的主渠道。积极培育外向型名牌文化企业和名牌产品，乃至形成文化跨国公司，这些都是拓展中国对外文化贸易的关键。

三、文化"走出去"战略的意义和必要性

我国实施文化"走出去"战略意义重大。我国是世界文明古国，具有悠久的历史和优秀的传统文化，是世界文化的重要组成部分。我国文化"走出去"战略对华夏文明的继承和发展都是非常必要的。从我国的经济和社会发展来看，我国已经成为世界第二大经济体，经济上的发展推动了我国文化"走出去"，将我国的文化推广到了更加广阔的空间，在这样的背景下，文化"走出去"容易让世界更加认同我们的经济成果；从社会发展的角度来看，我国处于社会急剧变化的时期，社会高速发展和变化，再加上全球化的文化背景，文化"走出去"易获得世界上更多国家的认同，可以让我们产生更多的民族自豪感和文化自信，从而更快地促进我国文化强国目标的实现。

（一）文化"走出去"战略是世界文化多样性发展的需要

人类文化的多样化发展和多元化表达一直都是文化发展的主旋律。每个民族的文化都有自己的精粹，每个民族的文化精粹都是这个民族历史发展的产物和人民智慧的结晶。在一个民族的历史与现实中，民族文化起着维系社会生活、维持社会稳定的重要作用，是这个民族生存与发展的精神根基。尊重文化多样性，首先要尊重自己民族的文化，培育好、发展好本民族文化。一个民族的文化成就，不仅属于这个民族，而且属于整个世界。如古代两河流域人民在法律与天文学上的成就、古代埃及人民在建筑与医学上的成就、古代中国人民的四大发明、古希

腊人的哲学与艺术成就等，都以其鲜明的民族特色丰富了世界文化，共同推动了人类社会的进步和发展。尊重和保存不同的民族文化，是人类生存和发展的基础。维护世界文化多样性也是联合国教科文组织的一项重要工作。

中华文化一直都是世界文化中的主要成员，但是在全球化浪潮的冲击下，我们的文化受到了一定的冲击，西方的价值观和生活方式对我国的传统文化和现有的生活方式造成了巨大的挑战，在我国原有的文化受到挑战之后，如何将我国优秀的历史遗产和传统文化在新的文化环境下继承并发扬光大，是我国文化发展所面临的巨大挑战。文化"走出去"战略就是要让我国优秀的传统文化走出国门，在世界范围内接受检验，这就需要将具有生命力的文化元素，通过现代的文化表达方式和科技手段表现出来，将我国优秀的传统文化传播到更多的国家和地区。这种传统文化的创新表达可以对世界文化多样化发展做出重要贡献。

（二）文化"走出去"战略是我国经济和社会发展的必然趋势

随着我国的经济不断发展和经济实力的不断增强，我国在世界上的国际地位越来越高，但是与经济实力和经济发展不太匹配的是我国的文化产品和服务的出口占比还很小，文化产品和服务作为高附加值的商品还没有成为我国出口产品中的重要组成部分。根据商务部的统计数据，2011 年，我国核心文化产品进出口总额约 198.9 亿美元，在我国的外贸出口中占比不大。同时，我国的文化影响力在国际上也处于弱势地位。因此，无论是文化产品和服务的出口占比还是我国文化影响力，都需要提升。文化影响力的提升会增加其他国家对我国文化的认同感，这种认同感会促进我国的文化产品和服务的出口。文化"走出去"战略就是为了更好地促进我国经济的发展，加快发展高附加值的文化产品和服务，增加我国文化产品和服务在国际文化贸易中的地位，增强我国的软实力。同时，在经济发展达到一定程度的时候，需要进行产业升级，文化产业是高附加值的产业，文化产业可以提升其他相关产业的附加值，从而可以完成产业的升级和结构转型。因此，文化"走出去"战略是我国经济发展到一定阶段的必然产物。

此外，当我国的经济实力增强之后，就可以有更多的资金投入公共文化建设中去，就可以有更多的资金来支持我国的文化产品和服务走出去，支持我国的传统文化"走出去"，让更多的人认识我国的传统文化。

（三）文化"走出去"战略是实现中华民族复兴的必然要求

我国是具有悠久历史和优秀文化的国家，在历史上我国曾经创造了丰富多彩的文化并且在很长时间内一直都是领先发展的国家，1820 年我国的经济总量约占世界的 28.7%。随着近代西方资本主义国家的崛起，我国开始走向衰落。因此近代以来，中华民族面临着两大历史任务：一个是求得民族独立和人民解放；一个是实现国家繁荣富强和人民共同富裕。中华民族的复兴需要达到国家富强和人民共同富裕的目标，这个目标的实现需要经济、文化、社会和生态的全面发展，这样才是国家的富强。

文化复兴是中华民族复兴的重要任务。文化复兴需要将传统文化中具有生命力的基因传承下去，让更多的人认识和接受我国优秀的传统文化。因此，文化"走出去"战略是我国文化复兴的重要举措，是中华民族复兴的必然要求。

（四）文化"走出去"战略是建设文化强国的必然要求

第一，文化"走出去"是文化强国的重要体现。建设文化强国是 2011 年 10 月 18 日中国共产党第十七届中央委员会第六次全体会议审议通过的《中共中央关于深化文化体制改革推动社会主义文化大发展大繁荣若干重大问题的决定》中提出的。党的"十八大"也将建设文化强国作为一项重要的内容提出。文化强国战略就是增强国家文化软实力，扩大我国文化国际影响力。日本和韩国都提出了"文化强国战略"，将本国文化产品推向国外就是日韩文化强国战略的重要组成部分。我国建设文化强国的战略，必然需要将我国的文化产品推向国际市场。

第二，文化"走出去"战略是提升我国文化产品国际竞争力的需要。通过文化"走出去"战略，让我国的文化企业在全球范围内进行竞争，从而提升自身的竞争力。文化企业竞争力的提升自然会增强我国的文化产业竞争力。

第三，文化"走出去"战略是提升我国文化的国际影响力的必然要求。文化是一种软实力，文化对人的影响是潜移默化的，通过文化"走出去"影响到更多国家的人民，从而认同我国优秀的文化。从文化传播的层面来看，心理认同之后就有可能产生行为认同，即产生文化产品的消费。文化"走出去"就是要在两个层面都发生作用，从而使我国文化产品在国际市场上可以占有更大份额。

第三节 文化"走出去"战略的实施模式与挑战

一、文化"走出去"战略实施的主要模式

从行为和企业的层面上来看，齐勇锋与蒋多在《中国文化"走出去"战略的内涵和模式探讨》一文中提出，我国文化"走出去"的模式可以归结为以下几个

方面：一是依托国际销售渠道和发行网络走出去，此种模式常见于影视业和图书出版业，也就是我们通常所说的"借船出海"；二是基于自主知识产权输出策略走出去，此种模式常见于具有内容特色优势的图书出版、影视剧版权销售以及具有高科技含量的新兴文化产业领域；三是以国际合资、合作生产的方式走出去，此种模式常见于影视业、图书出版业、演艺业；四是通过直接投资、购并重组外国企业等方式实现海外运营，此种模式常见于影视业、演艺业，包括电影海外制作、电视频道直接到海外落地、投资收购海外文化艺术资产等；五是利用国家各类专项资金的杠杆扶持效应走出去，此种模式广泛存在于影视、图书出版、音像等文化产业领域，是目前我国政府常用的促进文化"走出去"的策略之一，主要包括对出口文化产品、项目、企业和活动的各种专项资助和奖励计划；六是利用国际化平台进行海外推广，此种模式常见于图书出版业、影视业、文化艺术展览等领域，主要是指利用国际书展、国际电影节、国际电视节、国际文化艺术节等国际化商业推广平台，实现海外销售与发行。

从走出去的内容和形式上来看，我国文化"走出去"战略实施的主要模式根据不同的行为主体，可以分为"送出去""推出去""走出去"和"引进来"几种模式。

（一）送出去

在国外对我国优秀文化不了解的情况下，通过"送出去"的方式将我国的优秀文化介绍到世界各地。这种做法的主导力量主要是政府，政府通过组织国内优秀的文化产品和节目，参加国际交流活动，通过"送"的方式让别人了解自己。"送出去"在文化"走出去"战略实施的初始阶段是一种常见的方式，各级政府部门纷纷组织本地的优秀文化产品，走出国门。在一定阶段，这种方式是一种比较有效的方式，但是需要消耗较大的财力和物力，作为一种阶段性的方式还是可行的，长期实行"送出去"，需要精选和更加有针对性地执行，考虑当地的实际情况，实行比较精准和有效的文化"送出去"。

（二）推出去

文化产品的走出去需要一个过程。"推出去"的方式可以是政府通过整合资源，借助官方渠道，将国内的优秀文化产品推到国际市场上。这种做法是较为常见的，各类国家的文化交流活动中，都会在展览会上出现各国的文化产品，这种借助官方渠道将本国的文化企业推出去是一种比较有效的形式。比如，国家形象宣传片在纽约时代广场播出后，我国很多地方和企业的宣传片也在纽约时代广场播放，取得了较好的效果。

另外，各种跨国营销推广平台也是将文化产品"推出去"的重要方式。在全球化的背景下，文化产品的国际化需要借助各类营销推广平台，企业单打独斗的形式难以收到好的效果，借助国际上的销售网络和营销渠道将自己的产品推出去是一种常见的形式。

（三）走出去

"送出去"和"推出去"是处于被动状态的两种方式，"走出去"是一种相对主动的状态。在具备了一定竞争力的情况下，我国的文化企业和文化国际交流主动参与到国际市场的格局中，成为全球文化市场的组成部分。随着我国经济实力的提升和文化企业的不断发展，我国的文化"走出去"形式逐渐成为常态。万达收购美国第二大院线 AMC，小马奔腾联合印度传媒公司收购美国数字制作公司，优酷、土豆等视频网站在美国上市等都是我国文化企业主动走出去的典型案例。

（四）引进来

随着我国综合国力和文化软实力的不断发展，我国的文化产品和优秀的传统文化会在全球范围内产生巨大的影响力和辐射效应，会有越来越多的外国人到中国来感受中国文化，消费中国文化产品。"引进来"是另一种形式的"走出去"，是为了更好地走出去。引进来既可以是引进国外对中国文化感兴趣的外国人，也可以是国外的文化产品和服务。引进对中国文化感兴趣的外国人，可以通过外国友人口口相传，将中国传统文化传播到国外，而且这种口碑传播的方式效果更好。引进外国的文化产品和服务，不仅可以满足国内消费者对于高质量文化产品和服务的消费，还可以与国内的文化产品和服务形成竞争，促使国内的文化产品和服务的质量提升。

文化"走出去"的各种模式主要目标都是为了让世界更多地了解中国，让中国的文化为世界文化多样性发展做出自己的贡献。"引进来"一方面可以让世界走近中国，深层次地了解中国文化，进而传播中国文化；另一方面也可以不断促进中国市场与世界市场的对接，让中国文化产品和市场成为全球化市场的重要组成部分，当中国文化产品在全球市场中的份额越来越大、分量越来越重时，中国文化"走出去"也会越来越顺利。

二、文化"走出去"面临的问题和挑战

我国有着五千年深厚的文化积淀，在对外文化传播中带有独特的中华印记。将中国文化传播出去，也是将中华文明传递出去。我国进行文化"走出去"战略，

在对外文化项目上取得了丰硕成果：文化交流、互访频繁，开展了多种形式的文化交流、宣传活动，包括开展对外文化合作、举办学术交流会议和对外中国文化教育培训等。这些活动的开展都大大增强了我国文化的影响力和与其他各国的互动，互通有无的过程也使得中国文化更容易走出去、被接受。我国的文化"走出去"战略无论是在经济贸易方面还是在文化本身方面，都取得了快速发展，收获颇丰，但是我们还应当看到：在进步的背后还有许多困境尚待解决，"走出去"还有很大的空间和潜力尚待挖掘。

（一）国际文化保护主义盛行

文化是一个国家实现国家利益的重要工具。越来越多的国家开始运用文化战略去谋求国家利益，扩大国家影响力。因此，国际文化领域的扩张与反扩张、渗透与反渗透逐渐成为当今国际政治舞台上一道靓丽的风景线。为了抵制殖民文化的入侵，各民族国家尤其是欧洲国家均在很大程度上采取了文化保护主义政策。一方面，以美国等为首的西方国家凭借着雄厚的经济物质基础和得天独厚的信息技术优势，将反映西方特色的文化价值理念、生活方式，源源不断地输送到世界的各个角落；另一方面，他们又借助语言中介和对外文化交流等渠道，把体现其文化成果和思想灵魂的学术话语渗透到非西方的发展中国家，致使西方政治经济模式和文化理念在发展中国家大行其道。韩国政府为维系民族文化认同，就立法规定本国电影院每年至少要放映本国电影 146 部。

（二）西方国家对我国文化的片面认知

外国人对于中国的了解非常有限，"神秘"是他们谈起我国时使用频率最高的一个词语。例如在法国高中历史教科书中，尽管单独有一课用来介绍中国，但其所论内容十分有限，介绍与点评非常片面，这就是导致法国民众至今对我国存在片面认识的重要原因之一。与法国的情况相反，在德国中学的历史教科书中，从"四大发明"对世界的贡献到孔子的思想、中医的效用，在历史教科书中都有图文并茂的说明，但现代中国的情况所论较少。如何引导外国人正确认识中国，是我国文化走向世界的历史任务之一。

（三）走出去的中华文化影响力有限

1. 中国文化的地缘影响力有限

地缘文化影响力是衡量一个国家文化软实力的重要参考依据和指标。近年来，我国虽然通过开展对外汉语教学和学术交流、举办中国文化年和文化周、建立中国文化中心等多种文化交流形式和手段，推动了我国优秀文化走向世界，但与美国文化的全球性影响相比，我国文化的影响力基本上是区域性的，主要限于东南亚、日本、韩国等周边国家和地区。以图书贸易为例，"多年来我国图书进出口贸易大约是 10：1 的逆差，出口的图书主要在一些亚洲国家和我国的港澳台地区，面对欧美的逆差则达 100：1"。这意味着中国在世界地缘文化空间的影响力仍十分有限。这不仅与中国的世界经济大国地位不匹配，还严重影响了中国文化在国际上的影响力和竞争力。

2. 文化推广手段不丰富

长时间以来，深受外国人喜爱的中国文化品种仅限于功夫、杂技、京剧、舞狮以及各种民俗表演等，这些确实能增进世界对中国的了解，但外国人对于它们的喜爱更多的是建立在比较表层的直观感受上，也就是俗话说的"看热闹"，并不真正理解其深层的文化内涵。浅层次的节目展示或许也只能"图个热闹"，难以真正地打动人心。时间长了，在神秘感、新鲜感过后，随之而来的是"审美疲劳"。

（四）国际文化传播人才缺乏

我们缺少可以将民族文化资源变为民族文化产品、品牌和名牌的创意者、生产者和资源整合者；缺少既具有较强国际文化交流意识又具备较强专业素养的对外汉语传播人才、优秀翻译人才、优秀媒体传播人才。例如莫言在领取诺贝尔文学奖后发表的获奖感言中，特别感谢了把他的作品翻译成世界各国语言的翻译家们，并称"他们的劳动让文学可以变成世界的文学"。但是我国的翻译硕士专业学位（MTI）2007 年才开始招生，第一批招生院校仅有 15 所。到现在，从翻译专业毕业的人才远远不能满足日益增多的跨文化交流和当今文化"走出去"战略实施的需要，国际跨文化传播的人才资源匮乏，由此可见一斑。

第四节　文化"走出去"战略对外语教育的要求

中国文化"走出去"是中国文化战略的重要组成部分，是彰显中国文化软实力、促进中华民族伟大复兴和中国和平崛起的需要。外语是中国文化"走出去"的主要媒介之一。为此，在大学外语教学中要适量融入中国文化，将外语教学与本土文化相结合，建立适应本土文化与世界文化接轨的全新教学模式。以中国文化的"魂"引领大学外语教学，推动社会主义核心价值观进外语课堂、进外语教材，培养优秀跨文化交际人才，推动中国文化"走出去"。

一、中国文化与外语教育

在很长一段时期内，外语教学曾把单纯外语语言知识的传授看成语言教学的目的和任务。后来，外语教育者逐渐意识到，语言教学离不开文化的依托，脱离文化的外语学习将堕落成单纯的形式和词汇学习。外语学习还应涉及目的语国家的文化习得。

英语作为全球通用语，是文化传播的主要工具之一。王雅坤和耿兆辉（2013）认为，传播者是中国文化"走出去"的决定性因素，国外受众是中国文化"走出去"的方向标。在英语教育在中国广泛普及的形势下，用英语向国外友人讲述、解释中国文化，可以看作中国文化"走出去"的重要途径之一。目前，我国的大学外语教育普遍开设英美文化等相关课程，在引介英语国家历史文化、风俗习惯基础上引入跨文化交际策略和技巧。这一措施对有效地理解英语文化，有效地与英语国家人们进行跨文化理解和沟通起到了重要作用，对纠正不得体的英语现象也有很好效果。但是这也导致了另外一种极端现象：学生用英语介绍西方感恩节、圣诞节时，讲得头头是道，而要求他们用英语介绍春节、中秋节时，却个个面露难色。

就外语学习者来说，跨文化交流至少应该包括中国文化和目的语文化两个部分，而目的语文化的掌握也要立足于对自己民族文化的认识与了解。跨文化交流是双向的，在我国外语学习者力图学习地道的目的语、了解目的语国家文化传统的同时，我们也应以目的语为媒介向不懂中文的国外友人传播中国文化。

因此，在中国文化"走出去"战略实施过程中，外语学科和外语教育大有可为。庄智象（2009）指出："面对新的形势、新的情况、新的任务，英语专业的教学不但要按照专业、学科的发展规律运行，而且还要充分考虑到我国的国家发展战略，服务于中华民族的伟大复兴和中国的和平崛起。"当前，国家制定了自己的文化战略，大力实施文化"走出去"，弘扬中华优秀文化，以提高自己的文化软实力。作为培养外语人才的中国外语教育界，应该顺势所趋，使中国文化成为外语教育的重要内容，积极探索在大学外语教育中践行中国文化"走出去"战略的方式与途径。

二、在大学外语教育中培养学生中国文化表达能力

在大学外语教育中实施传播中国文化的思想早在 1998 年 12 月教育部颁布

的《关于外语专业面向 21 世纪本科教育改革的若干意见》（以下简称《意见》）就提了出来。在涉及 21 世纪外语专业人才的培养规格时，《意见》认为外语专业学生在工作中应具备"能够从事不同文化间交流与合作的能力、交际能力"，应具备较高的文化素质，以及"批判地吸收世界文化精髓和弘扬中国优秀文化传统的能力"。外语界对中国文化知识在外语专业教学中的重要性也取得了一定的共识。可惜的是，大学外语教育中的中国文化失语现象非常严重，在跨文化交际中作为交际主体的中国人，很多时候却不能够用英语表达、弘扬自己的民族文化。

要使学生成为新型的跨文化交际人才，成为真正的"文化使者"，外语教育工作者不仅要引导学生学习目的语语言文化，更应鼓励他们学习了解中国文化知识、学习如何用外语表达中国特有的事物、观念、现象等。要以跨文化交际相关理论为基础，在外语教学中将跨文化交际能力的培养和文化教学相结合，将目的语国家目的语文化的教学与中国文化的教学结合起来，将目的语文化和中国文化的文化习俗、价值观念和思维方式等进行对比，在外语教学各环节中融入中国文化和价值观的培育，在目标设定、课程内容设置、教材使用、教学评估等方面融入中国文化价值观教育的内容。

（一）改变传统外语学习观念，重视中国文化教学

外语教学的观念曾经发生过一次巨大的转变：从纯粹的词汇、语法、技能的讲解与操练到重视外语国家的文化引介。随后无论是外语专业还是公共英语，都开设了有关目的语国家文化风俗的必修或选修课程。外语界充分意识到了文化因素在外语教学与学习中的重要作用。这一转变对我国的外语教育事业产生了积极的影响，为我国培养出了一大批了解西方国家文化、国情的外语人才。但跨文化交际是双向的，我们需要的是中西贯通的外语人才。可惜的是，从多数大学外语教学改革的现状看，其设计思路、课程设置、教材选用和实现目标依然集中在单一的目的语文化传输上，极少涉及外语课堂的中国文化和价值观的传输。

观念的转变还涉及另一层含义，即对外语是一门"专业"还是一项"工具"的理解。随着外语学习在我国的普及以及我国经济和社会发展的需要，外语作为语言工具性的特征越来越突出。就像我们使用外语阅读典籍、查阅文献、了解西方国家一样，我们当然可以利用汉语传播中国典籍、文献、介绍中国的文化和国情。因此，我们要将外语看作跨文化交流的工具，在学习语言的同时，传播中国的文化，要让教师、学生以及外语教育工作者意识到在大学外语教学中进行中国传统文化渗透的重要意义。

1. 中国文化充实外语教学内容，有助于实现大学英语教学的根本目标

英语课程要"满足新时期国家和社会对人才培养的需要"。那么这个需要是什么呢？在语言文化方面，我国急需提高自身的文化软实力。而文化软实力的强大与否一方面取决于文化的内涵是否丰富、是否具有重要的价值，另一方面也取决于它在世界范围内的传播与影响。中国文化上下五千余年的积淀，其价值不言而喻。因此，我们文化软实力的强大与否要看对其他国家的传播与影响。《国家"十一五"时期文化规划发展纲要》强调，"要发挥多元载体的文化传播作用"，"提升我国的文化影响力"。中国文化的传播不仅是某些专门机构和组织的事情，而是每一个中国人都应该承担的义务（崔刚，2009）。英语是目前世界上使用范围最广的语言，使用英语向外国人介绍中国的文化与国情，可以有效地提升中国的文化软实力。如果每一个英语学习者能够做到这一点，那么中国文化软实力的提高速度就会大大增强。而目前我国外语教育培养出的人才距离这一要求还有很大差距。有相当多的中国青年学者，在与西方人交往过程中，始终显示不出来自古文明大国的学者所应具有的深厚文化素养和独立的文化人格。当西方同行与他们谈论 Confucianism/ Taoism（儒/道）时，我们的学者却心有余而力不足，只能顾左右而言他。在大学外语课堂中渗透中国文化，提高外语学习者的文化素养，培养具有跨文化交际能力的人才，可以解决这一问题，满足新时期国家和社会提高文化软实力的需要。

2. 中国文化是外语语言能力的一部分，有助于发展学习者跨文化交际能力

传统观点认为，外语语言能力包括外语的词汇、语法以及与之相关的文化背景知识。但是，从语言学习角度看，母语是外语学习的起点和参照。所有关于对外语的讲解全都需要利用母语来完成。我们对外语的词句及相关文化的理解也都是建立在我们已经建立的以母语文化为基础的思维模式上的，即母语迁移。但是，以往关于外语学习中的迁移理论在对待母语以及母语文化的干扰问题时，对干扰研究得较多、较透彻，同时对负迁移的作用也有夸大之嫌。近年来随着人们对母语迁移理论的重新认识和深入研究发现，母语和母语文化对外语学习和外语交际能力的培养也同时存在相当大的正迁移。因此，外语文化教学中也不能忽视母语文化的教学。甚至可以说，母语文化知识也是外语语言能力的一个重要组成部分，尤其是跨文化交际能力的一部分，应当成为外语教学的重要内容之一。首先，教授和发现影响传递信息的各种文化因素必须以外语学习者的母语文化即中国文化为比较对象，只有通过两种文化差异的比较才能找到影响交际的各种因素。通过

比较，我们可以发现和确定哪些目标语文化知识是教学的重点、难点，从而在教学中做到有的放矢，避免眉毛胡子一把抓，提高单位时间内的教学效率。其次，只有充分地掌握中国文化，才能准确地理解西方的文化，才能以平等的心态对待西方的文化。一方面不要有民族自大的心理，不注意吸收西方先进的文化，另一方面也不要产生自卑心理，盲目崇洋。通过中国文化在大学外语教学中的渗透，使学生通过比较与借鉴，更好地理解中西文化的差异，提高学生的跨文化意识，在语言交际过程中自觉地根据文化的要求调整自己的语言行为，成功达到跨文化交际的目的。

3. 中国文化教学提升学习者文化素养，有助于中国文化传播

语言是思维的工具。语言能力的关键首先在于讲话者本人要有思想，然后才能言之有物。张绍杰（2007）也指出当今外语专业的学生通常是"嘴巴快、耳朵尖、思维空、文化浅"。我们在外语教学中进行中国文化渗透，使学生学会使用外语表达中国的灿烂文化，有助于培养出既精通外语，又有思想内涵的跨文化交流外语人才。

我国从基础教育阶段就开始实施英语教育，到了大学教育阶段，学生已具备了一定的英语语言基础，英语的工具性特征开始凸显出来。此时，培养学生的主体文化意识就显得尤为迫切和重要。大学生作为社会的一个精英阶层，必然会频繁地参与国际交往。作为两种文化的中介者和传播者，不但要有扎实的语言功底，还应有深厚的母语文化与目的语文化修养和开放性思维以及反思意识。因此，大学英语文化教育应致力于培养学生对民族文化的自豪感，培养他们学习和掌握母语的自觉意识，深刻理解和热爱民族文化。通过开设一些中国文化、中西文化比较等选修课，一方面提高学生的文化素养，培养他们对文化的敏感性，另一方面使他们学会如何用英文去表述中国文化。扎实的母语文化功底能帮助他们更好地了解和掌握目的语文化，使他们真正成为具备双语双向能力的外语人才，更好地传播中华文化、促进中国文化"走出去"。

（二）加强相关领域的学术研究，确定中国文化教学的内容

为了做好大学外语教学中中国文化的渗透，需要就教授的内容、教授的方式等问题进行系统的研究。中国历史源远流长，具有五千多年的文明史，造就了内容丰富的中华文化。中国哲学思想博大精深，早在战国时期就形成了百家争鸣的局面。中国文学作品更是浩如烟海，经典作品传诵至今，以四大发明领衔的中国科技一度领先世界；中国的建筑艺术、绘画、书法、音乐、医药等也都在世界上

独树一帜。如此丰富的内容，是不可能完全通过外语课堂来覆盖的。因此，外语教育专家需要对在大学外语课堂上所要传授的内容进行取舍。所选择的内容应能最大限度地代表中国文化，体现中华民族的价值观。

另外，学者们要制定标准，统一中国文化的相关术语。儒家思想、春节、饺子等中国特有文化符号已经有了相对统一的英语表达，那豆浆、油条、包子等中国美食，七夕、端午、重阳等中国节日，少林寺、龙门石窟、兵马俑等中国风景名胜，中国梦、社会主义核心价值观等中国现实国情术语等又如何用英语表达呢？宋伊雯、肖龙福（2009）发现，学生在古代文字、政府政策、历代王朝、古典名著等英译方面存在很大问题。英语表达方法的统一是当务之急，这不仅有利于大学英语教学，而且对我国的对外宣传更为重要。

（三）制定恰当的教学大纲和合理的课程设置

我国现有教学大纲已经在一定程度上体现了对文化因素的重视，但对于中国特色文化的英语表达还没有形成足够的认识。应该重新拟定教学大纲，将中国传统文化中的经典融入大学英语教学中。确定中国文化教学的内容与目标，将中国文化和价值观教学的内容融入听、说、读、写、译等教学各方面。

在课程设置方面，低年级应开设一些有助于提高学生母语文化素养的汉语课程，而且应作为考试科目以引起学生的重视；在高年级可开设"中西文化比较"类英语课程，通过比较学习使学生在了解与比较中认识到哪些是中国文化的精髓，应该继承、弘扬并传播给西方，哪些是西方文化的精华，应学习、吸收、利用；还可开设一些英文选修课程，对中国文化分类传授，如"中国宗教哲学""中国经典文学选读""中国传统习俗""中国名胜古迹""中国饮食文化"等。另外，要开设专门的翻译课程，探讨中国文化"走出去"的翻译工作。这样，我们的大学英语文化教学不再是"一边倒"，不再是一味地强调英美文化的重要性而使学生在英语学习中迷失自我。

（四）改革现行大学英语教材，编写英语版中国文化教材

教材是教学的主要依据，英语教材的编写直接影响教学内容的实施和教学目的的实现。实施中国文化"走出去"战略，在教材编写上可从两方面入手。其一，改革现行大学英语教材。中国文化内容在现行大学英语教材中的含量近乎为零已是不争的事实。因此，我们需要在大学英语教材中加入中国文化、中西方文化比较的内容。教材编写者应根据英语学习者的认知水平、语言表达能力，参照英美文化教材编写体例，适当增加涉及中国文化的内容，同时要注重听、说、读、写、

译等教学内容的有机结合。其二，编写专门介绍中国文化的英语版教材。这样，可以更加详细、深入地介绍中国悠久的历史文化和当今国情，有利于国外友人更好地理解中国，促进中国文化"走出去"。

（五）提高外语教师自身文化素养，采用多样教学方法与手段

外语教师是外语知识及文化的直接传播者，他们的中国文化知识、教学理念及课堂涉及程度等将在很大程度上影响学生的学习。因此，外语教师不但要有深厚的语言功底，还必须具备较高的双重文化修养及很强的跨文化意识，还要具备用英语准确表达本土文化的能力。宋伊雯、肖龙福（2009）的研究表明，大学英语教师对中国文化知识的研究不够全面，部分中国文化词汇的积累略显不足。因此，外语教师要改变教学观念，加强业务进修，要有意识地提高自己的中国文化素养和用外语表达中国文化的能力。

教学方法是教学大纲和教学内容的实现手段。一要课堂引导，在大学英语课堂教学中可以采用多种形式导入中国文化。其中最常用的手段就是对比分析法。比如，在介绍英语本族语者如何邀请和拒绝时，可以让学习者说说中国人通常是如何邀请和拒绝别人的。通过对比，可以更好地理解中西方在相同言语行为实施上的差异。二要课后实践，教师布置与宣传中国文化相关的任务，积极开展含有中国文化内容的第二课堂。光靠课堂教学中导入中国文化是远远不够的。课堂时间毕竟有限，教师必须精心设计课后作业，引导学生在课后学习语言的同时也自觉地关注更多的关于中国文化的内容。积极开展"中国梦"等外语演讲、外语写作、外语辩论大赛、英汉翻译比赛、主题英语角等实践教学活动，引导学生广泛阅读中国传统文化的英文版书籍以及《中国日报》《今日中国》《北京周报》等传播中国政治、经济、文化的英文报纸和期刊，建立起学习中国文化的自主学习的长效机制，让文化价值观融入英语语言实际应用中。

中国文化是世界文化宝库的重要组成部分，世界各国，无论是西方还是东方，也都客观上需要从中国文化中汲取优秀的养分。随着综合国力的增强和国际地位的骤升，中国文化的复兴，"中国梦"已成为世界关注的焦点，中国本土知识需要通过英语来实现其向外传播意义。因此，在大学外语教学中要适量融入中国文化，将外语教学与本土文化相结合，建立适应本土文化与世界文化接轨的全新教学模式和教材。我们要用当代中国文化的"魂"引领大学外语教学，努力推动社会主义核心价值观进外语课堂，进外语教材，进大学生头脑，推动中国文化和价值观的对外传播，努力使外语在中国文化"走出去"战略实施中发挥更大的作用。

第二章　跨文化交际的初步认知

第一节　文化的内涵、特点与渊源

一、文化的内涵

culture（文化）一词来源于 cultura，原义指耕作、培育、栽培，之后逐渐演变为人的素质和能力的培养与教化。近代，最先将"culture"一词翻译成"文化"的是日本人。因此，有人猜想汉语中的"文化"一词其实并非中国古籍中所说的与武功相对而言的含义，而是借用日语中对英文单词 culture 的意译文。然而，这一说法目前尚未被证实。

《牛津简明词典》（Concise Oxford Dictionary）认为，文化是"艺术或其他人类共同的智慧结晶"。该定义是从智力产物的角度阐释文化内涵的，即深度文化，如文学、艺术、政治等。

《美国传统词典》（American Heritage Dictionary）指出，"人类文化是通过社会传导的行为方式、艺术、信仰、风俗以及人类工作和思想的所有其他产物的整体"。该定义拓宽了文化的包含范围，既包括深层次文化，又包括浅层次文化，如风俗、传统、行为、习惯等。此外，英国人类学家爱德华·泰勒（Edward Tylor）在《原始文化》（Primitive Culture）中指出："文化是一个复杂的综合体，包括知识、艺术、宗教、神话、法律、风俗，以及人类在社会活动里所得一切的能力与习惯。"很多学者认为这一定义忽略了文化在物质方面的要素，也有一些学者认为，泰勒的定义中虽然没有专门体现物质文化，然而实际上他在《原始文化》中大量使用了很多物质文化的例子来解释他的理论观点。

美国学者阿尔弗雷德·路易斯·克鲁伯（Alfred Louis Kroeber）与克莱德·克

拉克洪（Clyde Klukhohn）在两人合著的《文化：关于概念和定义的评述》中总结出了 164 条文化的定义。他们在总结这些定义的基础上，也提出了自己对文化的定义：文化存在于各种内隐和外显的模式之中，借助于符号的运用得以学习与传播，并构成人类群体的特殊成就，这些成就包括他们制造物品的各种具体式样。文化的基本要素是传统思想观念和价值，其中尤以价值最为重要。该定义几乎涵盖了人类生活的各个方面。文化能够指导人们对待其他事物的态度和行为，以至于克莱德·克拉克洪认为文化是人们行为的蓝图。

在中国，古老的甲骨文中就已经出现了"文化"一词的含义。当时的"文"的原意是指花纹或纹理，如《礼记·乐记》中记载的"五色成文而不乱"，之后它的含义逐渐演变为包括语言文字在内的各种象征符号，并且逐步具象化，包含文物典籍、礼乐制度、文采装饰、人文修养等内容；"化"本义是指生成、造化，如《易经·系辞下》记载的"男女构精，万物化生"，继而引申为变化。教化之义。"文""化"两字最早同时出现于《易经·贲卦·象传》："观乎天文，以察时变；观乎人文，以化成天下。"翻译为现代文是指："治国者应该积极观察、洞悉并顺应大自然最根本的运行规律，来了解并正确运用时节运转中产生的必然变化的原理；研究人性变化发展的必然规律，施加意识教化的作用来统治管理天下。"我国的经典古辞典《辞源》中对"文化"的释义为"文治和教化"。例如，西汉经学家、目录学家、文学家刘向《说苑·指武》中记载："圣人之治天下，先文德而后武力。凡武之兴，为不服也，文化不改，然后加诛。"意思是：明君治理天下，都会优先重视思想精神层面的教育，后考虑武力干涉；不愿臣服的地方，都要动用武力进行干预，思想教化没有改观的地方，要实行诛杀策略来彻底根除统治隐患。再如，晋代束广微的《补亡诗·由仪》中记载："文化内辑，武功外悠。"唐朝李善注："言以文化辑和于内，用武德加于外远也。"

《现代汉语词典》指出，"文化指在人类社会历史发展过程中所创造的物质财富和精神财富的总和"。广义文化就是所谓的"大文化"，它更加注重区分人类活动与自然界的核心本质，包含着人类有意识地作用于自然界和人类社会的一切活动及产生的结果。也可以说，文化就是"人造自然"，是人类通过发挥自身主观能动性，把自己的智慧、创造性、感情等人类因素作用于自然界的活动，从而将自然转化为人类所能认知、理解和一定程度上进行掌控的可利用对象。人造自然的出现意味着人类已经进入尝试凌驾于自然之上，并超越自然、改造自然的历史阶段。所以，文化可以被看作人类的一种特有的生活方式和行为习惯。进而也可以说，人类社会的一切活动在本质上都是具有文化的属性的。概括而言，文化就是人类在社会活动中认识自然、改造自然并利用自然，进而实现自身价值观念的过程中的一切物质和精神的积累。例如，文学、艺术、教育、科学、生活方式、饮食习惯、建筑工艺、卫生管理、娱乐方式、婚姻形式、亲属关系、家庭财产分配、劳动管理、生产、道德、风俗习惯、宗教、法律、政治、警察、军队、行为举止、交际礼仪、思维方式、审美情趣、价值观念等。而与此相对，狭义文化的范围明显缩小，它专指人类活动在精神方面进行的创造过程和产生的相应成果。例如，道德、风俗和礼仪等内容。

二、文化的特点

概括来说，文化的特点主要有六种：民族性、符号性、兼容性、整合性、传承性和宗教性。

（一）民族性

就文化的产生和存在来说，文化原本就是民族的。因为人类的文化总体上来看就是由各民族文化共同构成的，从不同民族的角度出发来分析文化，其自然就具有民族性。民族是一种社会共同体，所以越是古老的社会，其文化的民族性就越明显。斯大林认为，"一个民族，一定要有共同的地域、共同的经济、共同的语言及表现共同心理的共同文化"。这里的"共同地域""共同经济""共同语言""共同心理"均属于重要的文化元素。每一个民族都有能够体现本民族特色的文化。例如，新疆维吾尔族能歌善舞、蒙古族善骑马射箭等。中华民族是多民族的共同体，共同的文化正是使 56 个民族统一为一个民族——中华民族的原因。

众所周知，民族区域生态环境的不同，造成了文化积累以及传播方式的不同，由此也在一定程度上影响了社会和经济生活的发展，从而形成了民族文化鲜明的"特异性"。这里以犹太民族和希腊民族为例，这两个民族对宗教的态度就存在较大差异。犹太民族认为，上帝支配着宇宙万物和人类社会，尽管人类的智慧是无穷无尽的，但也无法摆脱神的威力。在犹太人心中，上帝是终极的原因和万能的神。这种思想从一开始就占据了犹太人的内心世界，进而慢慢演变成为一种根深蒂固的文化心理。与此相反，希腊人在人与神的关系这一问题上追求一种理想与现实的统一，即人与神的和谐统一，这与中国道家"天地与我并生，万物与我为一"的思想如出一辙。若将犹太民族的《圣经》与希腊民族的神话进行比较，将很容易地发现犹太民族唯上帝旨意是从，绝不会有丝毫的怀疑与违背。相反，希腊人具有现世的享乐精神，他们认为人的爱就是神的爱，人的精神就是神的精神。这就是导致犹太人孤独、执着而希腊人活泼、开放的原因。

（二）符号性

文化不是与生俱来的，而是在人们不断地习得与传授中积累下来的。以语言为例，语言是文化的构成要素之一，语言的符号性特征最为明显。语言中不同的语音、形态等语言要素体现了符号的任意性特征，如汉语中的"猫"，其英文是"cat"，法语是"chat"，德语是"Katze"。

人本身就是一种"符号的动物"，符号化的思维和符号化的行为是人类生活中最富有代表性的特征。人类创造了文化，更为自己创造了一个"符号的宇宙"。在文化创造中，人类不断把对世界的认识、对事物和现象的意义及价值的理解转化为一定的具体可感的形式或行为方式，从而使这些特定的形式或行为方式产生一定的象征意义，构成文化符号，成为人们生活中必须遵循的习俗或法则。人们创造了这些习俗和法则，同时又必须自觉受这些习俗和法则的制约。人类创造的文化符号可以大体分为两类：语言符号和非言语符号。

（1）语言符号包括口语和书面语。文化传承的口语传递是通过一代又一代人的亲身实践或口口相传，即年轻一代通过交际和学习来继承老一辈的文化传统来实现的。至于书面语言的文化传递，世界上几乎所有的国家或民族的文化传统都以书面语的形式记录在竹简、羊皮纸或纸张上，由于这些介质易于存放，可以长时间保存，因此我们才得以借助浩如烟海的历史文献或书籍来了解并学习本国以及其他国家多彩多姿的文化。

（2）非语言符号是指语言以外的各种信息传达形式，如面部表情、手势、身体动作等，它们都具有特定的文化内涵。而从广义上来说，诸如雕塑、绘画、照片等一些物化的文化载体，以及戏剧、电影等也都属于非语言符号，因为它们都以某种方式体现着某种文化内涵。例如，北京的故宫除了众多具有典型中国古代建筑风格和特色的古建筑以外，还存有我国历史上许多朝代的帝王留下的大量的文化古迹以及包括珠宝、字画、服饰等在内的浩瀚的文物古董，它们既是中华民族的宝贵财富，也是代代相传的物化的中华文化。

（三）兼容性

任何文化都具有兼容性，这是文化得以生存发展的内驱力。

按照文化兼容的程度，可以将文化分为开放式文化和封闭式文化。这里的"开放"与"封闭"是相对而言的，因为根本就没有完全开放的文化，也没有完全封闭的文化。

人们常常这样形容这两种文化：完全开放的文化就像一滴只看到浩瀚大海的

雨水，因为忽略了其自身的文化个性，消除了文化间的良性差异，就会逐渐消融在其他文化之中；完全封闭的文化则像一口井水，因为缺乏与其他优秀文化的交流而失去发展更新的源泉，最终只会慢慢枯竭。这种现象在人类的发展史上更是层出不穷，如古代埃及推崇皇室内部近亲婚姻的所谓宗室血统纯正的文化，在现如今发达的生理学和遗传学的研究中被证明是存在严重的遗传缺陷和弊端的。如此不仅达不到净化血统的目的，反而会使遗传下来的血统不能够正常存活进而影响整个社会的发展。事实上，古埃及正因如此才最终走向没落。文化因为兼容而发展，因为兼容而繁荣。

（四）整合性

吴为善和严慧仙认为，文化是一个群体行为规则的集合体，可以被理想化地推定可能出现在某一社会或群体的所有成员的行为之中。而由群体历史所衍生及选择的传统观念，特别是世界观、价值观念等文化的核心成分，常被称作"民族性格""文化实体"。可见，文化是一定区域内的一定文化群体为满足生存需要而创造的一整套生活、行为、思想的模式，是一个由多方面要素综合而成的复杂整体。

所谓文化的整合性，是指一种文化得以自我完善和形成独特面貌的动力。它在保证文化随时间变迁的同时，也可以在一定程度上维持文化的稳定秩序。例如，在中国延续了两千多年的传统文化中，建立在血缘基础上的宗法意识形态，融自然哲学、政治哲学和伦理哲学为一体的"天人合一"世界观，以"经国济世"为目的的实用理性等精神元素，作为中国文化的"内核"，始终在中国文化传统的形成中发挥着"整合"作用。同时，其他组成要素互相融合、互相补充、互相渗透，共同发挥着塑造中国民族特征和民族精神的功能。经过这种整合而形成的中国文化，是一个完全不同于欧美文化的独特模式。

由于不同文化具有不同的文化"内核"，其也会导致在认知模式、价值观念、生活形态上的差异，这些差异在交际过程中也必然会形成文化的碰撞，而跨文化交际中的误会、冲突也正源于此。如果交际双方均不能理解对方的文化，那么将会产生与交际预期的巨大反差，从而产生令人不满意的结果。

（五）传承性

文化既是可习得的，又是可以传承的。文化可以从一个承担者向另一个承担者转化，也可以在由上一代人传承到下一代的过程中不断发展。布瑞斯林（Brislin）认为，如果某些价值观已存续多年并被认为是社会的核心理念，这些价值观必定会代代相传下去。

文化的传承性使文化变得可积累。在没有文字的社会，人们把自己的经验、知识、信仰、观念传承给下一代主要借助口头形式，后来则主要通过文字形式相传。由于文化的传承，使得任何一个社会的文化都包含了历史的积淀。例如，各个国家都有自己的节日、喜庆日，中国在这样的日子里挂红灯笼就是中华民族数千年来传统文化延续的表现。再如，中国青年逐渐接受了西方新娘穿白色婚纱礼服的习俗，因为白色代表着美丽和圣洁。此外，中国历史上有科举取士的制度，如今人们保留了通过考试选拔人才的形式而摒弃了旧八股文的考试内容，代之以现代科学知识来检测人们掌握知识的程度。

（六）宗教性

在人类的发展史上，宗教与政治长期共生共存，两者有时互相利用，有时则政教合一。基督教对国家有过相当长时间的统治，而伊斯兰教也曾经在相当大的地域中以教立国。宗教对政治具有不可忽视的影响，因而对文化产生重要影响。物质文化、制度文化、行为文化、心态文化等各种类型的文化，都与宗教有着密不可分的联系。例如，建筑、服饰、饮食等物质文化由于受到不同宗教的影响而具有明显不同的风格；宗教对人们的思维、信仰、意识形态有极大的影响力，宗教文化统治了整个欧洲中世纪社会文化的各个方面；基督教、伊斯兰教都曾经长期渗透于社会规章制度、组织形式以及其他形式之中。

三、文化的渊源

（一）中国文化的渊源

中国的传统文化根植于农村，发祥于黄河流域的农业大地。中华民族享受着大自然的恩赐，人们可以在其固定居住地附近从事相关的农耕活动，在历史的不断变迁中最终形成了以农耕为特色的文化风俗体系。中国农耕文化集合了儒家文化和其他宗教文化，有其独特的文化内容和特点，主要包括语言艺术、思想哲学、社会风俗、利益规范等。

在历史的作用下，中国人形成了"重人伦、轻器物"的崇拜和屈从于权贵的人治思想；以"道德为本位"的反功利主义的价值取向；"重综合、轻分析"的宏观处事原则；"重意会，轻言传"的谦虚和隐讳原则；"崇尚群体意识，强调同一性"的依附于集体合作的团队精神；"追求人与自然的和谐统一"的对立互补原则等。

中国传统的三大教派包括儒教、佛教、道教，它们对中国文化的形成与发展产生了巨大影响，是中国文化的主要渊源。

总的来说，中国文化在发展中形成了独具特色的价值观，表现为以"仁爱、礼谦、顺从"为核心的道德价值体系，其特点可以总结如下。

（1）天人合一，顺天应物。中国文化提倡人与自然是和谐存在的一个整体，且自然界中存在的很多不能解释的现象均是天意，人凡事都应顺从天意。

（2）贵和尚中。中国人倡导"君子和而不同"的理念，追求中庸之道的处世原则和策略。

（3）家族伦理本位。中国人的家族意识很强，维护整个家族的利益是每个家族个体应追求的目标，同时家族个体也应受制于家族制度和规约。

在中国，人们特别看重言论的力量，提倡在交际中运用含蓄、隐讳的表达方式，这也是中国人文文化的一大特色。此外，人们还特别关注权威人士的言论与看法，顺从旨意，经常引经据典、旁征博引。

（二）西方文化的渊源

西方文化属于科学文化，其特点是："重物质，轻人伦；价值取向以功利为本位；重分析，轻综合；重概念，忌笼统；强调人权，主张个人至上，重视特殊的辨识；强调人与自然的对立，人对自然的索取。"

西方文化源于两希文化，即希伯来文化（Hebrew Culture）与希腊罗马文化（Greek and Roman Culture），同时基督文化（Christian Culture）也对西方人的道德观念和价值取向产生了较大影响。

1. 希伯来文化

在公元前 3000 多年，希伯来民族居住在阿拉伯半岛，人们以牧牛和牧羊为生。随后，希伯来人北迁，到达两河流域，并逐渐发展了苏美尔文化和古巴比伦文化。一千年以后，希伯来人逐渐离开了两河流域，向北或向西迁移和发展。"希伯来"的字面意思是"从大河那边来的人"。希伯来人在长期的游牧生活中形成了较强的感知世界的能力。他们善于将事物与其功能联系在一起，所以希伯来文化用"实用、公正、道德"来概括。

2. 希腊罗马文化

欧洲大陆的文化起源于古希腊罗马文化。古希腊位于欧洲大陆的东南部，古罗马位于南部，由于平原较少，多山少河，不适合农业的发展，这就使当地人不得不向外开拓经济，发展工商业和海上贸易。在古代，海上贸易面临的最大的一个难题就是安全，人们不得不冒很大的风险从事贸易活动，这种不利的地理因素造就了西方人勇于探险、喜爱尝试新鲜事物、善于创新的性格特点。可以说，古希腊人的这种以海商为主的生存方式使他们形成了"平等""民主"和崇尚个人主义的思想意识。古希腊文学、哲学、艺术等都表现了古希腊人对宇宙、自然与人生的理解与思考。随着希腊文明的逐渐衰落，罗马文化在继承希腊文明的基础上得以发展。

第二节　跨文化交际的界定

一、跨文化交际的定义

随着国际经济、文化交流的日渐频繁，世界各国人民之间的合作和往来也与日俱增，从而出现了国际的交际，即"跨文化交际"（intercultural communication or cross-cultural communication）。人类一般性的交际（即主流文化内的交际）过程与跨文化交际过程基本一致，二者的本质也基本一样。二者之间的差异只是程度上的差异，不是本质上的差异，这是因为二者所涉及的变量或组成要素基本一致。美国学者古迪孔斯特认为，二者之间的差异体现在交际所涉及的变量对其交际活动的影响程度方面，而且它们在交际过程中的相对重要性也有所不同。例如，对跨文化交际来讲，民族中心主义是影响交际的重要因素；然而，在同一主流文化内的不同群体之间的交际中，它的作用显然低于它在跨文化交际过程中的作用。具体来讲，跨文化交际是指不同文化背景的人们（即信息发出者和信息接收者）之间进行的思想、感情、信息等交流的过程。

事实上，不同人的文化背景、社会环境、生活方式、受教育情况、风俗习惯、信仰、性别、年龄、政治思想、经济状况以及交友条件、兴趣爱好、性格等方面都存在着不同程度的差异。因此，在人与人交际时，说话人与听话人对信息的理解不可能达到百分之百的相同。从这个角度讲，任何人与人之间的交际都叫跨文化交际。但是，在后一种跨文化交际中，交际双方对信息理解上的差异只是程度上的不同，而不是本质上的差别。

从上面给跨文化交际下的两个定义可以看出，跨文化交际中的说话人和听话人的文化背景，可能相距甚远，也可能相距很近，甚至基本相似。文化距离可能远至不同国籍、不同民族、不同社会制度的人们之间，也可能近到同一主流文化内的不同年龄、不同性别、不同社会阶层、不同职业、不同教育背景、不同区域、不同地方，甚至不同性格、不同兴趣或爱好的人们之间。如果我们把几乎所有的、不同程度的交际都看成跨文化交际，那么跨文化交际将包括跨民族交际（cross-national communication）、跨种族交际（interracial or interethnic communication）、同一主流文化内不同群体之间的交际（intercultural communication）和国际的跨文化交际（international intercultural communication）等。当前，国外尤其是美国，对跨文化交际的研究重点几乎放在各个层面上，这显然是与美国的国情有关的。美国是一个由多民族、多种族、各种群体组成的大熔炉。由于多群体的存在，跨文化交际就变得十分复杂，不同群体之间的交往中常常出现失误，文化冲突相对频繁。因此，跨文化交际研究就变得相当重要。

二、跨文化交际与沟通能力

跨文化交际中的沟通能力，是指在交际过程中，交际者通过表达、争辩、倾听和设计（形象设计、动作设计、环境设计），实现自我意识和思想的转换和传达，从而被他者文化者接受的能力。跨文化沟通能力看起来是外在的东西，实际上是交际双方个人素质的重要体现，它反映着一个人的知识、能力和人格魅力。跨文化交际的沟通能力，特别强调沟通者双方所具备的能胜任的个人化主观和客观条件。在跨文化交际中，一个具有良好沟通能力的人，可以将自己所拥有的专业知识及专业能力充分发挥，这也是决定交际是否成功的必要条件。

总之，跨文化交际活动特别强调不同文化背景的人的沟通能力，这有利于双方通过清晰的思维有效地收集信息，并做出逻辑的分析和判断，从而让他者文化者快速接受，完成有效的交际过程。如果没有清晰的思维和准确的逻辑判断力，再好的语言技巧，也不可能实现交际环节的传达、说服和感染。跨文化交际中的沟通特别注重思维与表达，这主要是指思维的交流和语言的交流。如果只重视语言的交流，任何人都不能摸透对方心里的真实想法，也不能实时把握对方的思维方式和思维习惯，这样就无法让跨文化交际从语言层面提升到思维层面，完成交际的全过程。真正意义上的跨文化沟通者更容易与别人建立并维持广泛的人际关系，更可能在人际交往中获得成功。可见，跨文化沟通者一定要及时了解交际对方的心理活动和思维倾向，并根据解码信息来调节自己的沟通方式和环节。

跨文化沟通者在向对方展示自己的心理意图时，要注意使自己被人充分理解，并辅之以直观的言语、动作，使得沟通信息充分而不冗余，这是最佳的信息沟通和行之有效的交际方式。比如：聆听式沟通让人从一个专心听讲的人的角度，捕捉说话人的信息并进行信息加工，通过聆听产生沟通欲望和完成沟通过程，同时，注意不要陷入沟通辩论中。跨文化交际一定要让他者文化背景的人接受你的想法，才能让对方向你打开心扉，对方心扉没有打开前，真正的沟通是不可能发生的。心理学家研究发现，一个人在完成跟别人交流的过程以后，所留给人的印象和感觉，只有百分之二十与谈话的内容有关，或者只有五分之一的部分留在别人的记忆中。其余百分之八十或五分之四的内容则取决于别人对这个人的总体感觉和外在印象。若一个人强词夺理，即使有理，到最后也只会给别人留下一个咄咄逼人的印象。与其得理不饶人，不如采取得饶人处且饶人的方式妥善处理，接纳对方，换位思考，从而获得交际的成功。

三、跨文化交际与人际关系

在跨文化交际中，人们需要处理好人情、人伦和人缘这三位一体的关系，换句话说，处理好这个关系就意味着跨文化交际的成功。人情是媒介，促使跨文化交际的感情认同和接受，如中国人常说的"买个人情""送个人情"或"讨个人情""求个人情"，这说明人与人之间的交往是建立在情感创设基础之上的。人情到了，隔阂没有了，感情也变得融洽了。人伦体现的人际关系，根据《说文》中"伦，辈也"，后又引申为"类""道圣""文理"和"人与人的关系"。这说明人伦在跨文化交际中，要求交际主体具有规范的人伦道德典范和人格魅力，充分展示合理化的人际秩序。在《现代汉语词典》中，人缘或曰缘分，指的是人与人之间本身具有的天然联系，或者是自然而然的人与人或与事物之间的关联性。

跨文化交际中的人际关系，是指具有不同文化背景的人与人之间的互相认知、互识和认同。这表明不同文化背景的人与人之间，在互相交往的过程中，完全能够通过思想、感情、行为表现的互相交流，产生源于本能的互动关系。这有利于建立多元文化的幸福人生、和谐组织和稳定世界之格局。尤其是人和环境相互连接与驱动，环境带动人际关系向良好的方向发展，人在环境中认定自己的身份和角色，为跨文化交际搭建友好的人际关系。处理好跨文化交际的人际关系的最好方法就是，交际双方彼此之间尽量传递真实的情感、态度、信念和想法。让自身的思想深度被他者认识及接纳，以诚恳的态度、谦卑温柔的心、适度的自我表达去打动和感染对方，以此寻求共同之人生观、价值观之趋同和认同，消除不同文化背景的人际障碍。

跨文化交际中的人际关系表现的是跨文化交际中人与人之间合理的分际与职分，《论语·颜渊篇》曰："齐景公问政于孔子。孔子对曰：'君君，臣臣；父父，子子。'"，强调君臣父子各司其职，各行其道，各守分际，各尽职分。这种人际关系模式让每个组成享有各自职能，均能按其角色、职责、位置而有适当之思想、言语、行为模式及价值观，从而形成良好和谐的交往气氛。

跨文化交往中的人际关系，还特别注重具有不同文化背景的人们彼此间的情感融洽和交往。相互间感情的传递使彼此接近和相互吸引，形成共鸣，即使是观点互相排斥分离，也会获得感情的认可。彼此间的相互重视与心理支持是跨文化人际关系的基础，每个人都有相互厚爱和受人尊敬的需要，这是跨文化交际的人际交往中的心理相容，即具有不同文化背景的人与人之间的融洽相容关系，尤其是指人与人相处时的容纳、包涵、宽容及忍让。即使有时候存在观点的分歧，也会不遗余力地寻找共同的意趣，相互间奠定谦虚和宽容的良好氛围，做到心胸开阔、宽以待人、不计前嫌、宽宏大量。信用也是跨文化交际的人际交往的基本准则，指的是待人诚实、不欺骗、遵守诺言、以诚相待和不卑不亢，在自信中表现谦逊和不矫饰做作、故弄玄虚。自信心可以让人快速获得别人的信赖，同时，容易激发别人乐于与之交往兴趣。

四、跨文化交际的表现形态

跨文化交际可表现为跨文化的语言行为（verbal behavior）交际和非语言行为（non-verbal behavior）交际两种。人类学家爱德华·萨丕尔（Edward Sapir）认为，非语言行为交际是"一种不见诸文字，没有人知道，但大家都理解的精心设计的代码"。这表明，非语言跨文化交际行为无须用语言表达，是在无语言观照之下进行的交际行为，通过交际双方的感知进行，类似于心有灵犀一点通。非语言交际行为不再注重语言的内部结构本身的交际价值所在，而更多地转向语言所生存的社会背景和语言之外的外部系统。

跨文化交际的语言行为和非语言行为两大交际系统，也是相辅相成的关系，二者相互弥补和相互贯通、互相映衬和相得益彰，组成了比较完整和丰富的跨文化交际系统。在跨文化交际过程中，交际者双方有时通过语言行为，有时通过非语言行为，互相沟通和展示心扉，更多的时候也交替使用两种跨文化交际手段传递各种有效信息，进而表达丰富而细腻的思想感情。以往的跨文化交际行为偏重于语言本身结构的跨文化交际功能，不重视非语言行为的交际功能的应用。

（一）语言行为（verbal behavior）交际

语言是一门艺术，语言行为（verbal behavior）交际是利用语言完成的交际行为，也就是利用所说的话或写出的文字来达到交际的效果。语言行为交际的实质是交际主体根据对自己角色和语境的定位和选择，去组织有效的话语，以实现自己交际的全过程。比如利用话语因素，如语音和话语节奏来达到言语交际的最佳效果；充分利用语言的抑扬顿挫、轻重缓急来进行双方思想感情的沟通。如果语言表达得单调呆板，很难吸引听者的注意力或激发听者的兴趣。要成为真正的跨文化交际高手，首先要成为善于运用语言技巧的艺术家。因为语言交际本身是一个说与听的互动过程，交际是否成功取决于是否理解对方的语义。

语言行为交际是一个依赖交际主体语言行为的双向互动过程，包括说话者的话语选择和听话者对话语的理解。语言行为交际话语选择和理解是一个动态的过程，它会通过语言行为来表达人的内心想法。交际时要注意用词上的简短性。美国语言学家齐夫说："在言语交谈中，说话者只用一个词来表达一个概念最省力，听话者也是对每一个概念用一个词来理解最为省力。"此外，在语言行为交际的过程中，还应当根据不同交际对象的具体特征进行交流，如在大学里，我们都说普通话，因为周围的同学来自四面八方，每个人都有自己的方言，如果都用方言交谈就难免会出现误解语义甚至无法沟通的问题。但是当我们回到家乡，周围都是朴实的家乡亲人时，用普通话则会让交谈双方感到尴尬，甚至会让对方觉得自己是在显摆或炫耀自己的身份或学识，从而使交谈无法进行。

最后，语言行为交际还要注意文化习俗的附加功能。文化习俗是指在一个社会群体中世代传承、相沿成习的生活习俗。文化习俗对语言行为交际的影响很大，例如有人打了个喷嚏，打喷嚏的如果是孩子，中国人会说"长命百岁"，是大人则通常开玩笑地说"有人想你了""有人说起你了"或"有人骂你了"，英国人和美国人则会说"上帝保佑你"。又如，美国人常用的"喝可口可乐！"这种祈使语气的广告，在日本人那里就会引起反感，认为是对消费者的不尊重。再比如，不同的文化对"死"有"老了""圆寂""走了"等多种替代说法。可见，文化习俗对语言行为交际起着极大的制约作用。

（二）非语言行为（non-verbal behavior）交际

随着人们对语言和人类社会关系实质性探讨的深入，跨文化非语言行为（non-verbal behavior）交际迅速发展，出现了跨文化副语言学（cross-culture paralinguistics）、跨文化身势学（cross-culture kinesics）、跨文化近体学（cross-culture proxemics）等新兴学科。这表明跨文化的非语言行为交际可以作为非语言信息情感交流的有效载体，使其在跨文化开放系统（如目光、手势等）的启发当中，展示跨文化沟通的不同意义及感情色彩。

非语言行为交际注重个人感情的表露和展示，不同的表情和动作在不同的文化背景中可以表达多种意思。例如，在汉语和英语文化中，点头表示赞同、首肯，而在印度、希腊等地，意思则恰好相反，表示不赞同、不首肯。英美人常用耸肩、摊开双手表示"无可奈何""不知所云",而在中国,这种姿势没有什么特别的含义。非语言行为交际中目光的交际也是如此,东西方文化圈的差异尤为突出。在美国,如果敢于正视和凝视对方的眼神,是表达正直、诚实和尊重的态度。而在中国,正视和凝视对方的眼神会被认为是没有教养或不得体,交际时需要回避直接的目光接触。可见,跨文化的非语言交际行为具有民族性和地域性特征,正如毕德维斯泰尔(R.L. Birdwhistell)所说:"据我们所知,没有一种身体动作或姿势具有普遍代表性,也就是说,我们无法发现一种在所有社会中具有同一意义的面部表情、姿态或身体姿势。"

非语言交际不仅注重语言结构如语音、语法和词汇的运用效果,更注重社会文化、生活习俗知识等在交际中的运用。跨文化交际中的非语言行为能力和语言行为能力之间存在着极为显著的差异,非语言交际主要表现在社会心理学中,指人使用语言、文字以外的媒介传达信息,来表现人的思想或者意旨,例如脸部表情、肢体语言或音调等。交际者在潜意识中把一个人的语言或文字,通过外显特征表现出来,让对方会意或理解,也通过对方的情绪、态度、个人特质,理解对方内心真正的意图。非语言交际通常是在无意识的状态中加以接受,在不知不觉中传达信息,一个眼神、一个表情和一个动作都有可能获得交际的成功。可见,"眼神"和"肢体动作"是人们常用的非语言沟通方式。在跨文化交际传递信息时,双方眼神的接触、凝视或不凝视,可以传递和透露出这个人的内在思想情绪。肢体动作有时也会传递出人的各种情绪、性格特质和态度。内向的人和外向的人在肢体动作上的差异尤其明显,外向的人动作较大,音调和语气也会比较洪亮。

第三节 跨文化交际的原则

交际是人们之间信息互动的过程。在交际的过程中,双方对言语和行为交际方式的使用,对内涵的解读和对信息的反馈往往受到多种因素的影响,如交际者的个人素养(包括年龄、性别、性格、教育、认知、人生观与价值观等)、社会环境(包括社会制度、生活环境、生产和生活方式、习俗等)、交际的时间和场合以及交际的态度和意图等,致使交际有质量的高与低、效果的好与坏、结果的成与败的差别。

要想成功地实现交际的目的,达到理想的交际效果,交际者不仅要了解交际双方的文化差异,选择恰当的言语和行为,还必须遵守一定的交际原则。交际既然有文化圈内和文化圈外之分,那么交际的原则也应有区别。对于圈内交际主要应该遵循交际的基本原则，也可以叫作微观交际原则。而对于圈外交际既要遵循交际的基本原则，还要遵循文化交际原则，也可以叫作宏观交际原则。

言行是一种交际的心理现象，往往能展现人们的交际心理过程。在交际过程中，必须做到言行得体、恰如其分。得体的言行，有助于实现交际的目的。反之，就会影响交际心理的展现，妨碍相互之间的交流。在交际过程中，首先要遵循的是交际的质量原则、礼貌原则、得体原则等基本交际原则。

一、质量原则

所谓质量原则就是在交际过程中交际话语应该足够而又不致让人产生误解的信息量。质量原则包括质和量两个部分，质的部分要求交际话语所提供的信息准确，而量的部分要求交际话语所提供的信息充分。交际是一个将信息在交际者之间不断进行传送和反馈的互动过程。如果达不到应有的质量原则要求，往往会导致交际中的误解甚至交际的失败。

二、礼貌原则

交际过程中的举手投足或者是话语都会对交际产生实质性的影响。礼貌要求涵盖行为和语言两个方面。行为举止的礼貌要求在地域和民族乃至群族内部都普遍存在。例如，在中国，有"行如风，坐如钟，站如松"的体势礼仪要求；有"男女授受不亲"的异性交往礼仪要求；有"东家不请，西家不饮"的餐饮礼仪要求；等等。在日本，对坐姿要求男女有别，男性是盘腿而坐，而女性则是跪坐；在招待客人时，日本妇女都要跪着服务，且不能将屁股朝向客人。在欧美国家里，注重服饰与着装，如男士穿西服打领带、女士穿裙子或者礼服等。

交谈作为相互间心理沟通的过程，需要双方都以对方为交往对象而密切地协调与配合。在交际过程中，要耐心地倾听对方说话，并积极地做出各种反应，如专注的眼神、点头赞许或鼓励的手势等。即使不同意对方的观点，也应让人把话讲完，不要因急于争论而打断对方讲话。

在交际过程中，有些行为往往被视作不礼貌的行为，如说话时用手指（食指）指点对方，在公交车上，如果售票员在查点人数时用手指点数，会让乘客觉得不快，在一些旅游客车上，受过培训的导游就会避免用手指点来查点人数。

但是，不同地域和民族乃至群族之间的礼貌原则存在显著差别。例如，在中国，比画小孩的身高往往是以五指并拢，掌心向下的方式来表达的。而在南美的一些国家，则是以五指并拢，掌心向内的方式来表达的。中国人的表达方式被他们认为是用来比画动物高矮的，用来比画小孩身高则被看作一种轻蔑的做法。再如，在日本，客人进入主人家，往往要脱鞋；但在东南亚的一些国家里，客人进入主人家，脱鞋被视为不礼貌的行为。

礼貌原则不仅可以体现在行为上，也可以体现在语言上。语言交往是人类社会交往中一种必不可少的基本形式。俗语"良言一句三冬暖，恶语伤人六月寒"就告诉人们语言对于人们交往所产生的影响。如在中国，对长者的称谓需要根据亲疏关系、辈分与年龄等因素来具体确定；对自己使用谦称，对对方使用尊称；等等。法语里也有尊称"vous"（您）和平称"te"（你）的区别。这些都是礼貌原则在语言中的体现。

另外，在讲话时，说话的声调、语气、语言组织和措辞等也可以体现礼貌原则。如英语句子：① Could you tell me the way to the railway station？② Can you tell me the way to the railway station？第一句用了"could"，是礼貌的表达，能博取对方的好感，因而很容易得到帮助。第二句用了"can"，是非礼貌表达方式，可以理解为询问对方的能力，因而可能得到的回答是"yes，I can"，却得不到进一步的帮助。

三、得体原则

所谓得体是指交际中的言语和行为要适得其所。由于交际的对象、目的和情境不同，因而存在交际的对应性，也就是说，交际中的言语和行为也要审时度势，因时、因地、因人而变以适应交际环境的变化。

从交际行为来说，既要入乡随俗，又要维护自己、国家和民族的尊严。入乡随俗就是尊重或者遵从对方的习俗和规范。例如，在西方社会，宴会上人们主要是用高脚的"glass"喝红葡萄酒的，倒酒时一般只倒1/3杯，且通常是一口饮尽；而在中国，人们常用陶瓷小酒杯喝烈性的白酒，倒酒时一般要倒2/3杯。喝茶水时，西方人习惯喝凉茶，往往给客人倒半杯的量，等客人喝完再添；而中国人则习惯喝热茶，给客人倒茶时往往是2/3杯的量，等客人喝完一部分就马上再添。

在交往中，有些不怀好意的人故意设计圈套或者陷阱，用以侮辱对方，使对方的尊严受损。这时应该机智地奋起反击，以维护自己乃至国家和民族的尊严。从言语交际来看，语言的表达方式是多种多样的，语言的表达方式也没有固定的模式。有时需要直率，有时需要委婉，要审时度势，恰到好处。言语的灵活运用需要交际者具有较高的修养，如运用哪种语气、采用何种句式、选择什么言辞、要避讳什么或张扬什么等。良好的语言素养、广博的文化知识、灵活的应变能力，会使交流变得轻松，甚至使批评也变得悦耳，以激起对方的交流兴趣和热情，达到预期的交际效果。

四、机敏原则

机敏原则是指在交际中针对各种具体情况机智灵活地实施具有策略性的语言和行为，以回避正面应对某些问题，避免交际时尴尬局面的发生，或者维护个人的人格和国家、民族的尊严等。其实施往往是以交际者具有良好的应变能力和谋略为基本条件的。这种原则在日常交往和外交事务中的重要性显得尤为突出。

五、尊重习俗的原则

不同的国家、不同的民族甚至不同的地区、不同的社会群体有不同的文化结构和文化内容。每一种特定的文化模式，受各国、各民族、各地区和各阶层等多种因素的影响。其中，有物质环境的影响，如气候、地理条件、资源和人口等；也有社会环境的影响，如科学技术的发展、社会制度的特点、意识形态和外来文化等。这众多的"不同"构成了文化上的习俗差异。在跨文化交际过程中，我们既要尊重他国和其他民族的尊严，同时也要维护本国和本民族的尊严。要做到这点，就要尊重和维护不同民族的宗教信仰和习俗。例如，在非洲一些国家，领导或者贵宾下车时，不能用手去遮盖其头顶以防碰着车门顶框，因为他们认为手不够圣洁，不能置于他人头顶之上；而在中国，用手去遮盖领导或者贵宾头顶以防碰着车门顶框是关心、尊重的表现。

综上所述，在跨文化交际中，要遵循一定的交际原则，就必须学习和了解对方的文化，做到知己知彼。对于不同的文化类型，学习的方法和策略也应该有所差别。对于物质文化，可以学习和使用，或者加以改变；对于习俗文化首先应该尊重，并学会去适应；而对于观念文化，应该避免冲突。只有这样，才能做到成功地交际，达到有效的交际目的。

第四节　跨文化交际的相关研究

在全球化的今天，跨文化交际活动的开展越来越频繁，并且早已成为日常生活中的重要组成部分。一个显而易见的事实是，飞速发展的科技极大地缩短了人与人之间交流的时空距离，交通的发达与商业的国际化带动了移民潮的兴起，推动了多元文化的交流与发展，"民族""国家"的边界已经变得日益模糊。

一、文化认知与跨文化交际

在跨文化交际中，不同文化的认知体系会深刻影响交流双方对于彼此的态度、情感与行为，并且常常为交际带来一些挑战。其中，最主要的跨文化交际挑战包括刻板印象、偏见与歧视。

（一）文化认知中的刻板印象

刻板印象（stereotype）是一种认知，指的是对人的一种固定的思维方式，不考虑任何的个体变异（斯蒂芬·弗兰佐，2010）。刻板印象可能是积极的，例如美国人乐于助人；可能是消极的，例如美国人只向钱看齐。下面，我们从内涵、影响、类型三方面来了解刻板印象。

1. 刻板印象的内涵

美国社会学家沃尔特·李普曼认为，"刻板印象是我们大脑中的图像，它不仅具有认知的成分，还有情感的成分；不仅仅是赋予纷繁复杂的现实秩序的方式或者一种捷径。它是所有这一切和更多"（阿伦森、威尔逊、埃克特，2005）。在特定的文化中，这些图像有极为相似的倾向，比如对于夏威夷居民来说，中国人是东方犹太人，他们节俭、勤劳、自制、爱开餐馆但却思考颠倒；日本人具有很强的团队取向与层级观念，爱清洁、自制、排外、没表情、不愿意发表意见；白种人很独立、有自信、喜欢直言、具有名誉与权力取向、独断等（麦克德莫特、曾、马雷茨基，1980）。不难看出，根据图像相似性而进行的社会分类对刻板印象的产生有重要影响。

人类本身就是分类的动物。分类由群体的特征决定，尤其是典型成员的特征。例如，看了007系列电影以后，有人认为英国男人都像詹姆斯·邦德（James Bond）一样，个个具有绅士风度；好莱坞首位华人演员李小龙成功地向世界展示了中国武术，从而使得不少外国人认为大部分中国人都会武术。当然，作为一种认知活动，刻板印象不仅仅是分类，更是对一个团体中全部成员的概括（阿伦森、威尔逊、埃克特、2005）。例如"东方人都很崇尚集体主义""西方人的人际关系很淡薄"等，这有意识或者无意识地忽视，甚至模糊了个体之间的差异。

刻板印象普遍存在于跨文化交际中，它可以来源于人们的直接经历，例如，跟一个富有的阿拉伯人打交道以后，认为所有的阿拉伯人都很有钱；同时，父母亲友、大众传媒都是人们获得刻板印象的重要途径。例如，当一个人听到他的父母或者朋友说"德国人都很执着、认真、严谨"，对德国人的刻板印象便有可能产生。一个越来越明显的趋势表明，大众媒体（广播、报刊、电视、网络）成为提供刻板印象的主要方式。

通常来说，要激活刻板印象，主要依靠两个要素——个体的特点与特定的情景（斯蒂芬·弗兰佐，2010）。个体的特点主要指身体外貌等因素。例如看到一个高大威猛的中国男人，很多人会认为他可能来自中国北方，因为很多北方人都有高大强壮的身材。在特定的情景中，个体显著的社会类别会激发刻板印象的形成，例如，一个中国人身处于一个由法国人组成的团体中，因为是少数，中国人的文化背景得到凸显，会受到更多关注，并且可能被给予国籍刻板印象。

2. 刻板印象的影响

根据斯蒂芬·弗兰佐（2010）的论述，作为一种认知，迅速是刻板性思维最明显的特点。它为人们在不确定情境中立即采取行动奠定基础，成为"思维的捷径"，一定程度上能够降低交际过程中的不确定性，为人们提供关于陌生人、其他国家文化的信息。这么看来，刻板印象有助于人们节省思考的时间，进行其他重要的认知活动，因此刻板印象的第二个特征就是高效。戈登·奥尔波特（1954）认为，可把刻板印象视为一种"最省力的规则"，如果刻板印象建立在经验之上并且基本准确的话，也可以是一种处理问题的方法，并且产生一些正面影响。例如，一些外国人在来中国之前认为中国人会比较热情、友好，带着这样的印象来到中国后，有助于他们更积极地与中国人交流，进而提高他们的跨文化交际水平。又如，在美国，大多数人认为亚洲学生的成绩会比较好，这样正面的刻板印象一定程度上会激励亚洲学生更加努力地学习，取得更加优异的成绩。

虽然刻板印象可能来自某种事实，但是因为过于泛化和简化，往往会扭曲事物原状，促使人们对事物形成负面印象，为跨文化交际带来障碍。首先，刻板印象是对一个文化中所有成员的统一概括，过于简单，甚至很夸张，这模糊了个体差异，为交流双方刻画了不准确的图像（萨默瓦、波特，2010）。例如，以为大多数美国人都很有钱，但事实上美国也有很多穷人，中产阶级在生活上也比较节俭，而且由于美国拥有高税收政策，大多数普通美国家庭可以支配的现金是比较有限的。又如认为中国妇女都很温顺，听丈夫的话，但这与现实也有出入——现在越来越多的中国女性在职场上与男性不相上下，独立、强势而不依靠男性，"上得厅堂下得厨房"的全能女性层出不穷。其次，过度强调群体之间的差异，容易把对方塑造成一个神秘莫测、稀奇古怪甚至是充满危险的形象，这种做法实际上人为延长了不同文化之间的交流距离。例如，一些西方人一直把中国看成一个古老神秘，甚至难以理解的国家，对中国的这种高深莫测的印象建立后，他们也就习以为常，认为中国人与自己的文化没有任何共通之处，很难交流，要实现真正的交流与文化的理解会面临重重困难。最后，因为刻板印象具有迅速与高效的特征，所以人们易于用刻板印象去选择性地认识他人与事物，最后造成刻板印象更加僵化，扭曲事实，为跨文化交际带来障碍（陈国明，2009）。

此外，由于刻板印象常常广为社会所知晓，作为刻板印象的对象，很容易受到"威胁"。刻板印象威胁指的是背负负面刻板印象的团体成员感到烦恼的意识，他们会把任何与刻板印象相适应的行为或者特征确认为一种对自我的描述（谢利·泰勒、利蒂希亚·安妮·佩普卢、戴维·西尔斯，2010）。

关于刻板印象威胁的最具有代表性的研究来自斯蒂尔（Steele）与阿伦森（Aronson）所做的一系列实验。在其中一个实验中，他们给黑人和白人学生做了一个难度较大的英语测验。在第一种情境下，他们告诉被试者该实验是用以考察学业能力的，而在第二种情境下，只告诉被试者这是一个练习。研究结果表明，只有在第一种情境中，黑人学生才表现出刻板印象威胁的种种"症状"。例如，他们更易于把"__ce"填成race，或者更有可能填写与自我怀疑相关的词汇。也就是说，只有在这种情况下，刻板印象威胁才真正地影响了被试者的行为。近年来的研究表明，刻板印象威胁会降低印象背负者对自己的认同程度。在跨文化交际中，刻板印象威胁同样会影响到交际双方的心理状态，降低交流的有效性。

3.刻板印象的类型

受到性别差异、不同文化群体在价值观和人格方面的差异等诸多因素的影响，刻板印象种类繁多，是一个复杂的概念。下面我们介绍两种主要的刻板印象。

（1）性别刻板印象。

性别刻板印象是一种对性别差异的认知。例如，几乎世界上大部分人都倾向于认为女人比男人温柔，但没有男人独立与果敢。在由威廉姆斯（Williams）和贝斯特（Best）主持的研究中，他们请来25个国家的参与者分别描述自己心中的男性与女性形象。研究结果如表2-1所示，人们相信男性比女性更加愿意支配、独立、冒险，而女性则比男性更加感情脆弱、顺从和迷信。研究者假设男性和女性分别拥有男性气质与女性气质，实验表明，心理上的男性气质包括工具性特质，即与在公共世界完成工作和达成目标有关；而心理上的女性气质主要是表达性人格特质，即与在家庭这样的私人世界里照顾家人、抚育孩子有关。

表2-1　跨文化性别刻板印象

男性	女性
勇敢的 严格的 支配的 独立的 强的 粗鲁的 非情绪性的 严厉的 大胆的 冒险的 向前的 有活力的 明智的 有进取心的 有力的 专制的 主动的 好斗的	惧怕的 心软的 顺从的 依赖的 弱的 敏感的 情绪性的 感情脆弱的 迷信的 有感情的 有魅力的

　　性别刻板印象对于民族刻板印象的形成有重要作用。在一项研究中，艾丽丝·伊格利和玛丽·凯特（1987）让美国大学生对28个国家公民的工具性特质和表达性特质的人格维度进行评价。研究表明，对这些国家的总体刻板印象近似于对该国男性的刻板印象，而且对这些国家男性的工具性和表达性特质的评价差异很大；对女性的评价则保持了相对的一致性，即受访者对女性表达性特质的评价较高，而对她们工具性特质的评价较低。研究结果说明，男性被理解为与民族刻板印象相关，而女性则与性别刻板印象相关。伊格利和凯特认为，导致这一结果的原因是在大多数国家里，女性在权力和地位方面都比男性低。

　　导致性别刻板印象产生的原因很多，一个国家的历史文化传统、人类进化历程等都是重要的影响因素。例如，刻板印象的出现可能与男人、女人在社会中所扮演的角色有关，也就是说，女人被传统地赋予照顾家庭的角色，因此母性比较强，感情更加脆弱、细腻，而男性则被认为应该在外工作，实现工具性目标；另一方面，从进化社会心理学家的角度来看，女性和男性之所以不同，正是两性所面对的适应问题不同。按照达尔文的观点，因为强大的生物因素，女性进化得比男性更有母性，而男性更具有攻击性（阿伦泰，威尔逊，埃克特，2005）。

（2）国籍刻板印象。

由于不同国家在价值观、信仰和人格方面存在显著的差异，这些差异有助于人们形成比较准确、从经验中得来的刻板印象，也就是"国籍刻板印象"。皮博迪（Peabody，1985）让英国、法国、意大利、德国、俄罗斯和美国学生分别对其他国家的人进行评价，结果发现，这些学生对异质刻板印象的评价出现了很大程度的一致性。例如，他们都相信美国人很自信，英国人很自律，德国人工作勤奋，等等。

那么，关于其他国家的异质刻板印象是如何产生的呢？林森（Linssen，1994）与哈根多姆（Hagendoom，1994）通过一系列试验与分析，最终确定了四个用以产生刻板印象的维度，它们分别是效率、支配性、共感和情绪。效率可以通过国家富裕程度来预测，支配性通过国家政治力量测量，共感可通过国家大小预测，情绪则通过国家地理维度来预测。林森与哈根多姆认为，人们从这四个维度来评估异国，进而形成相应的刻板印象。

值得注意的是，特定社会背景、媒体对重大事件的主观性报道都会影响国籍刻板印象，甚至使其发生改变。例如，哈斯拉姆（Haslam）等人测量了第一次海湾危机时澳大利亚人对美国人的刻板印象，结果显示他们对美国人的印象普遍比较积极。开始军事冲突六周后，在铺天盖地的媒体报道包围下，研究者又进行了重复测量，结果显示，澳大利亚人对美国人勤奋、正直和科学头脑等特质的评价下降，而对自大、好争辩、热爱传统等特质的评价显著增加。（史密斯、彭迈克、库查巴莎，2009）

（二）偏见与歧视

刻板印象与偏见、歧视之间具有密切联系。当对某些社会团体的刻板印象比较消极时，这些刻板印象就会成为偏见与歧视的基础。偏见是一种态度，歧视则是一种行为，在下面的内容中，我们将对两个在跨文化交际中经常出现的问题进行介绍。

1. 偏见与歧视的定义

偏见是对一个群体的评价，或者基于个体的群体成员身份而对单个人进行的评价。偏见已经进入了态度的范畴，是一种预先判断，通常反映了在没有充分了解某个人特征的情况下所做出的评价（泰勒、佩普卢、西尔斯，2010）。严格来说，偏见有正面和负面两种，但是社会心理学者大都用偏见这个词来解释对别人的负面态度。

当把偏见运用到人际或者跨文化情况时，它常常包含着不同程度的敌视。值得注意的是，偏见的错误性与对交流的负面影响比刻板印象严重得多。关于分类，偏见可以是外显的，此类偏见主要指对某个团体有意识地持有负面态度；偏见也可以是内隐的，这类偏见指无意识地持有负面态度（泰勒、佩普卢、西尔斯，2010）。

作为一种负面行为，歧视是指对特定团体成员的不公平、负面或者伤害性的行为，只因为他们是那个团体的成员（阿伦森、威尔逊、埃克特，2005）。歧视一般可以划分为三类：族群歧视、制度歧视与累计歧视。族群歧视是指一个族群个体因为种族主义作祟，而反对其他族群个体的表现，我们在下一节会进行具体介绍；制度歧视指族群或者个人的权利，因为社会习俗与法律的限制，而受到剥夺的现象，如美国黑人在 20 世纪 60 年代末以前都没有投票权；累计歧视是指在教育、就业等市场受到不平等的待遇，例如在就业市场上广泛存在的工资歧视、性别歧视等。

通常情况下，偏见会引发歧视。但是，歧视并不是偏见的必然结果。在没有偏见的情况下，歧视也可能发生。有的时候，没有偏见的人也会参与到制度性歧视之中，制定出一些机构的歧视性政策。例如，某些地产公司只会给非裔美国人展示那些位于黑人或者种族混合区的房子，虽然公司成员对非裔美国人没有什么偏见（也许他们自己可能就是黑人），但是他们参与了针对这个群体的歧视的制度性实践（斯蒂芬·弗兰佐，2010）。

2. 偏见的习得、特征与形式

（1）偏见的习得。

根据社会学习理论，偏见是经过习得而形成的，社会化过程与媒体是两个主要的渠道。社会化是指儿童从他们的周边环境里习得的社会传统规范的过程（泰勒、佩普卢、西尔斯，2010）。在世界各地，关于人种和种族偏见的社会规范广泛存在。例如，在历史上，北美白人对来自亚洲、非洲、拉丁美洲的种族持有很多偏见，而诸如此类的偏见常常在生命早期就会被习得，父母和同龄人在传递这些社会规范的过程中起着很大的作用。

媒体是偏见习得的另外一个来源，有关任何一个特定群体的媒体报道，都可能反映主流社会对该群体当前的刻板印象和偏见。例如，在一些西方媒体的报道中，西方是自由、民主的，而作为他者的中国，则是封闭、专制甚至是邪恶的。这样的报道框架显然落入了一种西方式的偏见中，并且会影响观众对于中国的认知，强化他们对中国已有的偏见（单波，2010）。

（2）偏见的特征。

根据偏见的内涵，我们可以归纳出偏见的主要特征。首先，作为一种态度，偏见带有明显的主观性，即主要来自个人的生活经验、社会互动与媒体报道，缺少系统、科学评估的基础。其次，偏见是对他人或者其他群体的过度概括，忽视了个体之间、不同群体之间的差异。最后，偏见的负面影响远远大于刻板印象，偏见常常成为丑化他人、他群体的"武器"，从而阻碍了跨文化交际的顺利进行。例如一些外国人认为"中国制造"就是"假冒、劣质产品的代名词"，因此他们肯定不会购买"中国制造"的产品，尤其是电子产品、汽车等，这种偏见忽视了"中国制造"在近年来所做出的进步，丑化了中国产品的形象。

此外，根据卡洛韦·托马斯（Calloway Thomas）、库帕（Cooper）、布莱克（Blake）等人的研究，偏见建立在"认知模式"（cognitive modes）上。"认知模式"指人们在赋予感知对象意义时，仅仅依照先前既定的知识或者态度，建构一个自己满意的模式。因此这个模式难免充满着偏见。认知模式主要包括负面解释、折扣、基本归因谬误、夸大与对立化五种。负面解释指所有来自非我族群的都是错的；折扣指摒除与人们预先认知不相符合的信息；基本归因谬误指把别人的负面行为解释为个性而不是情境问题；夸大是小事变大事，把其他族类的缺点盲目扩大并且加以打击；而对立化则是过于关注族群间非常细微的差异。

（3）偏见的形式。

偏见表现为多种形式，有时是细微的，有时是显著的。奥尔波特（Allport）在 20 世纪 50 年代出版的代表作《偏见的性质》中，论述了偏见的五种表现。尽管他的分析是在 50 多年前提出的，但是对于跨文化交际中的偏见研究仍然有重要的借鉴作用，同时有助于让人们认清自己的偏见，改进看待他人及与他人交往的方式。

第一，偏见可以表现为"诅咒"。诅咒是用负面的和刻板化的语言，表达对某人或其所隶属的群体的偏见态度，属于语言偏见。

第二，偏见不仅表现在语言上，还反映在行动倾向中，即出现规避。规避是因为语言系统、种族、宗教、意识形态和行为等差异，而避免或脱离与不喜欢的人或群体交往。在跨文化交流中，如果避开其他人而封闭所有的交流渠道，交流就无法进行下去。然而，无论是国家还是个体，规避都常常在跨文化交流中出现。

第三，作为偏见的延伸，歧视是群体对立现象的行为要素。持有歧视的人在很多方面——诸如就业、住房、政治权力、教育和娱乐等——排斥另一特定群体的所有成员，阻止他们进入教堂、医院、学校等社会机构。在存在歧视的情况下，人们常常会将种族优越感、刻板印象和偏见合成一种形式上的狂热，这将会为跨文化交流带来极大的障碍。

第四，偏见的一种更为极端的表现方式是人身攻击，体现为向偏见的对象施行肢体暴力，包括拳脚相加、帮派互斗、暴乱、掳掠、凌迟等形式。美国三 K 党对黑人的残酷凌辱、焚烧异教的宗教场所、近年来频频发生于中东地区的"人肉炸弹"等，都是人身攻击的表现。

第五，种族灭绝是偏见最为极端的形式。它是大规模、有组织地根除某个族群的极端行为。例如，第二次世界大战时期法西斯对犹太人的大屠杀、非洲卢旺达的种族灭绝等。

二、跨文化适应

近年来，来到中国的外国人——商务人员、留学生、游客数量大增，根据国家统计局数据，目前在中国有近 60 万的外国常住人口以及几倍于此的来华外国人。一方面，这些旅居者（Sojourner）享受着东方异国情调带来的惊喜与愉悦；另一方面，他们却接连不断地遭遇一系列的问题与挑战：为什么中国人吃饭时会大声说话？为什么中国人的爱情观那么实际？为什么中国人买房的欲望如此强烈？为什么大多数中国人没有宗教信仰？对东道国一系列的"为什么"同样发生在身居异国的中国留学生身上，而这些问题共同指向了一个主题：跨文化适应。

（一）跨文化适应的内涵

美国民族事务局的 J.W. 鲍威尔（J. W. Powell）首次使用了"acculturation"这个词来表明"来自外文化的人对新文化中的行为模仿所导致的心理变化"。（孙乐芩、冯江平、等，2009）1936 年，美国人类学家雷德菲尔德（Redfield）、林顿（Linton）与赫斯科维茨（Herskovits）等在共同起草的《文化适应研究备忘录》中，对"文化适应"做了比较明确的界定："文化适应包括这样一些现象：来自不同文化的群体经过第一次握手，某一方或者双方群体原先文化模式的改变……"在这样的定义下，文化适应与文化改变（文化改变仅仅是单方面的）以及同化（这有时是文化适应的一个阶段）是有区别的。

可以看到，雷德菲尔德等人认为文化适应主要是不同文化在连续接触后，一方或者双方文化模式改变的过程。后来学者对文化适应的界定也是围绕这一基本内涵来进行的。例如，格雷夫斯（Graves，1967）把文化适应看作个体与其他文化群体的实际接触所导致的心理与行为上的变化，也即个体心理上的文化适应；贝里（Berry，2006）等人认为，文化适应是伴随着不同文化间接触而产生的文化和心理的改变。

我们认为韩裔美国学者金洋咏（Young Yun Kim）对跨文化适应内涵的界定更为全面和清晰。金洋咏在其跨文化适应与传播整合理论（integrative theory of communication and cross-cultural adaptation）中认为，跨文化适应是"人类进入一种新的文化并遇到对抗环境时努力达到平衡的本能"，"跨文化适应是一个多阶段过程，在新环境中一个人只有在与其他人交流时才会去适应，融合依赖于与主方文化社会的互动"，"跨文化适应是一个持续过程，并不因为与新文化接触时间长而更容易达到"。值得注意的是，金洋咏特别强调了传播——包括人际传播与大众传播——对跨文化适应的重要作用，指出传播是推动移民、旅居者进行跨文化适应的"中间过程"（Young Yun Kim，2001）。

进行跨文化适应的人群主要分为两类：一类是长期的移民或者难民；另一类是短期居留者，即旅居者，包括完成某项使命和任务的人，如留学生、海外学者、商人、军事人员、科技人员、传教士等。

（二）跨文化适应理论与模式

移民、旅居者的适应模式是跨文化交际研究领域中备受关注的焦点问题，并且成为跨文化适应理论的重要组成部分。在新的环境中，初次接触异质文化的人需要经历怎样的过程才能适应新文化？他们采用了什么样的策略来适应新文化？对这些问题的研究，由于研究视野的不同，结论也不同。我们将介绍两种具有代表性的跨文化适应理论。

1. U 型曲线模式

利兹格德（Lysgaard）所提出的 U 型曲线模式是跨文化适应研究的经典之作。利兹格德（Lysgaard，1955）考察了 200 名赴美访学的挪威学者的跨文化适应过程，发现这些旅居者对美国文化的适应可以分为三个阶段。第一个阶段是初始期（initial stage）。旅居者刚到美国，对一切都感到新奇、兴奋，大多数人都处于一种"最初的欣悦"（initial euphoria）状态，与美国人的接触非常简单。第二阶段是寂寞期（loneliness stage）。当旅居者想与美国人建立更深层次的人际关系时，开始出现语言问题以及随之而来的迷惑、误解、寂寞。初到异乡的新奇感逐渐消失，取而代之的是各种焦虑。第三阶段是复原期（recovery stage）。旅居者开始学会交朋友，并逐渐适应美国的工作与生活环境，情绪逐渐回升。

U 型曲线假说描述了旅居者的跨文化适应过程，对跨文化适应过程的研究具有一定的启发性。但是这个理论也遭到不少当代学者的批评，例如它没有提供更多有关跨文化适应机制的信息，没有揭示适应期的各个阶段是如何开始又是如何结束的（弗海姆、博克纳，1982），对不同旅居者的适应过程进行了过于简单的概括（杨军红，2005）。

1960 年，美国文化人类学家奥伯格（Oberg）提出了"文化休克"的概念，进一步完善了 U 型曲线跨文化适应模式。奥伯格认为，跨文化适应可以分为四个阶段（如图 2-1）。第一个阶段是"蜜月期"（the honeymoon stage）。这时人的心情就像新婚度蜜月般甜蜜。事实上，这种甜蜜主要来自人类对新事物的好奇天性。第二个阶段是"危机期"（the crisis stage）。奥伯格强调了文化休克对这一阶段移民、旅居者的深刻影响，他们常常感到无能为力、愤怒、焦虑。第三个阶段是"恢复期"（the regression stage）。在经历了一系列文化冲击后，移民、旅居者会尝试寻找解决问题的方法，并对新文化进行更深入的了解，和第二阶段相比，他们已经能够应付一些文化休克问题了。第四个阶段是"适应期"（the adjustment stage）。这一阶段也是奥伯格对利兹格德理论的一个补充，在这一阶段，移民、旅居者最终走出了文化休克带来的消极影响，能够顺利地应付在新文化中遇到的问题，并且能够愉悦地接受新文化、享受在新文化中的生活（奥伯格，1960）。这也是跨文化适应最理想的一种状态。

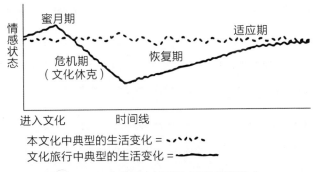

图 2-1　文化适应过程的 U 型曲线模式

在我们的跨文化交际调查中，当被问及"你适应中国的生活了吗"时，超过 60% 的亚洲学生和欧美学生都选择了"比较适应"，可见伴随汉语水平的提高，对中国了解程度的加深，大多数受访者已经逐渐步入了跨文化适应中的"恢复期"，正在更加理性地认识中国，并且寻找办法解决文化休克带来的交际问题。但是，仍然有 20% 的亚洲学生处于"危机期"，认为"不太适应中国，对中国文化还很困惑"，而仅有 8% 左右的欧美学生有同样的感受。这说明，文化距离的远近并不是影响跨文化适应的关键性因素。

2. 文化适应理论

约翰·贝里（John W. Berry）是加拿大著名的跨文化心理学家，1992 年出版的《跨文化心理学》是他最重要的著作。在该书中，贝里提出了最引人关注的"文化适应双维度模型"，又称为"贝里的理论框架"。贝里通过这个模型对文化适应中个体的文化适应策略进行了区分，"保持传统文化和身份的倾向性"与"和其他文化群体交流的倾向性"是他考量的两个主要维度，两者相互独立，也就是说，对某种文化的高认同度并不意味着对其他文化的认同度会低。贝里在大量实证研究基础上，根据文化适应中的个体在这两个维度上的不同表现，共区分出 4 种不同的文化适应策略，如图 2-2 所示。

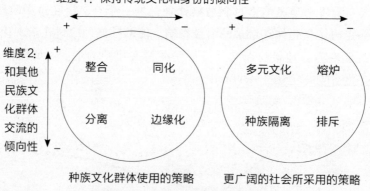

图 2-2　贝里的双维度理论模型

从非主流种族群体的角度（移民或者旅居者）来看，当个体既重视保持传统文化与身份，也注重与其他群体交流时，他们采用的就是整合策略；当个体不愿意保持自己原来的文化与身份，却与其他群体交流频繁，非常认同主流文化时，他们采用的就是同化策略；当个体重视自己原有的文化，但却不愿意与其他群体交流时，采取的就是分离策略；最后，当这些个体既没有保持自己原有的文化，又对跟其他群体交流没有兴趣时，就会使用边缘化策略。

贝里提出，非主流群体所采取的适应策略会明显受到主流群体的影响。例如，当主流群体采取熔炉（melting pot）策略时，非主流群体常常会采取同化策略，相反，主流群体施行种族隔离政策时，非主流群体通常采取分离策略；当主流群体集体排外时，非主流群体常会边缘化自己，而当主流群体施行多元文化主义时，非主流群体更倾向于采取整合策略。可见，只有当主流社会秉持更加开放、多元、包容的态度来与非主流群体交往时，后者才能成功地融入主流社会，最终达成社会的和谐状态（贝里，1997）。

在我们面向外国留学生的跨文化交际调查中，当谈及留学生采用何种策略来适应中国文化时，76.92%的亚洲学生、70.89%的欧美学生选择了"与中国人更多地交流互动"一项，也就是说，大部分人倾向于使用积极的整合策略来进行文化适应，这与当代中国开放的社会文化环境密切相关；不过，在亚洲学生中，仍然有20%的人会更喜欢"主要通过与本国人交流来了解中国"，即采用分离策略，而欧美学生选择分离策略的只有10.13%，一定程度上表明欧美学生在跨文化适应上的态度更为积极。此外，无论是欧美学生还是亚洲学生，采用同化策略——"只与中国人交流，想成为一个中国人"的人数都非常少，说明他们都是以本国文化认同为基础的，不会随意放弃。

贝里的理论模型给人们的启示是，跨文化交际能否顺利开展，一方面取决于人们在多大程度上愿意改变自己，另一方面也取决于人们与异质文化如何互动与共处，以达到最终的融合。

（三）文化休克

文化休克（culture shock，也译作文化震荡、文化冲击）是在跨文化适应过程中必然面对的一道"门槛"，很多移民、旅居者因为跨不过这道槛，而不得不回到自己的国家。在20世纪初，很多人类学家对文化休克的现象已有描述，但是直到1960年，美国文化人类学家奥伯格（Oberg）才首次正式提出了"文化休克"。奥伯格（Oberg，1960）指出，文化休克主要指一个人初次进入异质文化时在生理和心理上产生的不适。阿德勒（Adler，1987）则认为，个体在与新文化接触时，会因为失去自己所熟悉的标记和符号而感到焦虑和紧张，这样的症状就是文化休克。文化休克是一种心理疾病，在经历休克时，因为没有安全感、想家、感到孤独，人们常常容易发怒，或者精神压抑、自我封闭等。

1. 文化休克的表现与发生原因

文化休克因为个体差异而呈现出不同的症状，根据陈国明的总结，下面是一些常见的文化休克症候群：

（1）过度关心饮水与食物的品质；

（2）过度依赖来自同文化的人；

（3）动不动就洗手；

（4）惧怕与来自东道国的群体碰触；

（5）心不在焉；

（6）无故失神；

（7）无助感；

（8）容易为小事动怒；

（9）拒绝学习东道国语言；

（10）过度强调自己的文化认同；

（11）时常想家；

（12）常感到寂寞与闷闷不乐；

（13）萎缩与沮丧；

（14）失去信心；

（15）失去耐心；

（16）偏执狂；

（17）精神分裂。

留学生是跨文化适应群体的一个重要组成部分，研究显示，留学生在国外求学期间，主要面临来自四个方面的休克：第一，生活方面的休克，如对食物、生活环境、交通、气候、医疗卫生等方面的不适应；第二，学习上的休克，包括用东道国的语言进行交流的困难、对东道国教育制度的陌生和不适应、缺乏有效的学习方法以取得满意的成绩；第三，社会文化生活方面的休克，包括跨文化精神疲倦、对东道国文化的不适应等；第四，个人心理的休克，包括在国外所产生的思乡感、孤独感、封闭感、挫折感，或者缺乏自我价值和社会认同感等（李丹洁，2007）。

留学生在中国生活遭遇的休克主要有语言休克、非语言休克、角色休克、教育休克和文化休克。由于欧美国家与中国的文化差异很大，所以欧美留学生在中国所遭遇的文化休克比亚洲学生更多，这些文化休克主要表现为对中国人价值观、思想形态的困惑不解。另一方面，亚洲学生的语言休克、非语言休克、角色休克及教育休克普遍比欧美学生高，尤其是在教育方面。这一点让人颇感意外。我们认为，这可能与中国不断变革的教育模式有关，同时，对教育、文化不同的认知与理解也会影响留学生对中国教育模式的接受程度。

文化休克带给旅居者的影响如此之大，那么引发文化休克的因素有什么呢？弗海曼（Furnham）与博克纳（Bochner）通过研究发现，文化休克主要与三项因素有关：第一，文化本身的差异，即东道国与自己国家文化差异越大，文化休克就越强烈；第二，个体的差异，即一个人成长的背景与个性，将影响他适应新环境的能力以及他遭受文化休克的程度；第三，旅居的经验，例如，对于经常出国旅行的人和第一次出国的人来说，后者所经历的文化休克通常比前者经历的要强烈得多。

2. 文化休克的阶段

阿德勒（Adler，1975）对奥伯格的文化休克理论进行了补充，包括对文化休克内涵的解读。阿德勒认为文化休克是足以改变自己生活的失序现象，他进而以转换冲击（transition shock）替代文化休克。在阿德勒看来，转换冲击包括两个层面的冲击：一方面是因为文化差异所产生误解而带来的文化冲击；另一方面是因为人生发生重大变迁而带来的冲击。本书中的"转换冲击"主要是指第一个层面。

阿德勒的转换冲击模式包含五个阶段：接触期（contact）、失衡期（disintegration）、重整期（reintegration）、自主期（autonomy）与独立期（independence）。接触期、失衡期与U-曲线模式的前两阶段相同，而第三阶段重整期则成为文化适应的一个转折点。在这个阶段，旅居者常表现出对东道国文化强烈的排斥态度与行为，甚至敌视东道国国民。旅居者必须做出一个决定：继续生活在这种混乱失序的状态中，或者做出调整，进入自主期。

在自主期，旅居者对东道国已经有了充分的理解，掌握了与东道国人民交流的行为技巧。进入独立期后，旅居者能够欣然对待自己本国文化与东道国文化的差异，享受文化异同所带来的快乐；与东道国的人们交流时，旅居者更加游刃有余，并且逐渐从单一的文化身份转向了跨文化身份。

阿德勒转换冲击模式最大的特色是把文化冲击当作一种个人成长的内在过程（internal process），另外一个特色是理想地认为旅居者有机会完成从排斥到适应这一往上爬升的过程。但是，这也是该模式屡遭诟病的地方，即对旅居者克服文化冲击、完成文化适应过于乐观。不少学者指出阿德勒的转换冲击模式缺少实践基础，由于没有实证研究的支持，该模式的可靠性受到了质疑（陈国明，2009）。

三、跨文化交际中的认同

跨文化交际学奠基人霍尔在《超越文化》一书中指出，"文化中最重要的心理要素是认同作用（identification），认同是文化与人格的桥梁"（爱德华·霍尔，2010）。凯瑟琳·伍德沃德（Woodward，1997）认为，认同告诉"我们是谁""我们如何与其他人以及这个世界建立联系"——认同提供给我们归属感，是区分不同团体的重要标志，两极化（polarization）、包容与排斥（inclusion and exclusion）都是认同的重要属性。

根据社会学观点，认同是行动者自身的意义来源，也是自身通过个体化过程建构起来的。一般来说，认同可以主要归纳为文化认同、社会认同、自我认同三大类（曼纽尔·卡斯特，2006）。

在跨文化交际过程中，移民或者旅居者必须决定自己是否认同东道国文化，因为这将影响交际的效果。如果认同了东道国文化，是否意味着要抛弃自己的母国文化？或者可以同时保持对东道国与母国的双重文化认同？而如果拒绝认同东道国文化，是否意味着自己要被东道国的主流社会边缘化？这些关于认同的问题，是移民、旅居者无法避免的，也是跨文化交际研究所探讨的重要议题。

（一）文化认同

文化认同（cultural identity）主要指个人对于一个特殊文化或者族群所具有的归属感。（陈国明，2009）文化认同包括对本族文化认同与异质文化的认同。对文化本体的认同、对家庭和家族等血缘关系的认同等都属于对本族文化的认同。这类认同主要经由社会化（socialization）过程而自然形成，例如对于一个出生于四川的中国人来说，通常他（她）毫无选择地必须学习四川话，并且需要认识、了解与自己成长环境密切相关的风俗习惯、饮食穿着、社会结构、价值观等文化内涵。一经社会化，我们也就与自己的文化群体相融合，建立了对本族文化根深蒂固的归属感。对于异质文化的认同主要包括对本国不同族群的认同，以及对不同国家民族、种族文化的认同等。由于文化差异的深刻影响，这类认同常常与自己的本族文化认同发生冲突，因此建构此类认同的难度常常很大。例如，在大多数西方国家，人们很重视"隐私"，无论是具体的生活空间还是抽象的思维空间，这往往意味着有一些事情只属于个人，而不适合公开谈论，比如说钱。在中国的传统文化里，中国人是羞于谈论金钱的，如"视金钱如粪土"；但在当代中国，"钱"却常常是人们聊天的一个主要话题，比如今天买菜花了多少钱、身上的衣服多少钱，有时甚至会谈及工资等。这样的聊天内容就让西方人很难适应，更谈不上让西方人去认同中国的这种当代文化了。

菲尼（Phinney，1993）通过研究将文化认同大致分为三个阶段。第一阶段是未审的文化认同期（unexarained cultural identity）。在这一阶段，由于社会化的影响以及缺少与外界充分交流的机会，人们常常视自己的文化为理所当然，没有兴趣去了解别的文化，对待任何事情都是从自己的文化立场出发。基于这种狭隘的文化观，在这一阶段常常形成文化刻板印象、文化偏见。后者以种族中心主义的危害最大。例如，在当代西方世界，仍然有不少白人持着明显的种族优越感去歧视、排斥少数族裔，这都是"未审的文化认同期"的表现。

第二阶段是文化认同的搜索期（cultural identity search）。在这一时期，伴随个体的成长以及与其他文化群体交流互动机会的增多，个体开始思考自己的文化与周围事物的关系，形成了与其他异质文化进行比较的意识。一方面，他们对本族群文化的认同可能得到进一步强化；另一方面，在比较中，人们可能对本族群文化进行反思，有了某种批判意识——看到了自己文化中落后的方面，并发现自己与文化出现了不相适应的状态。搜索期有助于人们重新认识自己与所属文化，但是同样可能置人于迷茫困惑之中——在异质文化的冲击下，自我认同与对本族群的文化认同遭遇不同程度上的"休克"。文化认同的搜索期常常出现于跨文化适应过程中的"文化休克"阶段。例如，我们曾经对在华留学生关于中国文化的认同程度进行了调查，结果显示，90名来自不同文化背景的学生中，大多数人表示自己在了解中国重要的文化观念，并且认为比较中国文化和自己本国文化的关系很有意义。但是，他们认为要真正认同中国文化，还是很困难的。例如，在个人主义占主导地位的美国，人们很难理解集体主义。一名美国学生曾经表示，中国人的社交习惯有时超出了她的适应范围。她不习惯中国人做什么事都很多人一起的行为模式，而喜欢有更多单独行动的时间和个人空间。而不少留学生反映，中国人的一些非语言交际行为也实在令人费解，中国人之间不言自明的文化为在华外国人的跨文化认同带来很多障碍（刘荣，杨恬，胡晓，2013）。

第三阶段是文化认同的完成期（cultural identity achievement）。在这一阶段，经历了前两阶段的无知与休克，旅居者已能够对自己与本族文化有更为清晰的认识和坚定的认同；同时，也能够以更加开阔的心胸来对待异质文化，更加理性地认识本族文化与异质文化的差异，逐渐克服自己对异质文化的刻板印象、偏见或者歧视，同时能够积极应对他人对自己及所属文化的刻板印象、偏见或者歧视。对于生活在国外的移民、旅居者而言，这一阶段可视为奥伯格跨文化适应过程中"适应期"的基础，人们通过整合策略逐渐融入东道国文化之中，建构起金荣渊所称的"跨文化认同"。

阿德勒、吉川（Muneo J.Yoshikawa）和金荣渊等学者都曾探讨过建构跨文化认同的途径问题。相比较而言，金荣渊的观点更为现实。金荣渊认为，跨文化认同的建构立足于本土文化基础之上，是交际双方做出系统性文化调整、消除排斥性文化认同、吸纳新的文化元素、不断回归自我、融入人类共同体发展的过程（戴晓东，2009）。

（二）社会认同

社会认同（social identity）是个人在一个文化内，因为隶属于某个团体而形成的。只要个体能够接受团体成员共同认同的看法与关心的事，对该团体的归属感就产生了（陈国明，2009）。

社会认同是自我概念的一部分，起源于一个或者多个社会团体的成员身份以及对该团体的相关评价。也就是说，自我概念的形成一则来源于对个人的认同，另一则来源于对自己社会身份的认同以及他人对自己社会身份的认同（泰勒、佩普卢、西尔斯，2006）。

1. 内群体与外群体

人类是分类的动物。类型化过程很快将人们分为"我们"（内群体）与"他们"（外群体），类型化所带来的效应主要有两个。第一是"内群体偏袒效应"（in-group favoritism effect）（泰吉菲尔、比利希、邦迪、弗拉芒，1971）。人们对内群体成员的评价通常更正面，对内群体成员的行为做出更多正面的归因我们可以做一个简单的心理学自由联想实验，比较一下在想到"我们"（内群体）与"他们"（外群体）时，所能联想到的概念、词汇、事物有什么不同。与"我们"相联系的，很可能是大家、同胞、同事、具有共同爱好的人，或者是积极的形容词，例如优秀、骄傲、自豪等；而与"他们"相联系的可能是敌人、竞争对手、外国人、异族、异类，或者是距离、差异、变异、低级、弱小、失败等负面词汇（彭凯平，2009）。这种实验的结果正好可以印证"内群体偏袒效应"，说明很多时候人们难以超越自己所属社会群体的局限，容易从正面肯定自己，而从负面质疑、否定他人。第二个是"外群体偏袒效应"（out-group homogeneity effect）。人们通常认为外群体成员在特质、人格等方面非常相似，即"他们都是一样的，然而我们都是不同的个体"。例如，很多时候，中国人会认为大多数西方人都长得差不多，难以辨别，而西方人也会持同样的观点来看待中国人；近年来，"多元文化"成为很多西方国家标榜自己的一个重要文化招牌，然而不少西方人仍然认为中日韩文化接近，简单地用"东亚"来概括三国，忽视了三个国家在文化上的巨大差异。诸如此类的表现，都属于"外群体同质效应"（泰勒、佩普卢、西尔斯，2006）。大量研究证明，这种内群体与外群体二元对立的观点很容易促使人们过度放大群体间的差异，同时过于类型化、同质化外群体，形成文化中心主义或者种族中心主义，进而影响跨文化交际的开展。

2. 社会认同理论

英国社会心理学家泰吉菲尔（Tajfel）、奥地利心理学家特纳（Turner）等人于 20 世纪 80 年代提出了社会认同理论。该理论包括以下三个基本假设。第一，人们将社会世界归类为内群体与外群体。第二，人们的自尊感来源于对本群体成员的社会认同。例如，一个毕业于北京大学的年轻人总是更愿意谈论自己的母校，因为社会对名校的认同能够给予他较强的自尊感，相反，一个毕业于普通高校的人常常不太愿意说到自己的学校。第三，人们的自我概念一部分来源于个体身份，另一部分依赖于他人对自己所属群体的评价。泰吉菲尔、特纳等人发现，自我概念包括社会认同，即我们愿意将自己归结于某种社会团体和社会成员（彭凯平，2009）。例如，对于一名在华外企的外方高管来说，他的自我概念既包括"我是一个外国人""我是男性""我是公司高管""我有一个儿子"这样的自我认识与个体身份元素，也包括对社会团体的认同，诸如"我在北京大学学习汉语""我汉语说得比较流利""我喜欢中国"等，而这样的自我概念实质上也具有一定程度的跨文化性，会对跨文化交际产生积极影响。值得一提的是，彭凯平等人的研究表明，中国人的自我概念所包括的社会认同可能远远超过西方人的自我概念中的社会认同。

　　社会认同对于跨文化交际有重要的影响，这种影响可以表现在以下几个方面。第一，社会认同影响人们思考问题的方向。积极的社会认同有助于交际双方建立对于彼此的正面形象，进而来判断对方成员的行为；而消极的社会认同则会阻碍不同文化群体成员的跨文化交流，例如"亚洲人的许多作风相当落后""亚洲人不重视生命的价值"等。第二，社会认同容易引导人们将自己所属群体与外群体进行比较，而这种比较往往倾向于夸大内外群体的差异，美化自己群体、贬低他人群体。在跨文化交际中，这种社会认同比较容易产生刻板印象，严重时易于形成文化或者种族中心主义，并进一步演化为歧视行为，阻碍交际的进行。

第三章　跨文化交际能力的整体阐释

第一节　交际能力与跨文化交际能力

交际能力是人类与他者交流和沟通的基本能力，也是跨文化交际能力的基础和前提，而跨文化交际能力则要求交际者除了具备人类基本的交际能力外，还应该具有外语能力和跨文化敏觉力等。

一、交际能力

"交际能力"这一概念最初来源于社会学，后来延伸到语言学。美国学者海姆斯（Hymes，1966）在《论交际能力》中第一次提出"交际能力"。海姆斯在提出这一概念时侧重语言的得体性，也就是在使用语言的时候语言应该更注意符合具体社会环境的要求，即时间地点、交际对象、内容以及谈话方式等。他认为交际能力应包含四个方面的内容：（1）语法的正确性，即语言形式要正确；（2）语言的可行性，即交际对象在心理上的接受度；（3）语言的得体性，即交谈时要根据具体环境和对象选择得体的语言；（4）语言的现实性，指语言实现其交际功能并产生相应的影响。随着"交际能力"概念的提出，语言学家们对交际能力发表了各自不同的看法。其中最具影响力和代表性的是美国的卡纳尔（M.Canale）、斯温（M.Swain）和欧洲的范艾克（Van Ek）。在卡纳尔和斯温（1980）的研究里，他们认为交际能力包括语言能力、社会语言能力、篇章能力和交际策略四个方面。这个观点已经被大多数业界人士认可。范艾克认为交际能力所涵盖的范围应该更大、更全面。他认为外语交际能力应该包括：（1）语言能力；（2）社会语言能力；（3）篇章能力；（4）交际策略；（5）社会文化能力；（6）社会能力。范艾克与卡纳尔和斯温的不同之处在于增加了社会能力和文化能力。这两项能力正是范艾克交际能力研究的精彩之处，精彩在于其道出了交际能力的本质。随着心理学的发展，十年后，巴克曼（Backman）和帕尔默（Palmer）将交际能力重新划分为语言能力、策略能力和生理心理机制等三个部分。语言能力包括组织能力和语用能力两部分。策略能力是运用语言知识的心理能力，是语言能力与现实世界沟通的桥梁。生理心理机制是语言交际能力的生理心理基础，是语言交际能力赖以存在和发展的前提。我们要培养学生的交际能力必须考虑学生的生理和心理机制特点。显然，巴克曼和帕尔默的理论把前辈关于交际能力的理论往前推进了一步。在陈国明（2009）的研究中，"交际能力"被称为沟通能力或胜任度（communication competence），而"有效性"（effectiveness）与"适当性"（appropriateness）则构成了交际能力的主要内涵，有效性意指个人在互动过程中用以产生某种意欲结果的能力，适当性则泛指互动者达到沟通情境的脉络需求（contextual requirements）的能力。

二、跨文化交际能力

跨文化交际是指具有不同文化背景的人从事交际活动的过程。至于交际的效能如何，主要取决于交际双方的跨文化敏感度、沟通技巧和交际行为的灵活性等，即取决于交际者的跨文化交际能力（intercultural communication competence）。金（Kim）曾经对跨文化交际能力做过比较具体的界定：跨文化交际能力是个体所具有的内在能力，能够处理跨文化交际中的关键性问题，如文化差异、文化陌生感、本文化群体内部的态度，以及随之而来的心理压力等。这种能力并非与生俱来或一蹴而就，必须经由一段教育与学习的过程才能慢慢习得。正如一些学者指出的，在全球化到来的今天，"当我们面对日增无已的文化多元互动时，详加探讨跨文化交际能力的意义与内涵，便日趋重要。唯有经由跨文化交际能力，我们才能在全球化社会里，与来自不同文化背景的人们，有效与适当地沟通。"由此可见，跨文化交际能力培养的基本因素和途径，是跨文化交际学者和第二语言教师应该关注的重点。根据陈国明（2009）的论述，"跨文化沟通能力是沟通能力的延伸。两者的定义大同小异，唯一的区别在于，跨文化沟通能力特别强调情境脉络的重要性。这种对情境脉络的强调，除了重视人与人之间互动的有效性与适当性外，也很注意人与沟通环境之间的互动和双方的文化认同。因此跨文化沟通能力可以定义为'互动者谈判文化意义（cultural meanings）与适当地在一个特殊环境下使用有效的沟通行为，以便确认双方多重认同（multiple identities）的能力'"。

第二节 跨文化交际能力的基本要素

跨文化交际是一个多学科交叉、跨越性很强的新兴学科，这种跨越性决定了跨文化交际能力的立体性。跨文化交际能力是 20 世纪 90 年代针对跨文化交际人才培养提出的一种能力范式，它强调交际者的跨文化敏觉力、跨文化意识和处理文化差异的技巧和灵活性。这三个部分不是孤立存在的，它们之间有着紧密的联系和层级关系，即跨文化敏感性处于最低层，处理文化差异的技巧和灵活性处于最高层，跨文化意识则处于两者之间。换句话说，只有当交际者对各类文化差异萌生了敏锐的意识，才可能产生宽容的文化态度和交际的兴趣，才会面对不同的跨文化情景进行积极地自我调适，跨文化意识才会渐次增强，进而采取灵活自如的处理方式，由此达到很高的跨文化交际效能，据此我们可以看出跨文化能力的培养是由低到高、循序渐进的过程。

一、跨文化敏觉力

跨文化敏觉力是跨文化交际能力基本要素的第一个要素。有学者指出，跨文化敏觉力（intercultural sensitivity）代表跨文化沟通能力的情感面向，它代表一个人在某种特殊的情境或与不同文化的人们互动时情绪或情感的变化（特利安第斯，1977）。跨文化沟通的情感面向特别指出，具有跨文化沟通能力的人，能够在互动之前、之中和之后，投射与接收正面的情感反应（positive emotional responses）。这种正面的情感反应，最终会把当事人带到认可与接受文化差异的境界。这个过程正是发展跨文化敏觉力的过程。贝内特（Bennett, 1981）认为跨文化敏觉力是个发展的过程。一个人能够在认知、情感以及行为层次，把自己从我族中心（ethnocentric）的阶段转化到我族相对（ethnorelative）的阶段。这个转化的过程包括六个阶段：（1）否认文化差异的存在；（2）对抗认知到的威胁以试着保护自己世界观的核心；（3）试图把差异藏匿在文化相似性的伞下，以保护自己的世界观；（4）开始接受文化与行为上的差异；（5）开始发展对文化差异的移情能力并成为双重或多重文化人；（6）能够把我族相对主义用到自己认同之上，而且体验到差异其实是人生很重要与值得愉悦的一部分。

文化差异的敏感性，不仅仅是对文化表层，更是强调对文化深层差异的识别能力。文化表层的差异显而易见，不需要特别的训练就可以识别，而文化深层的差异通常隐含在人们的行为和思想中，不易直接观察到。如西方人习惯的低情景交际和东方人采用的高情景交际是不易直观看到的，因此有意识地培养对文化深层差异的敏感性就显得尤为重要，这必须依赖于对不同文化的比较及对文化差异相关知识和经验的积累。

跨文化敏觉力是一个内涵丰富的能力概念，它包含了交际者的自信心、开明度、自适力、中立的态度以及社交的从容等相互联系的几个层面。

作为一个面对全新异文化的交际者，首先对自己的文化和自身素养要有很强的自信心，这种自信心使交际者在面临各种交际情景时采取乐观积极的态度，从而更易于接受他人和他文化，也较易于被对方交际者理解和接受。同时，自信心让交际者在跨文化交际中遇到挫折、误解或疏离时，能够相对自如地应对这些交际逆境，更快走出交际困境。

跨文化交际的开明度意味着交际者要有多元文化心态，对异质文化采取宽容理解并尽量去接纳的态度，而不是以自我文化为中心，以自己的文化价值观去衡量和评价对方交际者的言行。同时，开明度还包含交际者愿意适当解释对方不易理解和接受的自己的语言和行为，也乐于倾听对方在交际过程中的解释。其实，跨文化交际的开明度是阿德勒在 1977 年提出的"多重文化人"。多重文化人能够接受不同于他们自己的生活形态，更能在心理和社交方面掌握实体的多重性（multiplicity of realties）。换言之，跨文化敏觉力强的人，不仅能够了解一个观念，可以用多种不同的形式来加以表达，并且对世界具有一个内化与广阔的概念。这些都是开放心灵的表征，促使一个人愿意认可（recognize）、感激（appreciate），甚至接受（accept）不同的观点。这种处处为他人设想与承受别人需求的特性，在跨文化交流中，就是相互确认（mutual validation）与认可彼此文化认同的发挥。"

自适力是指在跨文化交际中，交际者根据交际情景和交际时间不断地进行自我调节适应并进行有效交际的能力。据研究表明，自适力强的交际者对周遭的环境和对方交际者的行动更敏感，能够迅速捕捉到交际中的可用信息以及交际中适时的变化并调整自己的言行，以尽可能完成交际任务，达到交际目标。

中立的态度主要指交际者在真诚倾听对方的言语时，能够主动摆脱自己文化带来的思维模式的定式，积极倾听对方的语言和意识，理解对方语言中的文化密码和交际意图。在对话过程中，交际者尽量采用描述性而非评价性和判断性的语言和态度，不以自己的文化价值为标准和依据去评论别人的行为，否则会产生文化偏见而导致民族中心主义。在倾听过程中，交际者尽量不打断对方，必要时以点头或者眼神等身体语言向对话者示意，最后让对方感到心理愉悦和满足。

社交的从容是指在跨文化交际中不显露焦虑情绪的能力。在跨文化交际中，难免会遇到各种各样的交际困境和交际压力,交际者应具有良好的心理素质,不慌乱、不焦躁,能够摆脱交际困境带来的各种焦虑症状,如流汗、颤抖以及言语不畅等,以比较泰然的心态面对各种交际难题。交际的从容也利于交际者利用以往的交际经验和生活经验,在困境中发挥潜力而急中生智,战胜交际障碍,达成交际共融。

跨文化敏觉力较强的人在与来自不同文化背景的人交流时能更快地适应陌生环境,更有自信心,更能够以客观的态度看待文化冲突,并认真专注地倾听交际对象的交际意图,从而更快速地调整自己去处理交际中出现的挫折,更从容地应对跨文化交际过程中出现的各种障碍,确保交际的顺利进行。

二、跨文化认知能力

国内知名学者戴晓东在其论著《跨文化交际理论》中,把跨文化交际的第二个层面概括为认知过程,即跨文化意识。他认为跨文化能力的认知过程主要涵盖自我意识和文化意识两个方面。自我意识是指交际者自我监控或对自己作为特定文化成员即文化身份的感悟,文化意识是指对影响人们如何思考与交际的文化规约的理解。所谓"跨文化意识",是指对不同民族国家之间的文化现象、文化规约和文化模式等的洞察和理解,对文化之间关系的领悟,并根据所领悟的对方文化特点来调整自己的语言和思维,以及据此产生的跨文化自觉性。跨文化意识的基础和前提是跨语言能力,而跨文化意识是跨语言能力的深度体现和非言语呈示。交际者跨文化意识的形成意味着交际者完成从单一文化认同身份到多重文化认同身份的转变,交际者站在第三文化的高处观照世界各种文化,这样才能在千变万化的文化现象和千差万别的文化语境中应对自如而立于不败之地。

跨文化交际中的认知能力主要涵盖两个方面的内容,即语言能力和文化能力。其实用另外一种表述是,言语交际能力和非言语交际能力。这是因为在跨文化交际中,运用的交际方式包括言语和非言语两种,其中言语交际正是语言能力的体现,非言语交际能力的高低则建立在交际者对双方文化背景的深刻洞察和理解上,非言语交际中的体态语、环境语、客体语以及副语言等无不包含着丰富的文化信息,交际者只有具备良好的跨文化背景知识,才能很好地处理这些非言语信息,从而进行有效交际。另外,言语交际中的盲区和误解常常存在,这些正是不同文化背景和文化内部系统迥异所致,非言语交际恰好补充了言语交际的这种有限性和不足,两者相辅相成,使跨文化交际得以顺利进行,最后达到双方需要的交际效能。

三、跨文化行为能力

跨文化交际能力的第三个基本要素是跨文化行为能力，即跨文化交际的灵巧性，是交际者进行有效交际的技巧和能力。根据戴晓东（2011）的论述，跨文化交际的灵巧性是指交际者实施交际行为、完成交际目标的能力。跨文化交际的灵巧性涉及言语和非言语信息，它包括信息传达、自我表露、行为的灵活性、互动的管理以及社交技巧等方面。交际灵巧性是交际能力的一种体现，它反映出交际者怎样调动有限的语言知识进行交际的水平。在跨文化交际中，如果交际者能够灵活有效地运用交际技巧，就会克服语言水平和文化水平的限制，从而达到交际目的。

信息传达的技巧是指交际者根据自己掌握的语言和文化知识，运用合适的交际策略和技巧，熟练地传达交际对方可理解的信息的能力。它要求交际者不仅具有熟练的语言功底和深厚的双文化底蕴，还要求在以往的交际经验中练就良好的信息传达技巧，这样才能尽量避免产生由信息误读和文化误解而导致的交际障碍，保证交际的顺利进行。信息传递的效率与自我表露技巧的高低有着紧密的关系。自我表露就是交际者在面对交际对象时，以恰当的方式向对方坦露自我心意和自我情态。这种表露在特殊的跨文化交际场合流露和表达出来，具有很强的导向性，而非普通好友或亲人之间的随意表露，因此要谨慎表露、恰当示意，表露方式要显得贴切自然、不做作，要考虑到对方的文化背景和语言水平，否则容易引起对方交际者的漠视或反感，甚至形成对交际者不利的刻板印象。同时，自我表露和信息传达的准确与否直接影响交际的有效性。得体的自我表露和准确恰当的信息传达也体现了交际者行为的灵活性。

交际行为的灵活性体现了交际者在各种交际场合中根据交际对象和交际时间不同而随机应变应对交际事务的能力，也体现了交际者交际策略选择的准确与迅速，同时交际灵活性也是交际敏觉力在行动上的体现和延展。有学者指出，高超的交际者能够运用灵活的言语提示，敏锐地捕捉对方的身份，并且适时做出调整，较快与对话者建立起良好的互动关系。

互动的管理是指交际者在交际中对互动局面的把握和控制，即在交际过程中，交际者适当控制交际节奏、说话顺序和交谈主题，适时地启动和结束对话。具有良好互动管理能力的交际者，能够调动交际场景中的各个交际对象，把握好会话结构，根据自己和其他交际者的交际需求粗略设计和转换会话主题，不轻易打断别人，并认真倾听他者，最后实现交际者的交际意图，达到交际目标。

社交技巧包含移情和身份的维护两个层面。"移情"（empathy）作为美学概念，是德国学者罗伯特·费肖尔 1873 年在《视觉形象感》中首先提出的。日本语言学家库诺第一个把移情从美学领域借用到语言学领域，随后，移情这一概念逐渐被用到跨文化交际学领域。跨文化交际中的移情是指交际主体自觉地转换文化立场，在交际中有意识地超越本土文化的俗套和思维模式，摆脱自身文化带来的束缚，转换身份到另一种文化模式中，切身感悟和理解另一种文化。移情在跨文化交际中是连接交际者之间情感和文化的桥梁，是进行有效沟通的重要能力。据陈国明（2009）所言，移情就是把自己投射到互动对方的位置，暂时地想对方所想、感对方所感的过程，它把我们带入了别人的心灵世界。跨文化交际中的移情主要表现在两个方面：一个方面是指听话人从说话人的角度准确领会话语的交际意图；另一个方面是指交际双方要设身处地地尊重对方的文化背景、风俗习惯和价值取向。整个过程包括：承认差异—认识自我—调适自我—准备移情—体验对方，进而克服民族中心主义，增强对别人的需求和跨文化敏觉力。文化移情要求交际者与时俱进地不断学习并具有开明的文化价值观。文化移情能力决定了交际者能否摆脱自身文化积淀所形成的思维定式的影响，从而自觉地避免因文化取向、价值观念、宗教信仰、伦理规范、思维方式、生活方式等差异引起的文化冲突，保证跨文化交际的顺利进行。在跨文化交际中，移情是为了有效沟通，但在移情的同时，也不能忘了对身份的维护。身份的维护应该包括对交际者自己个人和民族身份的维护以及对交际中他者身份的维护。交际行为的灵活性不能离开身份的维护，没有尊严的交际不是平等的交际，也不是我们追求的理想交际状态。因此，在交际中，优秀的跨文化交际者既能够根据对方传达的信息快速有效地判断对方的身份，并对之进行有效维护，又能够准确定位自己在交际场景中的身份和代表的民族身份，以维护它为交际的原则之一。

第三节　跨文化交际能力的重要性

一、有利于促进学生文化多元主义思想的发展

（一）有利于培养学生积极看待异文化并促进其对自我价值的认识

对于学生来说，他们大多对异国文化只有粗浅的了解，也较少与来自目的语国家文化中的成员交往。因此，教师应当引导学生在跨文化交际发生之前和进行当中，先假设来自异文化的对方是善意的，是来寻求自己的理解和交流的，假设

异文化和中国文化在深层次上有很多共同点。这样积极地看待异文化及其成员的态度也会辐射到跨文化交际的对方，促进双方的好感与信任感的建立，形成一种有益的跨文化交际场景，促进跨文化交际的良性循环。这样，在这个过程中，即使出现文化差异或令人困惑的情况，双方也能遵从与人为善的原则共同找到解决办法。

要培养学生对目的语文化的积极态度，使他们对自己尚不了解的陌生的人和事物首先假设其为"善"和"好"的，这种思想符合对中国文化产生重要影响的儒家思想的"性本善"说。引申到跨文化交际中，我们可以理解为，不同文化中的成员其本性首先是善的，虽然各文化的习俗、文化的表象存在差异，但是人们的本性是相通相融的。有了这样积极的假设，即使在跨文化交际中遇到困惑、矛盾甚至冲突，也会让人有信心去面对、去解决。相反，如果在跨文化交际尚未进行之前，就假设来自异文化的他者是"性本恶"，处处疑心、设防、过分敏感、封闭自己甚至主动攻击对方，这样就会对自己的跨文化行为产生负面影响，很容易形成"自我实现的预言"。

如果一个人对自身价值认识不足，甚至对自己感到自卑，那么他也很难积极地看待异文化。因为，"如果一个人连对自己都认识不足，便不能理解与自己存在差异的他人，不能主动地、自如地去了解他人的思维方式和规范"（迈耶，1993）。

跨文化能力不是独立于人们个性之外的一种附加能力，而是个性的有机组成部分。所以，要培养学生的跨文化能力，就应当促进学生个性的发展，引导他们积极看待自我，并帮助他们实现自我价值。只有在学生充分认识并能不断实现自我价值的基础上，才能更容易向来自异文化的人开放自己。因此，在跨文化交际教学中，教师应当充分尊重学生，尊重他们彼此的个性，应当给学生留有发展和展示其个性的空间，鼓励学生提出独立的见解，帮助学生充分发挥各自的优势，培养他们的独立人格，培养其不断发展和实现自我价值。

大学教育应注重人文性和教育性，应将人才培养置于"素质教育"框架之中，使大学生作为一个人的整体素质和个性发展方面得到最大限度的提高。

（二）有利于学生勇于探索母文化与目的语文化

很多专家指出，如果对异文化怀有浓厚的兴趣，则更有助于人们设身处地地去理解异文化的成员，有助于培养跨文化移情能力。因此，要培养和促进学生的跨文化能力，应当培养他们对于新事物的好奇心和勇于探索的精神，应当让学生领悟到，学习就是对安全感的放弃，应当培养学生不将新事物和陌生的环境看作是危险和威胁的，而应看作拓宽眼界、发展个性的机会。

探新求异在我们中国的教育过程中一直受到忽视，很多大学生可能是考试高手，但大多怯于探索新事物，这也是多年应试教育所产生的结果。要培养学生的跨文化能力，很重要的就是要培养学生对母文化和异文化的兴趣。因此，应当鼓励学生始终保持对异文化的好奇心和了解文化之间相同与差异的广泛兴趣，促使他们愿意与异文化成员交往，并共享知识与信息。

在教学过程中，作为教师应当帮助学生了解一些其他国家文化与中国文化的主要差异，以使他们对于跨文化交际有足够的心理准备。但同时应当向学生指出，其他国家文化中也有许多与中国文化相同或相似的地方，比如很多价值观是很多文化共有的，只不过这些价值观的重要程度在各个文化中不尽相同，并且这些价值观通过不同的形式表现出来。

在跨文化交际教学过程中，为了提高学生对目的语文化的兴趣，应当注重利用各种媒体将目的语文化以丰富多彩的形式展示出来，增强学生对目的语文化积极、全面的感性认识，增强其探索文化的兴趣，以便促进学生在不断的探索过程中，培养其跨文化宽容度和移情能力，同时培养他们对目的语文化的尊重和跨文化的敏觉性。

（三）有利于培养学生多视角看待问题的能力

很多研究表明，文化之间产生误解和冲突的重要原因在于，人们大多会戴着母文化的眼镜看世界，把母文化的思维方式、行为方式、价值观等看作放之四海而皆准的准则。因此，在培养学生的跨文化能力过程中，应当帮助他们意识到自己身上所存在的民族中心主义思想，并通过教学和实践逐步加以克服。

理解他人基于自我理解，首先可以帮助学生批判性地审视自己惯常的思维方式、行为方式和价值观，使学生认识到每一个人都是受到生活其间的文化的影响的。学习者对潜移默化形成的价值观和参考框架进行反思和质疑，这种自我反思能减少或消除民族中心主义思想。因此，有必要首先引导学生分析文化对自我的影响，培养文化省思能力，比如分析自己在何种程度上受家庭、所属集体、教育、社会、价值观、宗教、传统等的影响。通过自我分析可以帮助学生认识到民族中心主义思想的存在，并在一定程度上加以克服，从而不以母文化的"有色眼镜"看待另一种文化。

此外，可以帮助学生批判性地审视自己惯常的思维方式、行为方式和价值观。这种审视最好在有参照的情况下进行，因此，可以帮助学生首先比较来自不同地域的学生的不同的文化烙印。通过与其他同学的交流，增强学生的移情能力和多视角看待问题的能力，培养学生在与人交际中的敏觉力以及宽容待人的态度，克服自我中心主义观念，进而克服民族中心主义思想。

一般来说，只要没有离开自己熟知的文化环境，人们是很难意识到自己身上民族中心主义思想的存在的，因此，应当鼓励学生到新的、陌生的文化环境中去，鼓励他们去接触和认识不同的文化世界。中国是一个多民族多亚文化的国家，可以首先鼓励学生利用假期到少数民族地区，了解当地的文化，也可以建议学生到与自己熟悉的生活环境完全不同的地方，去考察和体会不同的生活，如来自城市的学生与来自农村的同学各自到对方的家庭生活一段时间。学生可以将他们的体验记录下来，还可以通过电子杂志把这些体验用生动的形式记录下来，互相分享。

当然，与来自另一国家的成员真正意义上的跨文化交际与实践，更能帮助学生克服民族中心主义思想、培养学生多角度看问题的能力。特别是与来自目的语国家成员的跨文化交际实践对学生来说尤为珍贵。通过这样的体验和交流，可以帮助学生看到不同的生活方式有其各自合理的背景，帮助他们对自己司空见惯的"标准"进行反思，使他们看到自己的生活方式和价值观不是唯一正确的，同时也培养他们多视角看待问题的能力。此外，尽量了解不同国家的成员对中国文化的看法也有利于克服民族中心主义思想。我国少部分高校英语专业所开设的"外国人看中国文化"等课程就有助于启发学生多视角批判性地看待自己的母文化，从而促进其文化多元主义思想的形成和发展。

在对目的语文化特别是该文化中所使用的言语表达的理解方面，应当培养学生不以"中国人之心度外国人之语言表达"，不用中国文化的"有色眼镜"看目的语文化成员的交际方式。应使学生学会在跨文化交际的同时，也跨出母文化的思维定式，从更新、更高的角度甚至多维度来理解异文化的人和他们的言语表达。这种方式，不会使人丧失对母文化的认同感，而是会加深和改善对母文化、对他人、对外界的认识。

在培养学生跨文化能力的过程中，要培养他们从新的视角，即从超越母文化和异文化的跨文化视角，用第三只眼睛审视目的语文化，如王志强（2005）所指出的，"我们在理解他我文化时应超越本我文化视角，用介于本我文化和他我文化之间的新认知视角，即用第三只眼睛审视本我文化和他我文化"。他这里所指的第三只眼睛是介于母文化和异文化之间的、独立的第三认知点。此外，学生大多是以一门目的语为主要学习对象的，应当引导学生扩大跨文化视野，从了解和理解中国文化、目的语文化，发展到对更多的文化有所了解和研究，以形成国际化的视野，具备对多元文化的敏感性，提高跨文化的实践能力。

（四）有利于培养学生的文化敏觉力和跨文化移情能力

一个具有较强文化敏觉力（又称文化敏感性）的人，对跨文化交际过程中的文化异同、轻重缓急、敏感地带等十分敏感，跨文化能力培养的一个重要方面就是培养学生的跨文化敏觉力，使其了解掌握异文化的主要价值观、思维方式和行为方式，具有对异文化基本特征的感性和理性分析能力。培养学生的文化敏觉力，就是培养他们对文化表层现象有敏锐的感知和觉察，同时培养他们探究和分析文化表层现象背后的文化深层原因和本质的能力。

文化敏觉力不是与生俱来的，而是需要通过学习形成的。文化敏觉力的培养需要由表及里、由浅入深、循序渐进地发展。在外语专业学生跨文化能力发展的初期，可以训练他们对处于文化表层的母文化和异文化的基本特征进行观察与描述，训练他们发现常人不易发现的事物与现象。在此基础上，引导他们对所感知到的事物与现象进行文化比较和文化深层次原因分析，同时学习多视角看待和分析问题，尤其学习从异文化成员的视角来感知、判断和分析事物和问题，提高跨文化移情能力。

跨文化移情能力是指尽量站在来自另一文化的他者的立场去思考、去体验、去进行跨文化交际，就是"己所不欲，勿施于人"，就是"己欲立而立人，己欲达而达人"。培养跨文化移情能力，就是要跨越和超越母文化的局限，使自己处于异文化成员的位置和以异文化成员的思维方式，设身处地地感悟对方的境遇、理解对方的思维和感情，从而达到移情或同感的境界。

跨文化移情能力也包括站在对方的角度来理解其交际的意图。这种移情能力是建立在对交际伙伴的文化有深入和多方面的了解和理解的基础之上的。因此，要培养跨文化移情能力必须加强对异文化的学习。培养学生的跨文化移情能力还包括帮助他们认识到来自异文化的成员可能感知到自己不曾感知到的东西，看到他们对所感知到的东西可能有与自己不同的诠释。

二、有利于促进学生对母语文化和目的语文化的全面认知

（一）有利于加深学生对中国文化的认知和理解

对母文化全面和深刻的认识是了解异文化的重要前提。学生对中国文化的了解，将是他们在跨文化合作职业实践中极大的优势，因为很多在华的国际企业正是希望利用中国员工对中国文化的了解来寻求符合中国国情的解决方案，期望他们在中外跨文化交流中起桥梁的作用，从而实现这些企业在华投资的目标。因此，

促进我国大学生对母文化全面深入的认知和理解、培养他们向异文化的成员传播中国文化的能力至关重要。只有在了解了中国文化的基础上，才能客观地看待中国文化，认识到中国文化的认知方式、思维方式和行为方式不是放之四海而皆准的，从而提高对异文化的敏觉力和宽容度，提高跨文化能力。

培养学生的跨文化交际能力不仅在于提高他们的外语语言交际能力，同时需要他们了解目的语国的文化，但这绝不意味着要他们把中国文化的根拔出来，离开母文化的土壤，完全在目的语国的文化土壤上重新生长，而是要在两种文化之间起桥梁的作用。正如民族中心主义有碍于跨文化能力的培养一样，对母文化的无知，甚至对自己文化认同感的放弃同样会妨碍跨文化交际的进行。对母文化的历史渊源和本民族典型的价值观、思维观、行为方式等有深刻的认识和反思会有助于我们了解自己的文化，增强人们的跨文化敏觉力，提高人们在中外文化之间进行跨文化沟通的能力。

同时，通过激励大学生对母文化进行反思，使大学生去认识那些影响自身价值观的社会条件。只有意识到个人固有的价值标准是由自身历史经验形成的结果，个体才更容易认识到自我认同中所形成的自认为理所当然的文化价值观，并通过对母文化和异文化价值标准的比较，认识到自身文化标准的文化中心主义特征，从而能移情于异文化的价值标准。

如前所述，应当加强学生对中国历史文化的了解和研究，开设一些中国国学的选修课，通过对中国文化的学习，尤其是通过对中国文化中积极的核心价值观内容的学习，增强学生的母文化价值感和民族自尊心，提高学生的文化素质和修养，增强他们弘扬中国传统文化的意识和主动性。理解和认同母文化可以帮助学生理解和尊重其他的文化，进一步拓展自己的跨文化心理空间，对文化的多元性展现出一种大度，形成兼容并蓄的跨文化人格。同时使学生在跨文化交际中成为有价值的、受欢迎的交际伙伴，因为异文化成员在与中国学生交流的过程中，大多是希望对中国文化有更广泛和深入的了解。

需要指出的是，了解中国文化不仅包括了解中国传统文化的精髓、了解中国的主流文化，同时也包括了解中国丰富多彩的亚文化。很多在国际企业工作的中国员工，他们所面对的服务对象大多是中国人，而他们因其所属不同的亚文化而不同。了解中国文化的多层次性可以帮助人们成功地进行跨文化交际，做好中国文化和异文化沟通的桥梁。

对大学生来说，了解中国文化，将中国文化的精髓贯穿到跨文化交际中，强化学生的人文精神、价值观，提高他们的人文素质，培养他们在中外文化之间的沟通能力，可以极大促进他们跨文化能力的提高，同时也为促进真正意义上的跨文化对话做出贡献。在跨文化交际教学中，应当训练大学生描述、分析和传播中国文化的发展历史、核心价值观、思维方式和行为方式的外语表达能力，培养他们对中国文化与目的语国家文化各方面进行比较的能力，同时也帮助他们学习用异文化成员的眼光来审视中国文化，从而使他们能从不同角度认知和理解中国文化。

（二）有利于学习目的语文化

语言本身就是文化的一部分，但仅仅具有语言能力并不意味着具有跨文化交际能力。对目的语文化背景的了解可以促进对目的语的理解。在跨文化交际教学中，要使学生尽量真实贴切和全面地感知目的语文化，将涉及这一文化的历史、社会、经济、政治、生活方式等方面的内容融合到教学之中，在这一过程中，应当注意，文化是不断发展变化的。同时，同一时代的文化也是有不同层次、多个方面的，应当培养学生以发展的眼光多视角地认知和分析目的语文化，帮助他们克服偏见，并避免他们对异文化产生刻板印象。因此，应当从历时性和共时性两个方面同时将目的语国家文化融入跨文化交际教学中。

在此基础上，还要培养学生学习对目的语国家的文化做全局的把握，即先宏观地了解目的语文化，再从中观（比如地域文化、某一领域的特征、各时代人的不同特征）和微观的（比如异文化成员的个性特征）层面观察、分析和理解它，最后达到宏观、中观和微观的整体了解和理解。

当然，以上所描述的全面了解和理解某一异文化是一个循序渐进的过程，对于跨文化经验尚不丰富的大学生来说，对某一国家的文化了解比较肤浅笼统，或是对这些了解充满矛盾和困惑，这些现象都是跨文化学习过程中出现的正常现象，作为教师应当帮助和引导学生来处理这些问题。

了解某一异文化的过程首先需要培养对这一文化的兴趣和好奇心，通过不断的学习、观察和思考增强观察力、判断力，尤其是增强多视角、多层次认知异文化的能力，以不断提高全方位了解和理解异文化的能力。

学生在学习目的语文化的过程中，常常首先看到这些文化与中国文化存在差异的地方，这一点自然是重要的，但同时，学生也要尝试找到异文化与中国文化在文化深层次的共同点，在了解"习相远"的同时，也要把握那些"性相近"的文化共同价值。如前文所述，在"求同"的基础上"存异"对于培养跨文化能力至关重要。

要深入了解某目的语的文化，除了用中国人的眼光以及这一异文化成员的眼光来认知分析这一文化之外，还可以通过阅读和讨论的方式分析其他文化的成员是怎样看待和评价这一文化的，从而使学生获得对这一文化的更加全面和深入的认知和理解。

此外，我们应当看到，文化知识是永无止境的，教师绝不可能将某一对象国的文化知识完全传授给学生，最重要的是传授态度、观念、策略和方法。

（三）有利于跨文化交际理论的学习与文化比较

要培养学生的跨文化能力，在帮助他们深入全面地认识和理解中国文化和目的语文化的同时，还应当向他们传授有关文化学和跨文化交际学的理论知识、研究方法和重要研究成果，包括文化的特征、文化的发展规律、跨文化交际的特点和规律，以及描写和分析文化的方法、工具、模型等。学生应当了解和批判性地分析目前比较有代表性的文化和跨文化交际理论和模式，比如霍尔的跨文化分析模式、霍夫斯泰德的文化维度理论、琼潘纳斯和特纳的文化维度理论等。事实上，越来越多的大学都开设了"跨文化交际"课程，这里需要强调的是，不要仅照搬西方的理论，而是应当在吸纳这些理论的同时，构建中国自己的跨文化交际理论体系。

在跨文化交际理论的指导下，教师可以引导学生利用所学的文化分析方法，对目的语国家文化与中国文化进行比较。这种比较应包括国民性格、价值观、思维方式、行为方式、习俗规范、时间观、空间观、非言语交际方式等方面。尝试让学生挑选不同的主题对中国和目的语国家文化的某一方面进行比较和分析，找出异同，引导学生收集显示文化异同的数据和案例（在收集过程中学生也能锻炼其文化敏觉力和批判性思维），并尝试去探究导致差异的深层次文化原因（可指导学生提出假设，再在理论研究的指导下，通过科学的方法做出结论。在这一过程中，培养学生的分析和解决问题的能力），之后建议以研讨会的形式将结果进行演示和报告。

以上所描述的文化比较应当看成学生跨文化学习过程的一个重要环节，在文化比较的某个专题研究结束后，教师要帮助学生对其跨文化学习进行总结（包括理论和方法总结），可建议学生准备一个专门的文化比较文件夹，以影响跨文化交际的不同基本因素为主题，不断丰富相关的资料。这种文化比较一般是指主流文化的比较，因为把握了一个民族总的思维方式和价值取向，便容易理解和解释许多其他层次的文化现象。

学校也可开设比较中外文化课程，将中华文化与世界上影响较大的主流文化如欧洲文化、伊斯兰文化、美国文化等进行对比研究，促进学生跨文化能力的提高。但是，需要提醒学生注意的是，这样两种国家文化的比较只起一种参考作用，在进行跨文化交际的时候，还要对具体的参与跨文化交际的人和跨文化语境进行具体的分析，这里教师可以鼓励学生将跨文化交际理论知识应用于实践，比如可以引导学生对跨文化交际的某些实例进行分析，从中外两种文化的角度来阐释有关的交际情境，分析交际参与者的思维和行为方式，做出交际预测，就各个交际层面以及影响交际的因素进行分析和讨论。

在不同文化的比较中，人们往往会强调文化的差异。这里需要特别注意的是，教师应当引导学生发现异文化与中国文化深层次上的"共同点"。从学习心理学的角度，找到这些共同点也是很有意义的，因为很多大学生缺乏跨文化经验，而受中国教育体制的影响，青年人往往缺乏探索新生事物的勇气，如果过于强调异文化与中国文化的差异，学生就会在与异文化成员进行交际之前有畏惧感；相反，如果找到了文化之间的共同点，则会使跨文化交际更容易开展起来。

当然这种对比不可能包罗万象，重要的是对学生在方法学方面的培养，启发学生通过对一些文化主题的探讨，加强学生的文化敏感性，提高自我认识以及对异文化中人的认识，提高其认知能力，并超越自身文化的局限。上述的文化分析和跨文化比较并不一定要求学生达到很高的科研水平，重要的是培养学生在分析和比较的过程中培养其跨文化敏觉力，培养其对跨文化交际研究方法的应用。最后需要强调的是，对母文化和对目的语国家文化的认识和理解不是毫无关系的，而是紧密相连、始终融合、相互促进的。

（四）有利于融通中外文化

在欧美很多语言中，"交际"一词来源于拉丁语，其原意有"共同分享""互相沟通""共同参与"的意思，也意味着交际是交际伙伴相互沟通、分享信息的过程。所以如果在跨文化交际中不会用外语来表达和传播母文化，跨文化交际就成了单向的文化流动，就不能成为真正意义上的"跨文化交际"。交际的双方只有互通有无，才能使交际顺利进行。

外语教学应当是学习者与目的语母语者之间的平等对话。通过对话，学习者可以发现在说话和思维方式上他们与异文化的相同点和差异。在这种情况下，外语学习者才能以他们自己本来的身份而不是以有着这样那样缺陷的目的语使用者身份来使用所学的外语。

所以对于大学生来说，跨文化能力的重要表现是能在母文化与异文化之间起桥梁作用，就是要用目的语来表达自己的观点，包括向目的语文化成员传播母文化。在交际的过程中，要充分达到"共同分享""相互沟通"，而要达到这一目的，其重要前提是深入了解和理解母文化和目的语文化。学生具有跨文化能力的一个较高的境界就是融通中外文化，能在吸收异文化精华的基础上弘扬中国文化，能把中外文化融入自身人格的养成中，在跨文化交际合作中，知己知彼，具有深而广的文化学养和博大的胸襟。

因此，在外语教学中，不但应当重视用外语来叙述对象国的文化、社会、政治和经济现象，同时也要培养学生用外语向对象国成员阐述中国文化渊源、价值观、思维方式、行为方式、社会现象等的能力，从而提高其跨文化交际能力。值得注意的是，学生不应被培养为崇洋媚外的民族虚无主义者，也不应是因循守旧的狭隘民族主义者，而是应当被培养成文化使者，培养他们在吸收异文化精髓的同时，也能弘扬中国文化，在跨文化交际与合作中，通过自己的跨文化能力，既让中国了解世界，又让世界了解中国。

（五）有利于"拿来"与"送去"的相互促进

培养大学生跨文化能力的最终目的，并不是使学生在思维方式和行为方式等方面变得和目的语国一样，而是使他们既能理解和吸纳异文化，又能在跨文化交际中传播中国文化的精髓，使学生由被动地在跨文化交际中尽量避免文化冲突变为主动地寻求文化之间的共性，并积极利用文化的差异，找到新的解决问题的方式。

对于西方文化，鲁迅先生曾提倡拿来主义，20世纪80年代，季羡林提出了"送去主义"，即在"拿来"的同时，向西方传播我们中国文化的精华。本书认为，不管是拿来，还是送出去，都不是原封不动地照搬，而是在既忠实于中国文化又尊重异文化的基础上，由参与跨文化交际的双方共同创造和构建一种新的文化，因此，跨文化能力，尤其是跨文化沟通能力就更为重要，这也是我国外语专业发展的新契机。

培养大学生的跨文化能力不是要用东方中心论代替西方中心论，传播母文化与吸纳异文化不是相互矛盾的，而是相辅相成的。跨文化的开放和对话有助于我们认识到自己文化、思维方式和认知上的盲点，通过学习异文化，可以拓展学生的思维空间，增加思维深度，促进他们从新的视角认识中国文化。同时，对中国文化的深刻了解与认识有助于学生提高跨文化理解和沟通的能力，从而提高其跨文化能力。

三、有利于促进学生跨文化行为能力的发展

促进跨文化行为能力发展的关键能力和个性特征有：适应能力、独立行为能力与责任心、灵活性、跨文化交际能力（尤其是外语能力）、团队合作精神、求

同存异的能力、文化协同能力、文化沟通能力。培养学生的跨文化行为能力主要可以从以下几个方面来开展。

（一）有利于培养跨文化交际能力以及“就交际本身进行沟通的能力”

要培养学生的跨文化能力，外语能力至关重要。毋庸置疑，对于大学外语教学来说，培养学生的外语能力和跨文化交际能力是其中心任务。外语学习的最终目的是利用外语进行跨文化交际。在外语教学中，应当不再以培养学生成为 native speaker 为目标，而是培养他们成为具有双重文化人格的 intercultural speaker（张红玲，2007）。跨文化交际者有着那些仅仅掌握一门语言的“母语者”所没有的优势，即他们对自己文化的掌握和在中外文化之间进行跨文化交际和传播的能力。学生需要知道的是，学习外语本身并不是最终目的，重要的是利用外语进行跨文化交际。而中国学生在学习外语时，往往非常重视词汇和语法，因为害怕犯错误而不敢交际，这样的做法无异于舍本逐末。

在以跨文化交际能力为目标的培养方针指导下，外语主要被看作交际的工具。教师在课堂上可以通过各种教学形式来培养学生利用外语认识和理解目的语文化、传播中国文化、对中国和目的语文化进行分析比较，以及对跨文化交际进行准备、预测、引导，以达到令双方满意的有效的跨文化交际。同时，教师也应培养学生利用外语与来自该语言国家的成员建立和维护信任关系的能力、表达不同意见的能力、通过沟通处理问题和矛盾的能力。

跨文化交际也是人际交往，对人的了解与研究也至关重要。不同文化之间的交流和交往大多是由个人来承担的，这就要求个人要有很强的交际能力、广博的中外知识和积极的交往态度，即使在复杂的跨文化交际场合中，也能随机应变、因势利导、掌握主动。外语教学应当向学生传授跨文化交际策略，如：

（1）吸引对方与自己交际、寻找共同话题；

（2）营造宽松的交流氛围，不但要善于言语交际，同时要善于积极地倾听和交际引导；

（3）善于观察和分析交际中对方的背景、交际目的、思维方式、行为方式等，并在此基础上调整自己的行为；

（4）保持跨文化敏感，善于捕捉信息传递中的偏差和有可能出现的误解。

需要指出的是，除了培养学生在言语表达方面的熟练和丰富程度之外，还应当提醒学生注意交际的非言语因素和言语外因素，如眼神、手势、体态、对时间和空间的处理、交际媒体等。

跨文化合作的关键往往就在于跨文化交际是否恰当和畅通，在这一背景下均应强调"就交际本身进行沟通的能力"（meta-communication，即"元交际"能力）的重要性。就交际本身进行沟通的能力是指对交际本身进行交际的能力，即将交际的形式、内容等作为谈话的内容，比如可以与来自目的语文化的成员就以下与交际本身相关的问题进行沟通：

（1）"我不知道我这么说是否贴切？"

（2）"希望我刚才说的没有冒犯到您。"

（3）"我刚才表达得不够确切，请让我换个方式再说一次：……"

（4）"您刚才所讲的意思是否是……？"

就交际本身进行沟通的能力包括与交际伙伴事先约定交际规则，如约定每次会谈的主要内容用文字的形式记录下来；在讨论过程中就事不就人；在对方未说完之前不要打断他等。通过对交际进行沟通，可以提高交际的效率，避免误解的产生，保障交际的成效。因此，应鼓励学生有意识地将外语作为工具，将交际本身作为交际的内容，主动避免跨文化交际过程中有可能出现的误解、障碍甚至冲突，有意识地疏通跨文化交际的渠道，提高交际的效用，促进和改善跨文化交际。

在培养大学生的跨文化交际能力以及就交际本身进行沟通的能力的过程中，教师应当在外语教学的课堂中设计不同的交际场景，以提高学生的跨文化交际能力，应当将以教师为中心、以知识传授为中心的教学形式发展为以学生为中心、以交际为中心的教学互动形式。

（二）有利于培养学生在求同基础上存异的能力

不同的文化之间不仅仅存在差别，同时也具有很多相同点，找到文化之间的共同点是跨文化合作取得成功的重要基础，"求同存异"也是跨文化合作中行之有效的策略和方法。

在全球化的今天，求同的策略也是全球化发展的需要。人类面对着很多共同的问题，需要在"同"的基础上去共同解决。同时，"求同"符合中国文化的核心价值观，中国人的大同世界观不仅认为天下一家，且视天地万物为一体。在跨文化交际与合作过程中"求同"，符合中国文化中的"世界大同"的价值观，是创建和谐的跨文化关系的重要途径。

在跨文化交际与合作过程中，人们会遇到比在单一文化中要复杂得多的问题。尤其在跨文化交际的双方对彼此还缺乏了解和信任的情况下，"求同存异"可以帮助人们克服陌生感，克服对陌生文化的生疏甚至恐惧，寻找自己所熟悉的东西，增强与来自异文化的合作伙伴进一步交流的勇气，增强对跨文化交际与合作的信心，并将跨文化合作进行下去。在"求同"的基础之上，即使看到文化差异的存在，也不会气馁，不会踯躅不前。因此，"求同存异"可以使人们的跨文化行为由被动变为主动，是处理纷繁复杂的跨文化交际问题、解决各种矛盾卓有成效的策略。

培养学生求同存异的能力还包括引导学生认识到，文化差异并不一定会自动导致文化冲突。如贾文键（2007）所指出，不能将跨文化交际过程中出现的所有问题都归咎于文化差异，要看到文化之间的共同点和相似点，以便找到跨文化沟通的基础。

需要指出的是，"求同"并不是意味要否认和忽视文化之间差异的存在，或是刻意回避差异，更不意味着放弃自己的文化一味地追求与异文化的一致。

如前所述，不同的文化之间既有"性相近"，又有"习相远"，它们是同一事物的不同方面。"异""同"之间是相互关联和变化的，求同存异，是对"非此即彼"的二元论的批判，承认"同"与"异"同样存在，并且同中有异、异中有同。

（三）有利于培养学生的跨文化协同能力与团队合作能力

在学生跨文化能力培养过程中，要引导学生观察和发现异文化和中国文化的差异、产生这些差异的原因以及处理这些差异的策略、方法与途径。

跨文化交际研究学科的一个重要原则是认为不同的文化是平等的。在坚持这一原则的同时，学生也应当看到，与此同时存在的情况是，地位和角色的不同也会影响跨文化交际。比如在华的跨国企业中，很多的高管人员都是来自另一个国家，在中国雇员与这些外国高管人员的跨文化交际过程中，中外权力的不平衡往往被诠释为文化的不平等，所以往往得出结论"美国人太自以为是了""法国人太傲慢了"等。教师应当帮助学生认识到这些差异主要是权力距离造成的，而不应归咎于文化。

实际上，民族中心主义思想是普遍存在的，文化优越感也是自然现象，而一个国家政治、经济实力越强越会促进这种文化优越感表现出来。学生应当学习正确对待这一现象，同时又不滋长自己的民族中心主义趋向。

正如很多专家在访谈中所指出的，不同文化之间的差异可以对跨文化交际与合作起到积极作用，不同文化之间的影响与融合可以给文化带来新的生命力。差异往往可以对母文化进行补充和丰富，借鉴其他文化，可以使母文化获得新的发展。因此文化之间的差异并不可怕。事实上，中国文化的发展过程本身也是求同存异的结果，是母文化融合外来文化而不断发展的成功例证。因此应当培养学生学习在跨文化团队中，多向他人学习，将中国文化与目的语文化中的差异创意地加以利用，创造出一种"第三种文化"，从而使不同的文化融合在一起产生文化协同的效果。

学生不仅要学习尽量减少与异文化成员跨文化交际中的误会、冲突，而且要变被动为主动，积极寻求不同文化之间的共同点，以此作为跨文化合作的重要基础，同时尊重各种文化的独特性和多样性，尊重不同的价值观、思维观和行为方式的和谐共存，积极地、建设性地处理文化之间的差异，并利用这些文化差异，寻求跨文化协同效应。因为我们在跨文化交际中，不需要追求以文化之间的"同"压倒"异"，"求同"与"存异"是可以协调存在的。

在跨文化实践中，人们往往需要与不同文化背景的同事或伙伴合作，团队合作能力具有重要意义。因此，在外语教学中，应当注重培养学生的团队合作能力，比如可以以一些跨文化实践项目为主导，安排学生针对不同的跨文化主题在课外进行调研，使学生通过具体的与有跨文化经验的中国人或是目的语国家成员的跨文化接触，培养其跨文化行为能力。这样的调研项目可以分组进行，以便培养学生的团队合作能力与责任心，在外语课堂上，学生可以展示和陈述他们的调研结果，并就相关的主题与其他学生展开讨论。

四、有利于促进学生的跨文化自主学习

跨文化自主学习不可能仅仅通过课堂教学或几次实践活动就一劳永逸地获得，而是需要在终身学习的过程中不断培养和发展。在这个过程中，乐于学习的态度和善于学习的能力起着核心的作用，因此，在对学生的跨文化教育和教学中，应当更加注重跨文化的自主学习，激发兴趣，培养学生积累应对各种跨文化交际中出现问题的策略、方式和方法，并灵活运用，从而提高其跨文化意识。

张红玲（2007）认为自主学习能力应该包括行为（学习者参与管理自己的学习，对学习进行规划、监督和评价）、心理（学习者对自己的学习有较强的意识，善于反思）、情感层面（学习者对学习充满好奇心和自信，具有较强的学习动力）、方法（学习者掌握了多种适合自己的学习方法，并能根据需要灵活应用，同时愿意探索新方法）和应用（学习者有能力将所学知识和技能加以应用）五个层面。她认为应当将这五个层面作为外语教学的重点之一。

上文所提到的心理层面的自主学习能力也可以被看作乐于学习的态度，这种态度是受学习动机影响的。跨文化学习的内部动机包括：对目的语文化的向往，对目的语文化成员价值观、生活方式等的浓厚兴趣；希望学习一些新奇的、与众不同的东西；希望系统地、科学地研究目的语文化与母文化的异同；希望通过对目的语和目的语文化的学习拓宽自己的视野，更好地促进自我实现等。跨文化学习的外部动因包括：提高自己的职场竞争力，希望到跨国企业工作，希望更好地与目的语文化成员相处，与其进行有效、成功的跨文化交际与合作等。在对外语

专业学生的跨文化教育与教学中，教师应当激发学生主动发现和意识到他们的跨文化学习动机，并增强和丰富这些动机。

在跨文化能力培养过程中，乐于学习的态度和善于学习的能力也包括能自主地对跨文化学习做出系统的计划、实施计划并对学习的过程和结果进行检验，也包括寻找出适合自己的学习策略与方法。具体可以包括：（1）定期对自己的跨文化能力发展做出自我评估并请他人对自己的跨文化能力进行评估；（2）针对上述跨文化能力评估结果做出进一步提高跨文化能力的计划并实施；（3）具有为自己寻找和营造跨文化交际场景的能力；（4）具有关系构建和维护能力，能在自己的学习、生活和工作中寻找合适的跨文化交际伙伴并与之建立长期的友好关系，以便在实践中不断地进行跨文化学习；（5）能对各种跨文化交际策略进行尝试和总结分析，探索出适合自己、同时又适应各种交际伙伴和交际场景的策略。

跨文化自主学习能力还包括媒体应用能力。多媒体和互联网的发展为跨文化学习能力的培养带来很多新机遇和可能性，传统的外语教学方式受到挑战，学生课外自主学习与课堂教学的时间比将大大提高。在这样的背景下，学生根据自己的计划和设计来自主学习就显得尤为重要。

培养跨文化自主学习能力也包括学生自己对学习的材料、内容进行收集和总结，比如格言与谚语的收集就能很好地提高外语专业学生的跨文化学习乐趣，同时在收集的过程中，学生可以培养自己对外语和跨文化学习的管理能力和自主学习能力。格言与谚语是文化的积淀和生动反映，每一种文化、每一个民族都有自己特有的格言和谚语，它们生动地描述和传达着文化深层次的价值观、思维方式、社会关系、时间观、空间观等。通过学习和分析格言谚语，可以更深入地了解和理解目的语文化。同时格言与谚语语言往往精练优美，可以提高学生对外语学习的兴趣，同时对格言与谚语的灵活应用又可以提高学生的外语表达能力，从而提高其跨文化交际能力。

第四节　跨文化交际学科的发展前景

任何学科的发展都离不开一定的时代背景。文化多元化时代是国与国之间加强文化交流、并在文化交流中促进文化发展的时代。各国文化需要走向世界，世界也需要了解各国文化。文化"走出去"战略要求多元文化之间的交流以及跨文化交际科学研究的跨国合作，是跨文化交际学科发展的强大推动力量。作为一门学科，跨文化交际的历史很短，但作为一种现象，它却一直伴随着人类。人们习惯把霍尔（1959）《无声的语言》视为跨文化交际学的开端。随后，社会学、人类学、语言学及心理学等都开始对跨文化交际中出现的文化冲突现象进行研究并做出不同角度的分析。最开始人们减少跨文化交际冲突的方法主要是介绍异国文化习俗和两国之间的文化差异。后来，人们逐渐认识到：仅介绍两国文化差异对减少跨文化交际中的文化冲突的作用不大，而对交际对方价值观的了解和宽容是影响跨文化交际的重要因素，同时人们也开始研究影响跨文化交际能力的诸因素，进而对这些因素进行一定的跨文化训练，以增强交际者在跨文化行为中的灵活技巧，从而不断提高交际者的跨文化交际能力。学者对跨文化交际认知、行为和训练的研究加深了人们对跨文化交际的了解，促进了跨文化交际学的发展。"跨文化交际"作为一门学科，在文化"走出去"背景下的发展机遇和前景可以从以下三个方面进行论述。

一、"跨文化"相关学科的持续发展

文化多元化时代，是文化的大综合和大分化趋势都日益增强的时代。无论是社会科学研究还是自然科学研究都呈现出不断分化和高度综合并尚的趋势。不断分化意味着学科内部研究的深入，专业分得越来越细。不断综合意味着不同学科之间的互补性和渗透性等内在联系越来越紧密。文化"走出去"背景下，文化创新的速度、多元文化交往的频度以及相互之间协调和沟通的程度都是历史上从来没有过的。

自从跨文化交际学作为一门学科产生以来，各种以"跨文化"命名的学科就如雨后春笋般地涌现，如跨文化教育学、跨文化管理学、跨文化心理学、跨文化市场营销学、跨文化经营学、跨文化谈判学、跨文化传播学、跨文化比较研究学、跨文化广告学、跨文化领导学、跨文化行为学、跨文化哲学、跨文化历史学、跨文化文献学、跨文化美学、跨文化社会学等。这些以"跨文化"命名的学科的不断产生，都源于传统学科无法适应文化"走出去"战略下新问题的需要，都源于全球文化与民族本土文化之间既高度综合又日益分化的趋势。

跨文化交际学与这些以"跨文化"命名的学科，因为各自的研究对象、研究领域、研究范围、研究方法、研究手段以及研究学科使用的原理、原则和方法论等方面的差异性，都存在着各自的适用范围，学科之间的性质具有明显的差别性。但是，跨文化交际学与这些以"跨文化"命名的学科从本质上说，在具有差异性的同时，又有着一致性。因为这些学科都要研究和揭示不同文化背景中的人们在各种文化活动中面临的文化特殊性和统一性之间关系等问题，都要在各种文化活动中进行从个别到一般再从一般到新的个别的逻辑分析和学理阐述。在研究使用的材料以及研究的结论等方面都存在着交融性和互补性。换言之，跨文化交际学的发展离不开以"跨文化"命名的各种学科的发展，以"跨文化"命名的各种学科越发展，跨文化交际学越能从中吸收对学科建设有用的理论成果，推动跨文化交际学科的丰富和完善。

各种以"跨文化"命名的学科，与跨文化交际学的学科发展有着非常紧密的关联性，对跨文化交际学科建设都起着直接或间接的影响和推动作用。例如，跨文化心理学和跨文化教育学，对跨文化交际学的发展有着直接的促进作用。因为跨文化交际的过程，实质上就是跨文化心理调适和互动的过程，同时也是跨文化学习和教育的过程。不同民族的文化都与不同民族的心理紧密联系在一起。而不同的民族心理都由不同民族的教育方式、教育内容、教育环境等决定。对于不同的民族心理和民族教育的深入研究，有助于为跨文化交际研究提供大量的实证经验材料，推动跨文化交际研究的深入进行。

跨文化交际学与跨文化心理学之间的内在关联性是很明显的。在当今的文化多元化时代，不同文化背景下的人们的交往过程，就是跨文化心理的顺应和调适过程。实践证明，越是深入地了解和研究跨文化心理学，越能有效地推进跨文化交际学，从而实现文化"走出去"的目的。

跨文化交际学与跨文化教育学之间的关系也是十分紧密的。其互为动力的作用表现为：一方面，跨文化教育学的发展强有力地推动着跨文化交际学的发展；另一方面，跨文化交际学的发展是推动跨文化教育学发展的强大动力。跨文化教育学，一般是指在两种或多种文化之间进行的一种教育。从教育人类学的角度看，人类的一切教育活动都是建立在某种特定文化基础之上的，教育是传承文化的载体。每一个人都具有一定的民族属性，而每一种教育也都与特定的民族文化密不可分。具有不同文化的民族，都会选择和确立具有自己民族特色、有助于本民族文化传承和发展的教育模式。教育具有"单一文化教育"和"跨文化教育"的基本类型。前者是指受教育者所受教育基本上仅局限于一个民族的文化，具有单一的民族属性。而后者，则是在两种不同文化之间进行的。进行跨文化教育，如移民教育、殖民地教育、留学生教育、多民族国家中的少数民族教育和多元文化教育等，有助于推进跨文化交际的深入进行。在文化"走出去"背景下，跨文化教育不仅在学校教育中越来越成为非常普遍的现象，而且也越来越成为社会中非常普遍的现象。跨文化教育的理论和实践直接推动跨文化交际理论的发展和学科建设。

这些以"跨文化"命名的学科的产生、发展不断丰富跨文化交际学的学科内涵，推动着跨文化交际学学科的前进，既反映了文化"走出去"背景下文化繁荣和学科繁荣的生动景象，同时，也预示着跨文化交际学科建设的春天已经到来。

二、多国跨文化交际合作更加广泛

跨文化交际学的研究对象、研究范围以及学科性质等，都决定了这门学科的建设必须依赖于跨国的合作研究。跨国的合作研究是促进多元文化交流，克服民族文化中心主义，使文化"走出去"的有效途径。跨国之间合作研究的广度和深度，直接决定着跨文化交际研究的程度和水平。对别国的深层次的文化的习得以及深刻把握，并非一日之功，需要比较长的时间，特别是一些涉及宗教信仰、民族风尚、历史传统、国民心理以及价值准则等方面的文化知识，更不是凭短短几年时间在国外的学习就能理解和掌握的。进行跨国的合作研究能够有效整合多样性文化的力量，消除跨文化交际研究中的文化偏见，达到合作双赢的目的。因此，在跨文化交际的研究以及学科建设中，只有开展经常性的有专项课题的跨国合作研究，才能推动跨文化交际学理论研究和学科建设的深入。

跨国进行跨文化交际研究，不但是我国文化"走出去"的需要，也是推动跨文化交际研究深入进行的必要环节。任何民族和国家的经济、政治和文化活动，一旦进入国际领域，就有进行跨文化交际跨国研究的必要。随着文化"走出去"以及跨文化交际学科建设的需要，跨国的交流合作研究将得到进一步的发展。跨文化交际研究领域是向全球开放的，跨文化交际的科研机构也将是全球性的。

我国近几年关于跨文化交际研究方面的跨国合作成绩斐然，在国际跨文化研究学术交流方面既有学校与学校之间的合作交流，又有国家有关部门与国外有关部门之间的合作交流。在国外举行的国际跨文化交际研讨会与在中国举行的国际跨文化交际研讨会的经常性召开，推动着宏观研究与微观研究、面上研究以及专题研究不断深入。可以预想，在跨文化交际方面，多国合作研究的趋势在全世界范围内会越来越强，会对跨文化交际学科建设起着积极的作用。

三、跨文化交际研究范围不断扩大

文化"走出去"既是跨文化交际的产物，又推动着跨文化交际的纵深发展。目前的跨文化研究课题多数都是传统命题，如跨文化意识、言语交际和非言语交际等，而将跨文化交际学置于文化"走出去"的背景和视域中，直接针对文化"走出去"战略带来的新问题展开跨文化交际研究的新成果还很少。事实上，在文化"走出去"背景下，存在着需要跨文化交际学深入研究的新课题还很多。概括起来，主要有以下几方面的课题有待研究。（1）文化"走出去"战略给跨文化交际带来的机遇和挑战的综合研究。（2）文化"走出去"战略对多元文化合作与交流影响的研究。（3）关于虚拟世界的跨文化交际研究。互联网带来了以网络文化为主体的虚拟世界，跨文化交际从真实延伸到虚拟。跨文化交际在虚拟世界的表现有哪些、虚拟世界与真实世界的跨文化交际的异同比较、虚拟世界跨文化交际的制度和准则怎样完善、虚拟世界跨文化交际对文化"走出去"的影响怎样、怎样规避虚拟世界跨文化交际的风险等这些问题都需要进行研究。（4）关于文化"走出去"背景下强势文化与弱势文化关系的研究。如：弱势文化在文化"走出去"背景下如何保持自己的民族文化特质？弱势文化如何在跨文化交际中扬长避短？（5）对跨文化交际学与其他以"跨文化"命名的学科之间关系的研究。（6）文化"走出去"战略下语言和非语言交际变异以及变异的表现形式、基本特征以及发展趋势的研究。此外在跨文化交际研究中如何进行理论和研究方法"本土化"的变革、开展中国本土化的跨文化宏观研究与微观研究、如何将西方跨文化理论与中国本土跨文化实践运用结合起来、如何推进国内跨文化交际学科建设等问题，都是当前跨文化交际学研究的重大课题。

从跨文化交际学科建设的角度看，在文化"走出去"战略推进过程中，跨文化交际学的研究空间需要不断拓展，研究对象层出不穷，研究方法和途径需要更加丰富，理论与实践有待结合得更加紧密，理论研究深入进行的任务还很艰巨，研究队伍需要加强和充实。跨文化交际的学科前景有待当代的有志之士去描绘和开拓。

第五节　跨文化交际能力的测试与评估

一、现代语言能力测试的历史发展

跨文化交际能力是一种涉及认知、情感和行为的综合素质，是跨文化知识和交际技巧内化的结果。交际者在某一语境中的交际行为可以体现其所具有的交际能力，但是鉴于语境的多样性和复杂性，很难以交际者在一种或几种语境中表现出的交际能力综合评价其跨文化交际能力。语言测试是课程设计的重要组成部分和重要的教学环节，跨文化交际课程需要一个完善的跨文化交际能力评价体系。跨文化交际能力研究基于语言能力构成研究，在第二语言教学中评价跨文化交际能力的发展水平，一方面可以反映学生语言知识的水平和语用能力，另一方面也反映了学生对目的语文化知识的掌握情况、对文化差异的接受程度以及跨文化交际意识等，是检验教学效果，调整教学安排的必要措施。

测试是检查受试者学习效果、衡量受试者能力和教师教学的一种手段，是任何能力培养体系都不可或缺的组成部分。在跨文化交际能力培养体系的构建中，测试是难度比较大的研究部分，因为人的能力和素质是很难量化和测量的。跨文化交际能力的测试源于语言能力的测试，现代语言测试的历史经历了四个阶段。

（一）传统时期

自 20 世纪初到 50 年代初，是语言测试的前科学时期。在这一时期，语言测试基本上不是在语言学理论的指导下开展的，测试主要通过作文、口试、翻译等形式进行，测试结果主要靠考试实施者的直觉来评判，缺乏科学性。

（二）心理测量—结构主义时期

20 世纪 50 年代末、60 年代初到 70 年代是语言测试的科学时期。这一时期的语言测试以结构主义语言学为理论基础，同时，心理学的行为主义理论以及心理测量学的原则和方法对语言测试起到了重要的指导作用。1961 年，现代语言测试的创始人罗伯特·拉多（Robert Lado）出版了著名的《语言测试——外语测试的开发和使用》一书，第一次全面论述了语言测试的原理、原则和方法。这一时期的主要测试方法是分立式测试，即分别测试语言知识的各个成分或某一单项技能的测试形式。

（三）心理语言学和社会语言学时期

20 世纪 70 年代至 80 年代初是语言测试的后现代时期。在这一时期，语言测试的语言学理论基础从结构主义语言学转向了社会语言学，测试更多地关注如何从功能性、社会性和语言应用的角度考查应试者，测试方法从分立式转向了综合式，即同时测试不止一项知识或技能的测试形式。

（四）交际法语言测试时期

20 世纪 80 年代初至今是交际法语言测试时期。20 世纪 70 年代末到 80 年代，美国语言教学界开展了一场"水平运动"（proficiency movement）。很多语言教学界人士认为，语言教学以及语言测试要以语言水平为中心，而语言水平表现为交际能力。这一时期，人们更多地把精力集中在探讨语言交际能力方面，1990年，莱尔·巴克曼（Lyle F. Bachman）提出语言交际能力模型，成为语言测试发展史上一个新的转折点，将组织能力（organizational competence）和语用能力（pragmatic competence）并重，作为语言能力的两个组成部分。他还提出了语言交际能力模型将知识结构（knowledge structure）和策略能力（strategic competence）也看成语言交际能力的重要组成部分，将传统的纯语言能力拓展到了交际能力的范畴，也直接推动了跨文化交际能力的研究。

从发展趋势来看，交际性语言测试是一个重要的方向，为跨文化交际能力测试提供了发展的基础。

二、跨文化交际能力测试的信度、效度和可行性

测试的信度与效度是所有测试都在努力达到的目标。没有信度和效度的测试对教学者和学习者都可能产生误导作用，从而导致教学的南辕北辙。信度与效度原是计量学中的两个重要概念，20 世纪 30 年代被引入语言测试领域。20 世纪 60 年代，以拉多等为代表的第二代结构主义测试学家对这两个概念进行了系统的阐述和论证，并发展了一系列如何保证和计算这两个"度"的方法，标志着语言测试已形成科学的体系，成为一门独立的学科。语言测试的取向、理论及实践上的发展和纷争都是以信度与效度为主线进行的，信度与效度是语言测试永恒的主题。正如李筱菊（2001）所概括"归根结底，两者体现着语言测试作为测量科学与语言测试作为人文科学的矛盾，或者更广泛地说，语言测试科学与语言测试艺术的矛盾……是贯穿整个语言测试的深层主线"。

（一）测试的信度

信度指的是测量的一致性。考试是否具有信度体现在：当同一考生在其他变量不同的情况下（即不同环境、不同条件下）参加同一难度的考试时，其分数结果是否一致或相近。这就需要统一的评分等级和等级描述，严格培训、筛选评分员，以及双评分（double marking）或多人次评分（multiple marking）等。对于测试信度的保障主要应从以下两个方面入手。

1. 测试的设计过程

（1）测试内容要全面。

信度与测试内容的多少密切相关。被测试者被测试的项目越多、范围越广，测试的信度也就越高。在测试阅读水平时，只选一或两篇文章是不够的，因为这有限的内容有可能正是某些被测者曾经读过的或较熟悉的领域，只有挑选五花八门、题材各异的文章才能测出被测者的真实阅读水平。所以，测试内容过少、范围过窄，根本不能测出被测者的真实水平，往往会出现高水平者得分不一定高、低水平者得分不一定低的结果。当然，在切忌测试内容过少的同时，也要警惕因内容过多而导致被测者产生厌烦情绪和精神疲劳，不能顺利完成所有测试内容，出现猜测答案的现象，这也会影响测试的信度。

（2）测试题意要明确易懂。

由于测试的设计者往往不在测试现场，被测试者在不明题意时无法做题。虽然有时被测试者可以猜出有些出题者的意图，但并不是所有的被测试者都能揣测得那样准确。这样测试的可靠性自然会受到影响。

跨文化交际能力测试针对受试者的不同，测试的内容在信度上应该有相应的调整。例如，不同的受试者具有不同水平的跨文化交际能力，那对于他们的跨文化交际能力的测试必然要把测试的难度控制到他们能够接受的程度，以防受试者因为读不懂题意而影响了其真实的跨文化交际能力的表现。在题量上的权衡也是很有必要的，题目过少，覆盖的文化内容不够广泛，测试结果不能判定受试者的真实跨文化交际能力；题目过多，又容易使受试者产生厌烦情绪，导致答题不够认真，影响测试信度。跨文化交际能力测试试题的内容也应尽量简单明了，既然是测试学生的文化和交际能力，就不应刻意加大词汇和语法结构的难度，如果受试者在不明题意的情况下揣测作答，测试的信度就难以保证了。

2. 测试的评价过程

对测试结果的评价影响测试的最终信度。如果评价不客观，测试就没有信度可言。因此，在这一阶段，评价是否客观是影响测试信度的关键。

（1）确保答案标准具体。

对于主观题而言，答案越具体，评分越客观。评分者应有所侧重地对被测试者能力的各个方面加以全面衡量，从而给出一个较客观的、符合被测试者真实水平的分数。

（2）确保评分者状态良好。

评分者是决定被测试者的测试结果的重要因素。评分这一过程是确保测试可靠性的最后一步，也是至关重要的一步。所有参加评分的人员必须参加培训。通过培训，评分者知道确切的评分标准以及如何处理评分过程中出现的意外情况。应避免让评分者持续工作太长时间，否则会身心疲惫，注意力不集中，从而影响评分工作的客观性。

（3）确保多人独立评分。

一个人评分只能反映个人的观点。尤其在主观题测试中，如语言写作项目的评分，一个被测试者的文章迎合某个评分者的标准，或碰到不欣赏其文章的评分者，都可能导致测试信度的降低。如果是两个或两个以上的评分员评定这篇文章，最后取他们的平均分，那么这个被测试者的最终测试结果才会更客观地反映出他的写作能力。

对于跨文化交际能力测试试卷的评价是分析结果、得出结论的重要过程。标准、具体的试卷答案是保证测试信度的重要前提，答案应体现正确的跨文化交际观，对交际中各种实际出现的情况给予客观的分析和全面的思考，不能单纯地以"正确"或"错误"来回答辨析题和案例分析题。另外，跨文化交际能力测试的评分者应首先对自己的文化观和交际观进行自我批判，不能带着自身的文化偏见去评分。在主观题评分过程中，如果遇到自己难以判定的答案，应与其他教师共同商议，或参考权威观点，切忌想当然地妄加揣测。

由于测试包括受试者的态度、意识、行为能力等方面的内容，因此跨文化交际能力测试有一定的难度。在测试的设计及评价过程中，许多主观因素如设计者、评分者和受试者以及客观因素如环境、测试内容、测试安排都会或多或少影响到测试的信度。所以我们必须安排好测试的每一个环节，增加测试的信度。

（二）测试的效度

测试的效度（validity）主要关注需要考查的知识点是否都考查到了，测试是否能最大限度地反映出考生真实的语言能力。效度的高低是衡量测试最重要的指标，是测试的基本出发点，一项测试如果效度很低，那么它就失去意义了。需要指出的是，测试的效度是一个相对的概念，某一项测试用于一个测试目的的时效度可能是很高的，可如果把它用于其他目的的测试就未必有效。测试效度主要体现在以下几个方面。

1. 内容效度

内容效度是指测试是否考查了考试大纲规定要考的内容，或者说考试的题目在多大程度上能代表它所要测量的目标。根据考试大纲的具体要求，可以从三个方面判断测试的内容效度：第一，测试内容是否和测试目标有关；第二，测试内容是否具有代表性；第三，测试内容是否适合测试对象。

内容效度对成绩测试很重要，成绩测试是考查学生对所学知识的掌握程度，它一般要参考某种教学大纲，甚至需要考虑教学过程中应用的教学方法。内容效度应该考查的要素和技能在测试中都要有所体现。进行测试时，所有教过的东西都应该在检测范围内，并应注意具有代表性的试题应占一定的比例。如果教师教过的主要内容未被检测，那就意味着教和学的脱节，像这样的测试题就没有内容效度。如果测试所含内容覆盖很广、有代表性、内容均衡，这样的测试我们就认为有内容效度。各种类型考题所占的比例应依据本阶段所学内容和考试大纲确定，那些具有代表性的重点内容应占较大比例。

对于跨文化交际能力测试，测试内容与教学内容应该具有一定的关联性，但是跨文化交际能力测试又不同于其他的关于知识记忆的测试。美国教育学家布卢姆在其《教育目标分类》中把教育目标按照从低到高的次序分为六个层次，这六个层次分别是知识、理解、应用、分析、综合、评价，对达到每个目标的要求不同，具体如下。

（1）知识：辨别或记忆具体的事实、一般的概念、原则、术语、事物的分类、过程和倾向等。知识层次是最低的一个层次，考试的最低要求就是要考生掌握学习过的知识。

（2）理解：要求考生用自己的语言来复述、解释、归纳所学的知识。这是一种低层次的理解，没有上升到判断和推理，只是在认识基础上的记忆。

（3）应用：要求考生在不同环境下应用某些抽象的原理和方法。语言测试中这样的题目有很多，例如考生已经学习了某个语法知识，能不能按照要求写出合乎语法的句子，这就是一种应用。

（4）分析：要求考生把某一事实或概念分解为若干个组成部分，然后指出它们之间的内在联系。语言测试应强调应用而不是分析。

（5）综合：要求考生将各个部分组合成一个整体，如外语测试中的写作测试就属于综合性测试。

（6）评价：要求考生对某篇作品、某种方法、某种结论做出评价。

跨文化交际能力测试包括以上所有六个层次的测试，但应更注重应用、分析、综合以及评价，因为跨文化交际能力归根到底就是需要对交际过程中遇到的情况进行综合分析，然后进行评价，最后表现在实际行为中的具体应用。所以测试者可以有意识地降低知识理解类题目的比例，相应加大分析应用类题目的比例。

另外，真实性是跨文化交际能力测试区别其他测试方法的一个重要特征，也是保证测试效度的重中之重。然而对于什么是语言测试的真实性，测试界的看法不一。大致看来对其定义有三种观点。

第一种是将真实性定义为"直接性"。哈里森等人认为"测试只有用作交际时才是交际性的"，所以，"我们的测试应当尽可能直接"；而以戴维斯为代表的一方却不以为然，认为"交际性测试并非要求测试本身应该是交际性的"。客观地说，能力是不能直接考查出来的，因为人脑神经的活动过程无法用试卷来测量。从这个意义上来说，所有的测试都是间接测试。

第二种是将真实性定义为与现实生活的相似程度。由于现实生活中语言的使用变化很大，我们不知道哪种语言任务可以作为真实性的标准，因此交际性测试很难与生活中的真实情景相吻合。现实生活中的任何一段言语材料一旦被提取用作测试材料，必然会失去原来所具有的时间、地点和对象等条件特征，从而降低真实性；测试的场合和任务不可避免地带有人为的和理想化的因素，不管设计得如何巧妙，总会有料想不到的情况。此外，要求受试者对外国的材料做出与外国人相同的反应是不符合实际的。

第三种是把真实性和测试的表面效度等同起来。这一定义也存在问题，因为测试的表面效度完全是由评估者主观决定的。针对交际性测试真实性定义方面存在的不足，有些学者提出了解决的途径，巴斯等人提出了所谓的"教学真实性"，即在听过或者读过一篇材料之后，学生或受试者应知道在何种语言、社会、文化参照范围内，一个以目的语为母语者可能如何理解这篇材料，并可能对其内容做出何种反应，尽管学生或受试者本人不一定有同样的反应。巴克曼提出应该从情景真实性和交际真实性来定义测试的真实性，即在命题时，使测试任务的特征与将来目的语使用的情景特征相一致，这样的测试才算具有了情景的真实性。而交际真实性则强调受试者与测试任务之间的交际关系（interaction）。

一般说来，提高交际真实性要比提高情景真实性更为复杂困难。尽管如此，巴克曼认为通过提高受试者语言能力等方面的参与完成测试任务的水平，测试的交际真实性是能够得到提高的。巴克曼的语言测试的真实性定义和标准对于交际性测试的开发和评价极有参考价值，因为提高测试的真实性可以提高测试的效度。

2. 预测效度

预测效度涉及测试的预测能力，即测试结果到底在多大程度上能够预测出将来会发生的可能性，或者说对考生未来行为做出的预测性的准确度有多高。我们常用考试来做出某种决策，如选拔某些人出国学习、选拔考生进入高校读大学等。这时我们关心的是考试是否真的选拔了该选拔的考生、选错了没有、漏选了没有。预测效度一般是拿一次测试的结果同后来的测试结果进行比较，看看两者是否具有相关性。

跨文化交际能力测试的预测效度也是很重要的。那么如何提高跨文化交际能力的预测效度呢？首先我们应该了解学生未来会遇到的交际场合，学生可能会和来自哪种文化的人进行交流，交际过程中可能碰到哪些真实问题，然后针对这些问题设计题目，使学生的成绩能够在最大程度上预测出其在真实交际语境下的表现。

（三）信度与效度关系

信度和效度的关系很复杂，主要体现在以下三个方面。

第一，信度与效度都是测量测试的有效性，即两者都检查测试是否起到了应起的作用、达到了什么程度，这两者对任何形式的测试来说都是非常重要的。这是两者的相同之处。两者不同的是：信度是指测试结果一致性的程度，与外部标准，如某一次标准化考试的结果，没有什么关系。效度是指测试的结果与测试前的既定目的和内容相一致的程度，即测试是否包含了应考的内容，测试是否与预期目的相吻合。效度大都与实体以外的其他标准有关，测试的结果与这些标准相比较，是否相吻合，吻合程度是否理想。

第二，可靠的测试并不一定有效。假如我们想知道桌子的长度，这是我们的目的。我们就用软尺或米尺去测量它的长度，几次测量的结果都是一致的，即测量出的长度是可靠的，测出的长度与我们想知道的相吻合，这就有效。如果用秤去称它的重量，几次结果也是一致的、可靠的，但重量和长度是两码事，因此称该结果无效。我们的教育测试也是这样。假如我们要考查学生的语法知识，测试的内容就应该是有关语法知识的题目，不能考词汇，否则无效。

第三，不可靠的测试必然无效。只要测试的结果可靠，就能引出一定的结论；但如果结果不可靠，就不可能得出任何结论，因而，失去了可靠性，有效性也就不复存在了。确定了可靠性之后，才谈得上测试是否有效，假如测试的内部一致性很差，很多题有毛病，如一题有两个答案，或没有答案等，信度也就很低了，效度也丧失了。

在跨文化交际能力测试中，有些常见的错误是将某种文化定型，比如说，"在A情境下，一个拉丁美洲人将会有Y行为"。测试设计者不应从自己的个人经历或读过的文字材料中主观地描述一个文化情境，因为这很有可能只代表了这一文化中少数人的行为。更好的题目可以是"一个墨西哥人在Y情境下可能会有X行为"或者"一个生活在利马（秘鲁首都）的中产阶级秘鲁男人在Y情境下可能会有X行为"。每种文化中都存在各种不同的文化模式，所以测试设计必须小心对待。

信度和效度是紧密相连、不可分割的。跨文化交际能力测试的目的是测量考生的文化意识、文化知识和文化技能等多方面的综合素质，所以在设计试卷时，不能为了追求单纯的信度或单纯的效度而忽视另一方，而应采取一种积极平衡的态度，即研究并发现影响考生成绩的因素，消除不利因素的影响，加大有利因素的影响，这样才能既保证效度，又有了信度。

（四）可行性

可行性即测试的可操作性，它与测试的信度和效度之间存在质的区别。可行性是指制约施考过程的因素，而信度和效度主要考虑的是考试质量或结果。我们知道，制约施考过程的因素包括资源因素、人力因素和时间因素。资源因素指考试场地、考试所需的设备、阅卷设施等。人力因素指考官、监考人员、阅卷人员等。时间因素指实践考试所用时间。因此，我们在设计考试时，必须先考虑这些因素，否则，一个不实用的考试再完美也只能是纸上谈兵。

跨文化交际能力的测试需要多样的测试形式、特定的场景搭建、真实语境的还原等与普通测试不同的资源支持，只有这样才能保证测试的科学性及可靠性。但是，我们在设计测试题目时必须考虑到可行性问题，即使设想得很好，如果不能在实际操作过程中有效地实施，就会导致本末倒置的状况，结果也只是追求形式的完善，而忽略了实际操作中会遇到的障碍，造成不必要的损失。

三、跨文化交际能力测试的内容与方法

一般情况下，出现在文化测试卷上的试题往往都是考查一些浅显的历史、地理问题，很难准确地测出受试者的跨文化交际能力。那么究竟如何测试跨文化交际能力呢？是否我们设计的题目应该针对测试目的呢？是否应该涵盖艺术和文学方面的知识呢？是否应该与语言知识紧密相关呢？跨文化交际能力测试应该主要从三方面测试受试者的能力：文化意识、文化知识和文化技能。

学生在学习了与目的语文化相关的知识一个学期或者一年后，是否有一些观念上的改变呢？他们对于目的语文化的态度是否随着与之接触的加深而变得更积极了呢？他们是否能将这种态度应用于其他文化呢？首先我们应当明白文化测试的内容是什么。莱萨德（Lessard）和克劳斯顿（Clouston）提出文化测试包括三个方面的内容：一是文化意识，即对目的语文化差异的敏感性和对目的语文化的实际功能的理解；二是文化知识，即关于目的语文化和社会文化情境的信息，比如目的语国家国情、惯常的社会行为方式、价值观等；三是文化技能，指运用目的语文化进行交际的能力。文化测试应当与文化教学的目的挂钩，二者不能脱节。具体说来，可以采取以下几种方法来测试文化教学效果。

（一）测试文化意识

对于学生态度的转变的最客观最简单的评价莫过于在课程开始时对他们进行一次测试，课程结束之后再进行一次测试。常用的测试方法包括："社会距离"量表测试、"语义差别"测试、描述测试和问卷测试。但上述四种方法不能充分得出结论说某一个学生的态度如何转变了。这些测试只能告诉教师所有学生作为一个整体态度转变的情况。

值得注意的是，上述测试手段可以重复和持续使用，不能只用一次测试的成

绩来给学生对文化的态度下结论。主要基于两个原因：测试的信度和效度。上文中提到，信度指的是测量的一致性。考试是否具有信度表现在：当同一考生在其他变量不同（即不同环境、不同条件下）时参加同一难度的考试时，其分数结果是否一致或相近。测试的效度主要关注是否需要考查的知识点都考查到了，测试是否能最大限度地反映出考生真实的语言能力。效度的高低是衡量语言测试最重要的指标，是语言测试的基本出发点，一项语言测试如果效度很低，那么它就失去意义了。需要指出的是，语言测试的效度是一个相对的概念。某一项测试用于一个测试目的时可能效度是很高的，可如果把它用于其他目的的测试就未必有效。每个学生在测试时都会有运气的成分在其中，所以测试的成绩是不足以说明某个学生能力的强弱的。尽管对于能力的测试比较难以把握，但我们可以尽量去避免或者减小误差。

（二）测试文化知识和文化技能

在拉丁美洲一些国家，用以测试双语文化学习者的测试题主要分为两类：第一类是测试与社会行为能力相关的知识；第二类是测试与社会行为无关的知识。第二类题目中包括本族文化者没有直接意识到的一些抽象的或不明晰的模式，但是这些模式可能对人的行为产生直接影响。这类题目还包括广博的学术知识，以及一些外缘文化，即非目标语核心文化的内容。此外，一些理想的信仰模式（实际上并不真实存在）和那些非主流的炼制模式应在测试题目中尽量避免，除非它们被明确地认为属于不正常的模式，以免加深受试者对错误价值观念的印象。以下六个方面的测试内容和相应的方法可以为跨文化交际能力测试提供方向。

（1）受文化制约的行为意识。学习者应该理解不同文化中人们的行为方式，因为人们往往利用社会允许的方式满足一些生理和心理需要。此类内容常用的测试方法可以采取口头或书面报告的形式，全面陈述自己的观点。

（2）语言和社会变量的相互作用。学习者应了解一些社会身份变量，如年龄、性别、社会地位以及居住地等对人们话语和行为的影响。此类内容的常用测试方法可以使学生阅读相关材料或者采访以目的语为母语的人，做一个目的语口头报告，找出因性别或年龄等因素的差异而导致的人们在词汇和表达方式方面的不同之处；或者判断不同社会层次的人们之间的谈话方式和特点，如城市工人阶级、城市中产阶级、城市上层社会人士等。

（3）社会习俗。学习者应知道社会习俗对人们行为的影响，并了解目的语文化中的人们在通常情况下和紧急状况下采取何种行为。该项内容常用的测试方法是，让学生使用准确恰当的语言和身势语展示不同国家和民族在不同场合的行为。

（4）词和短语的文化内涵。学生应该意识到，即使最平常的目的语词汇和短语在特定文化背景下，也可以激发人们不同的形象联想。该项内容常用的测试方法可以让学生从学过的单词表中找出一些名词或者动词，确认目的语文化中与这些词相关联的形象。

（5）对文化观点的评价。学生应该具有对目的语文化进行概括的能力，并能对已有的观点做出评价和修改。在做这类测试时，可以对某一目的语文化做出概括，让学生简要陈述这些概括是否准确，并提出能够驳斥其错误的证据。

（6）对其他文化的研究。学习者应该掌握从文学作品、媒体、人和个人观察中搜寻和组织与目的语文化相关的信息的技巧。在相关测试中，可以要求学生在期刊中找到一些与该问题有关的论文或者书籍，对某一问题进行专门的研究。

跨文化交际能力测试的结果是检验跨文化交际能力培养体系是否合理的重要反馈，是指导教学、保障教学质量的有力依据。所以我们必须从各个维度保证其信度和效度。信度是确保效度的基本前提，没有信度的测试就没有效度。但是，有信度的考试未必就一定有效度，因为效度关注测试是否能达到目的以及对测试成绩的合理解释和使用，信度则关注测试结果的一致性。信度和效度不是独立的、完全割裂的，它们相互依赖、形成互补，因此在测试的不同阶段需各自做出综合全面的考虑。测试从设计、实施到评分的过程较长，各阶段的重点不同，但对信度与效度都要做系统的考虑，各个环节都不能疏漏并须贯穿测试的全过程。而各个阶段确保信度和效度体现对受试者的人文关怀，是高质量测试的基本保障，也是实现测试科学化、合理化、公正化和现代化的必经之路。同时，我们应当正确看待文化测试结果。文化测试结果并不等于学生的实际文化能力，尤其是笔试结果。笔试时学生有时间思考，而真实交际环境则需要交际参与者的临场发挥、随机应变。笔试时学生根据上下文或选项可以做出较为正确的判断，但在真实交际情境中，学生受母语文化习惯的干扰，很多不合目的语文化习惯的话语可能会脱口而出，要正确对待这种情况。关于跨文化交际能力的各种测试内容、测试方法和测试形式，本节比较全面地对现阶段跨文化交际能力的测试做了总结，测试方法和形式具有一定的代表性和可行性。但这些方法并没有穷尽所有，文化测试研究者和实施者还应该针对具体的情况，分析测试的形式和可行性，以求在最大程度上保证跨文化交际能力测试的信度和效度，有效地反拨教学。

第四章 文化"走出去"与大学外语教学

第一节 大学外语教学愿景：中国文化"走出去"

一、文化"走出去"对大学外语教学的要求和挑战

近年来，中国对外文化交流与文化外交主要是围绕文化"走出去"战略进行的。中国文化"走出去"战略是目前我国文化外交战略的重点，是提升中国国家文化软实力和文化国际影响力，增强中国国际话语权以及妥善回应外部关切，增进国际社会对中国基本国情、内外政策、发展道路、价值观念的了解和认识，展现我国文明、民主、开放、进步形象的基本手段。在全球经济一体化的发展形势下，各国越趋重视本国文化的输出，文化外交发展迅速。2013 年 11 月的十八届三中全会提出了扩大中国对外文化交流与合作的重要性，并指出必须通过加强中国文化的国际影响力，建设对外话语体系，塑造中国文化大国形象。

长期以来大学外语教学重视外语国家语言文化的引入而轻视用外语输出中国文化的现象导致"中国文化失语症"问题严重。外语作为第二语言的教学在中国颇受重视，但是却在中国文化对外传播的过程中没有充分地发挥应有的作用。因此，众多专家和学者开始从跨文化交际视角探讨大学外语教学中导入中国文化外语表达能力培养的重要性，并提出大学外语教学已超出传统外语教学之纯粹，必须走出国门融入西方主流外语社会中，作为交际工具的外语语言应服务于中国的政治经济与文化需要，构建有中国特色的外语教学体系将有助于中国文化走向世界。

作为培养语言与文化交流能力的大学外语课程，无疑承担着培养学生对中国文化外语表达应用能力的重要责任。中国文化"走出去"战略对我国的大学外语

教学提出了新的要求和挑战。拓展大学外语文化教学，加强大学生对中国文化的外语表达能力是满足中国对外文化交流与宣传的现实需求，也是经济全球化背景下各国文化交流的时代需要，更是中国建设文化大国形象的战略需求。

但是目前在我国大学外语教学中，中国文化教学内容严重缺失。以英语课程为例，中国文化教学的缺失体现在以下几个方面。首先，在英语课程设置方面。在英语课程设置中几乎没有关乎中国文化的专门课程。通过研读近 20 所本科院校英语专业的人才培养方案后发现，与文化教学有关的课程一般有《西方文化导论》《欧洲文化入门》《中西文化比较》《大学语文》《英语国家概况》《美国文化与社会》《英国文化与社会》《英美社会与文化》等。可见，在众多的文化课程中，与中国文化相关的课程只有《中西文化比较》和《大学语文》，而《大学语文》又是作为公共必修课程开设的，开设时间为一学期。所以，这种课程设置方式极易导致中国文化教学的缺失。其次，在英语听、说、读、写、译教材中，中国文化内容含量稀少。以《综合英语》课程为例，很难找到与中国文化直接相关的内容。最后，文化教学时间不充足。英语学科教师的教学任务繁重，内容多，很多时候，为了完成教学任务，没有给予文化教学，尤其是中国文化教学充足的时间。

作为高等教育工作者，外语教师身负传承中华文化，教授中华文化和传播中华文化的重要责任。大学外语工作者是否具备丰富的目的语国家文化和中国文化的储备对于培养和提高外语学习者的跨文化交际能力至关重要。外语教育中融入汉语文化教学早已得到国内外语教育界的广泛认可。2000 年颁布的《高等学校英语专业英语教学大纲》明确提出在相关专业知识课程中开设《中国文化概论》，帮助学习者掌握母语文化的精髓。但在实际教学过程中，很多大学的外语教师自身缺乏充足的中国文化知识储备，即便想向学生传授一些中国文化知识也显得心有余而力不足。

跨文化交际能力是外语学习者必备的基本能力之一。语言学习的目的在于运用语言进行交际，否则便无意义。跨文化交际是一个双向过程，比如英汉交际能力包括汉—英和英—汉交际能力。然而，实践中很多英语工作者和英语学习者过度强调英—汉交际能力。"很多英语学习者在跨文化交际中大都变成了单向、'被动'的交际者，即在跨文化交流中多被动地提供交际对方所需的一般信息，或多单向地了解、获取英美文化知识，而不能够实时主动、有效、对等地向外'输出'弘扬本民族优秀传统文化"。一些英语学习者在跨文化交际过程中，对英美文化滔滔不绝，当被问及中国文化的话题时却哑口无言，这的确是一件令人尴尬和握腕的事情。语言和文化之间存在的天然的、密不可分的联系，使得文化"走出去"要依赖于语言和文化的习得。在我国，外语教育是语言习得的主阵地，语言和文化的习得是对外进行跨文化交流的必备手段，实现文化"走出去"是外语教学的根本目的和愿景。

二、文化"走出去"背景下大学外语教学的发展策略

（一）理性处理中国文化与外语文化的关系

二十世纪，西方经济飞速发展，与此同时，全球经济一体化趋势愈演愈烈，东西方之间的经济交流达到了前所未有的高度。在这种形式下，西方文化通过国际贸易、文化交流、旅游、外交和大众传媒等渠道，以前所未有的姿态强势进入中国，英语学科如雨后春笋般兴起并发展，一时间好像中国所有高校都开始开设英语专业，师资力量严重不足。也是在这种形式下，英语专业教学开始过度强调英美文化知识对英语学习的重要性。中国传统文化教学得不到应有的重视，久而久之，中西文化的输入比例严重失衡。进入二十一世纪，中国已不可同日而语。中国的政治、经济和文化得到了全面发展，变得更加开放和友好，与世界的联系也越来越紧密。为了提升中国在国际上的地位和文化影响力、全面客观地展示中国民族的悠久历史和民族文化，政府提出了文化"走出去"战略。

在文化"走出去"语境中，一味强调目的语文化的外语教学很难培养出优秀的、能胜任传播中国文化的外语工作者，已经远远不能满足传播中国文化的需求，而过度强调中国文化知识必会走向另一个极端。因此，外语工作者，尤其是高校外语教师必须要理性处理中国文化与目的语文化之间的关系。在教授目的语文化知识的同时也不能忽视中国文化知识。只有将中国文化和目的语文化有机结合起来，才能培养出切实推动中国文化"走出去"的外语工作者。

（二）提高中国文化意识，丰富高校外语教师自身文化知识储备

国内外语界已经充分认识到提高自身教师中国文化储备的重要性。宋学智、张杰认为"中国的外语专业教师和外语工作者要能够在国际学术界和高效的讲坛上拥有自己的话语权，必须具备相当扎实的中国文化基础。中国文化都是中国高校外语教学必不可少的内容"。戴炜栋、王雪梅提出"在文化'走出去'的背景下，外语教师培训或研修均要强调对中国文化的理解和掌握"。以上几位学者分别从国际话语权和外语教师培训的角度强调了外语工作者掌握中国文化的必要性。

所以，在中国高校外语工作者中国文化意识淡薄的情况下，提高中国文化意识是首要工作。意识支配行为，头脑中没有中国文化意识，何来自觉学习中国文化之行为。高校外语工作者应定期参加与中国文化有关的培训或研修，这样可以

从一定程度上弥补他们中国文化知识欠缺的现状，也是短期内见效最快的途径。可是，从根本上提升一个人的中华文化素养，绝非一蹴而就。文化素养是人内在气质的表现，良好的文化素养需要通过博览群书和日积月累的学习沉淀才能得以提升。"胸藏文墨怀若谷，腹有诗书气自华"正是这个道理。因此，高校外语工作者只有通过自身长期饱览中华文化群书，才能从根本上提升自己的文化知识素养。

（三）创设中国文化跨文化交流环境，提高学生跨文化交际能力

除了理性处理中国文化与外语文化的关系和丰富高校外语教师自身文化知识储备，为学生创设中国文化的跨文化交流环境也很重要。目前，国内很多院校的外语专业没有开设与中国文化有关的专门课程，即便有也都是选修课。在这种形式下，教师应想法创设有利于中国文化学习和交流的环境，让学生在跨文化交际的语境中提高自己的跨文化交际能力。

1.设计包含中国文化教学目标的教学大纲

教学大纲可以从宏观的层面指导大学外语教学。英美等国的教学大纲普遍采用列沙格提出的跨文化模式（intercultural approach）。这种模式不仅重视目的语言和文化的教学，还特别强调目的语文化与本族文化的比较教学。在现行的《大学英语课程教学要求》（2007）中，中国文化教学并未纳入大学英语的教学目标。在三个层次的英语能力要求中，只是在"更高要求"一部分的翻译能力中规定学生要"能翻译介绍中国国情或文化的文章"。《大学英语教学指南》（2015）明确指出大学英语的课程设置中应包括跨文化交际课程，突出了大学英语课程的人文性内涵，并将培养能讲好中国故事、传播好中国声音的学生作为大学英语课程的教学目标。在此背景下，高等院校应充分考虑跨文化交际，尤其是中国文化在大学英语课程大纲中的位置，对学生用英语表达中国文化的能力进行更具体的要求。就一般要求而言，学生应至少能就与中国文化和社会有关的一般性话题进行介绍和讨论，并对传统文化内涵有一定深度的理解，能以多元文化的视角分析文化间的差异，并在中国文化的基础上逐步形成稳定的文化身份。对于更高要求而言，学习者能用更准确的语言表述与中国文化和社会有关的话题，对传统文化内涵有更加深入的理解，具备多元文化视角和以中国文化为基础的稳定的文化身份。

2.有效利用教学材料平衡中外文化教学

在现行的大学外语教材中，直接涉及文化的内容并不多，谈及中国文化的就更少了。以《新视野大学英语》读写教程（第二版）为例，4册读写课本共有40

个单元，但直接涉及文化话题的只有 4 个单元。这就需要我们一方面开发更具文化特色的教材，另一方面深挖现有教材，平衡中外文化教学。教材开发方面，近年来多家出版社都有专门的针对中国文化课程的英文教材，例如外研社的《拓展：中国文化英语教程》(2010)、外教社的新目标系列《中国文化英语教程》(2016)、《中国文化英语阅读教程》(2013) 等。但这些教材通常用于专门的拓展课程，对于通用英语教材来说，也应适当增加与中国文化和社会相关的话题。对一线教师来说，对现有教材进行深度挖掘也可以达到拓展中国文化的目的。尽管通用英语教材通常采用一般性的社会生活话题，但教师仍然可以采取中西文化对比的思路来设计课堂活动。学生可以在查找相关资料的过程中，增加对两种文化的了解与思考。

3. 在教学活动设计中融入中国文化

在教学活动设计中，中国文化的融入不仅体现在相关语言知识的输入上，更体现在体验和思考的环节，使学生将活动准备阶段获取的知识应用于实际的教学活动甚至是真实的交际活动中。因此，在设计教学活动时，教师可注意如下几点。

（1）避免文化背景知识的片面输入。背景知识的片面输入，可能造成目的语文化与本土文化的失衡。这种失衡不仅表现在内容比例上，也表现在教师自己的文化态度上。因此，教师在介绍知识时，应保持中立态度，引入相应的本土文化，引导学生理解两种，甚至多种文化的特征。在教学中应尽量避免简单下定义的表达，否则可能造成学生对某种文化产生刻板印象。

（2）将对比法、探索法融入教学的各个环节。使用对比法探索文化内涵是一种提高学生思辨能力、增强文化认同、培养跨文化交际能力的重要途径。探索的方式是灵活多样的，其中比较常见的是语言特征分析。无论是词汇、篇章，还是语法、语音，语言的各个层面都与文化关系密切。因此，无论是讲解词汇、分析语篇，还是练习翻译、写作，学生都可以通过对比、分析，挖掘其中的关系，可以更深入地了解语言，更清楚地看到文化的影响力。

（3）通过教学评价促进大学外语课堂中的中国文化教学。教学评价是检测语言教学效果的手段，同时对语言教学产生反拨效应。2013 年 12 月的大学英语四、六级考试中出现了段落翻译题型，采用以中国历史、文化、经济、社会发展为主题的段落作为测试题，为大学英语教学改革释放了明显的信号。这次题型改革也是将中国文化融入语言测试的一次有益尝试。在测试层面，我们既可以开发专门的跨文化交际能力测试，也可以将中国文化融入大型标准化外语考试中，通过测试的反拨效应强化中国文化教学在大学外语课堂中的地位。

另外，随着互联网技术的发展，整个社会已经进入大数据时代，教育界可以充分利用大数据时代的优势，为学习中国文化提供丰富的资源和灵活的途径。例如，教师可以通过开发慕课、微课、微信学习平台等为学生提供海量资源，与学生进行网上互动，帮助学生学习中国文化。

第二节 文化"走出去"背景下大学外语教学的意义与作用

随着全球经济一体化，中国与世界各国之间的交流与合作更加频繁。全面提高外语教学的效率和质量，提高学生的外语实际应用能力，既是中国经济发展的迫切需要，也是中国高等教育的一项紧迫任务。教育界越来越认识到语言与文化的关系已成为外语教学的一个重要课题。外语教学不仅是语言知识的传授，而且更应包括文化知识的传播。美国教育家温斯顿·布伦姆伯格说过："采取只知语言而不懂文化的教法，是培养语言流利的大傻瓜的最好办法。"因此，是否把跨文化教育纳入外语教学内容，是区别传统外语教学和现代外语教学的主要标志之一。所以，大学外语教学在尊重不同文化的前提下，应将跨文化教育有目的、有计划地渗透入教学中，促进不同文化间的相互了解、相互借鉴。所以，大学外语教学中加强跨文化教育的意义与作用包括以下几个方面。

一、满足外语教学发展

人们的语言表现形式总是受到各种社会文化因素的制约，中国人在跨文化交际的语境中因为文化障碍而碰壁的"文化冲击"（culture shock）现象时常出现，据统计，"文化错误"（cultural mistakes）要比语言错误（linguistic mistakes）严重得多，因为语言错误至多是言不达意，无法把心里想说的东西清楚地表达出来，但文化错误往往使本族人与异族人之间产生严重误会甚至敌意。只有具备了一定的跨文化交际能力，说话者才能有效地避免由于不同文化背景而造成的交际障碍和交际摩擦，顺利实现交往的目的。因此，外语教学不仅仅是语言教学，而且应该包括文化教学。美国外语教学专家温斯顿·布伦姆伯格曾指出，"采取只知其语言而不懂其文化的教法，是培养语言流利的大傻瓜的最好办法"。董亚芬也指出："任何一种民族语言都是该民族文化的重要组成部分和载体。在语言材料中，篇章、句子甚至每个词，无不包含着本民族的文化信息。"把外语教学与文化教育相结合，有助于学生开阔眼界，扩大知识面，加深对世界的了解，借鉴和吸收外国文化精华，提高文化素养，这已成为广大外语教育工作者的共识。

二、适应二十一世纪中国社会经济发展

随着中国改革开放的深入开展和国际交往的日益频繁，中国需要越来越多的国际人才从事国际贸易，处理国际事务，加强国际文化交流。而国际化人才的标准不仅是知识结构的优化和语言能力的强化，更重要的是文化理念的国际化，了解外国文化传统和交往礼仪，具有跨文化的交际能力。跨文化交际能力是在对双方文化相互理解的基础上，通过文化的双向交流、互动实现的。要顺利、得体地与外国人交往，仅有丰富的词汇和地道流利的语言表达能力是不够的，还必须了解他们的历史、习俗、生活方式和价值观等。为了培养能胜任对外交流、具有国际竞争能力的外语人才，以满足我国科技、经济和文化等发展的需要，在大学外语教学中要重视外语文化的教学，把高校外语教育的重点，由原来的培养学生的听、说、读、写能力转变为培养全面交流层次的实用交际能力。在大学外语教学中，要重视文化差异的导入，加强学生对不同文化背景的了解，拓展学生的知识面，有助于形成学生的跨文化交际能力，为国际化人才的培养打下良好的基础。

三、促进大学生社会性发展

人是社会中的人，并承担一定的社会角色。个人与社会之间是相互依赖、相互生存的。人在社会中生存和发展，必须学习，而学习又离不开社会的方方面面，通过学习引导学生认识与自己生活密切相关的社会环境、社会活动和社会关系，不断丰富和发展自己的经验、情感、能力、知识，加深对自我、对他人、对社会的认识和理解，并在此基础上养成良好的行为习惯，形成社会的主导道德观、价值观和判断能力。大学教育就是大学生社会性发展的推动力，今天，我国青年的社交对象更为多元，社交方式更为多样，应通过跨文化教育来培养学生与不同的人进行合作的意识，提高跨文化交际、交流的能力，有利于他们认识到世界的发展、社会的进步。所以，跨文化教育与当前青年学生实现社会化的目标不谋而合，其目标与理念是追求平等、尊重差异和倡导合作，使每一个学生的知识与能力都能得到最大限度的发展，充分发挥他们自己的聪明才智。我们应该认识到外语教学中的跨文化教育不是空泛的。社会发展也必将使跨越不同文化的人类交流愈加频繁，注重跨文化教育，能增强不同文化的认同感和包容性，能够懂得互相尊重、平等合作的精神和能力，也是他们在现代社会和未来社会生存与发展的最基本的能力，从而更好地促进语言和文化的发展，以及不同语言、文化间的交流和沟通。所以它是大学生社会性发展的需要。

四、实现中华民族自立自强

面对中国相对弱势的经济地位的现实，要实现中华民族的伟大复兴和民族的自立自强，势必以学习外语为途径，博通西方智巧，辨证吸收，内化融合，强大自我；同时，应当清醒地看到西方文化给中国带来的巨大的、垄断性的冲击。这个文化急流和狂涛是一把双刃剑，既在文化科技交流上、三外（外资、外贸、外债）等外事来往上有着积极的作用，又在意识形态领域带来了严峻的挑战。随着改革开放的深入，中国综合国力增强，国际交往增多，国家所需要的是面向世界、对异国文化有深刻理解力的人才。这就要求我们在大学外语教学中重视跨文化教育，将之提高到应有的高度，使学生在实际交流中具备多元文化的包容性。鉴于此，在外语教学中进行跨文化教育，其意义深远。

五、顺应高等教育国际化发展趋势

凝练、提升世界高等教育的主流意识，是进一步深化高等教育办学理念的基础。这样实施跨文化教育已成为高等教育发展的必然趋向。它有助于我们学习国外的先进教育理念与办学模式，理性地看待中国高等教育与民族文化，综合考虑多元化与民族性的问题。找到本土经验与国际经验的交融点，从而把握主流意识，创新发展，突出特色，有利于进一步促进我国高等教育的发展。随着全球经济一体化进程的推进，中国高等教育中外合作办学不断发展。在办学的过程中，由于教育主客体的多元化、教育环境的多元化、信息来源的多元化、思维方式的多元化以及社会习俗的多元化特点，其人才培养的过程必然受到不同文化的影响。由此，研究中外合作办学过程中的跨文化教育意义重大。首先，我国高等教育面对的不仅是国内市场的挑战，还有世界范围大市场的挑战。现在对国际型人才的需求在全球范围内日益增加，这无疑对世界各国高等教育发展与改革起到了推波助澜的作用。其次，中外合作办学是一种世界各国文化平等、双向碰撞、交流融合的有效形式。跨文化教育已被世界各国特别是经济开放型国家视为促进本国与国际社会经济交流、迎接国际经济竞争挑战的一种战略性手段。全球一体化对各国的商品、服务、信息，尤其是人员的跨境开放，已经使大学成为加速全球一体化进程、增加相互了解的最有效途径，也可以说大学正史无前例地变成提升国家竞争力的代表。办学多元化的发展使越来越多的高校通过多种方式，如派出与引进相结合的方式不断增强自身的软实力。逐步从培养各类高级人才的全球意识和国际交往以及跨国工作能力出发来关注、推动跨文化教育的发展。外语作为一种文化载体，代表着先进的科学技术发展成果。中国在科技领域里至今无人问鼎诺贝尔奖，并不是缺乏创新思想，而是缺乏用外语表达创新思想和研究成果的能力。另外，不管是教育家还是科学家要取得国际认同的成果都必须进行国际交流，在这种交流中必然伴随着思想文化的交流与融合。外语作为交流的工具就要顺应这一潮流，因而在加强外语教学的同时，必须强化文化教育，使这种文化载体和传播媒体充分发挥传播、融合不同区域、不同属性文化的功能，促进国际经济交流、科学技术的发展。所以在外语教学中要鼓励采取比较研究方法，增强交叉学科开设，增加人文社会科学教育知识，加强各院校、学科、专业、课程之间的沟通与交流，增进互补，将外语教育教学与外国文化教育有机结合，培养的人才朝着复合型知识结构的方向迈进，使跨文化教育发挥应有的功能，并促进社会经济效益发展。中国高等教育部门与学校要重视并加强跨文化教育，使我们培养的大学生既了解世界文化，又是中华民族文化的传播者、宣传者。另外，突破文化差异的障碍，掌握不同文化差异背后的共同本质和规律，也是高校加紧跨文化教育的重要使命，使培养出的人才具有世界创新意识，在建立世界文化新格局中发挥应有的作用。世界范围内，文化差异仍然存在，不同文化背景的人在交往中因缺乏不同文化的了解而产生误解，甚至还可能产生文化冲突，有效的方法就是通过跨文化教育来实现，增加国际的互相理解，尊重他人。而所有这一切都要依靠高等教育，要加强与世界先进国家之间的沟通与交流，迎接高等教育国际化的发展新趋势。这就要求在外语教学中将跨文化教育提高到应有的高度，引起足够重视，尽快转变观念，提高认识，采取措施。

第三节　文化"走出去"背景下大学外语教学的现状

近年来，跨文化教育已成为我国外语界研究的热门课题。我国外语界基本达成了一种共识，即语言教学中必须有文化教学。然而，当前的外语教学明显地落后于经济的发展和社会的需求，尤其在跨文化教育方面显得更为薄弱。目前大学外语教学主要存在以下问题。

一、教师跨文化教育的意识和跨文化能力不够强

（一）教师缺乏跨文化教育意识和视野

外语教育是一种理念，要求学生理解目的语文化，消除文化壁垒，培养正确的跨文化意识。然而，传统的外语教学不注意语言的交际价值，即在培养学生语

言能力的同时，没有重视语言的交际能力，没使学生认识到母语与目的语之间的文化差异。交际能力理论告诉我们，语言能力不等于交际能力，语言知识不等于语言运用。外语教学的目的不仅是传授语言知识，而且是要培养学生能够运用所学语言的知识在不同场合对不同对象进行有效的交际能力。

外语教师本是学生外语学习的主要引导者，起着沟通学生个体文化和目的语文化桥梁的作用。然而，实际情况是，很多外语教师跨文化教育意识淡薄，认为外语教学就是讲授语言知识，重语言形式轻社会文化因素，重视学生语言形式的正确与否或使用得是否流畅，而较少注意结合语言使用的场合来培养学生综合运用语言的能力。作为语言的讲授者和文化传播者的高校外语教师，如果本身对本国传统文化缺乏充分的认识、理解，缺乏全面的中外文化观，那就无法正确掌握目的语与母语文化的平衡，也就无法在文化教学中培养学生平等的跨文化交际意识。就难以做到对语言文化背景的理解和发掘语言形式内的文化内涵，就不可能帮助学生理解不同文化之间的差异。只有通过对中西文化的教育、比较、取舍、参照、传播的融通等，使学生掌握文化的共性与差异性，树立对文化的正确理解，才能最终实现跨文化教育的目标。须知，外语教师的重要职责之一就是帮助学生了解目的语文化背景，除了培养学生的语言基本技能之外，还要充当跨文化交流的角色，起到一个文化桥梁的作用。只有扮演好这一角色，教师的语言教学才能成功，学生的语言综合运用能力才能得到提高，才能在跨文化交流中实现成功的交际。因此，外语教师的教育理念要更新，要积累深厚的跨文化知识和培养较强的跨文化意识，提高跨文化理解的技巧，使跨文化教育的理念得到内化与深化。

跨文化教育的实施有赖于外语教师具备跨文化意识，拓展跨文化视野，深入了解跨文化教育的内涵，将跨文化教育融于外语教学中。我们的教育目标是培养既会用外语表达外国的事物、外国文化，又会应用外语来表达我国事物、文化，向外国介绍中国的优秀文化的学生，以达到在对外交流中的平衡发展。所以，在文化全球化的背景下，外语教学不但要树立"知彼"的文化观（目的语文化），更要培养"知己"的文化意识（母语文化）。只有这样，我国外语教学才能够真正成为弘扬中国优秀传统文化、沟通中国和世界的桥梁和纽带。

（二）重视目的语文化的传授，忽略了对母语文化的渗透

近年来随着外语教学改革的推进和对外语教学中文化问题的日益重视，从事外语的教师也开始关注文化在外语教学中的作用，对跨文化教育在教学中的意识有所提高。但随之也出现了新的问题，就是在外语教学中重视目的语文化的讲解，

却忽略了对自身母语文化的渗透；在教学中只强调对异文化的理解与认同，却忽视了对中国文化的传授。这就表现出教师普遍对母语文化在跨文化交际中的作用认识不够，不具备较强的批判意识，对两种文化间的异同缺乏深刻的理解，说明多数教师还不具备在两种语言的应用上的深厚功底。教师文化素养欠缺，一方面表现在培养的学生无法判断什么是世界文化精髓，该如何吸收、借鉴；另一方面表现在培养的学生因缺乏对传统文化的理解而无法弘扬中国优秀传统文化。所以忽视哪一方，都不利于培养跨文化交际能力。

正是由于人们在大学外语教学中一味地强调目的语国家文化的教学，而对母语文化的涉及颇浅，这使母语文化处于基本被忽视的状态。当英美文化随着英语教育在我国蓬勃发展之时，我们的母语文化教育却在不断退缩并渐渐让位于英美文化教育。一个普遍的现象是，许多有相当英文程度的中国青年学者，在与西方人交往过程中，始终显示不出来文化大国的学者所应具有的深厚文化素养和独立的文化人格。当西方同行怀着敬意探询 Confucianism/Taoism（儒/道）的真谛时，我们的学者却心有余而力不足，只能顾左右而言他。有些博士生有较高的基础外语水平，也有较高的中国文化修养，但是一旦进入外语交际语境，其在日常用汉语交流中所表现出的中国文化底蕴就显得苍白。南京大学某学者将这种现象称为"中国文化失语症"，"'中国文化失语'是我国外语教学的缺陷。因为跨文化交流决不能仅局限于对交际对象的'理解'方面，还有与交际对象的'文化共享'和对交际对象的'文化影响'方面，在某些情况下，后两者对于成功交际则更为重要"。如果说，由于以往外语教学西方文化含量的缺乏，导致了我们在国际交往中的多层面交流障碍（主要是"理解障碍"），那么外语教学中中国文化含量几近于空白的状况，对于国际交流的负面影响则更为严重。因此，大学外语教学跨文化交际能力的培养必须坚持中西文化并重，既包括对英美及西方文化的学习，又包括使用外语表达中国文化的能力，以增强学习者对文化差异的敏感性、宽容性以及处理上的灵活性。

（三）外语教师的跨文化知识掌握欠缺

目前许多高校外语教师的文化意识和文化教育意识不强，缺乏有关跨文化和交际方面的知识，不具备跨文化的理解力。在教学中他们只注重语言表达能力的培养而忽视跨文化应用能力的培养。他们对目的语文化缺乏较强的洞察力、理解力、判断力，缺乏对目的语优劣扬弃贯通的能力，有的对母语优秀传统文化没有充分认识、理解；对母语文化和目的语文化缺乏比较意识，甚至没有，同时对全球一体化国际意识比较淡薄，不具备较强的批判性思维，不能分辨不同文化的差异性。涂东琼先生曾对江西省三所高校的教师就跨文化教育进行了问卷调查。其调查结果显示：一半以上的教师对于目的语文化和母语文化没有深入理解，都只是一般的了解状态。个别教师从不阅读最新的英文报纸、杂志；有时会阅读最新的英文报纸、杂志，了解最新的国际新闻和全球发展动态的也只不过半数的教师；只有极少部分的英语教师经常阅读一些最新的英文报纸、杂志。这表明，教师要加强自身素质提高，要在实施外语教学中实施跨文化教育，只有不断提高母语文化和目的语文化的修养，扩大跨文化知识视野，比较母语文化语与目的语文化之间的异同，了解两种文化的差异性，加深理解，才能培养学生的跨文化意识，提高跨文化理解能力与应用能力。

（四）跨文化教育的方法存在弊端

从目前情况看，多数教师不能灵活、有效地运用各种外语教学方法实施跨文化教育。主要表现在外语教师还不能掌握各种现代教学法与手段，特别是还不太善于根据具体教学目的选择最适用的教学法。此外，外语教学偏重语法和句法解释，偏重语言交际技能训练，而忽视文化背景以及非语言交际因素。知识的传授也往往注重书本知识，而对如何引导学生通过大量阅读书刊、文献等获取跨文化交际知识做得不够，对拓宽学生知识面也不够重视，方法运用也不得当。课堂教学中，大多数教师只重视语言形式的正确性，很少教授如何得体地运用语言形式，外语文化知识的介绍也很少，很随心所欲，点到即止，缺乏系统性，甚至有些教师本身对跨文化语用知识知之甚少，在遇到跨文化语用现象时，他们常用"惯用法"来做解释，但很多语言现象并非"惯用法"所能概括的，倘若一碰到常见的句型及表达法，就称之为"惯用法"而让学生去死记硬背，结果是学生会因为枯燥地记忆一些句子和表达法却不会运用而逐渐对学外语失去兴趣。以教师为中心的教学原则和方法，既忽视了学生的主体作用，也不利于培养学生的跨文化交际能力。实际上适合跨文化教育的外语教学方法有很多，如语法翻译法、直接法、听说法、交际法、自觉对比法等，各个外语教学派别都存在自身的优势与不足。作为外语教师，在教学中应扬长避短，将各种方法的优点灵活运用于课堂教学当中，从而提高课堂教学效果，积极引导学生对中外文化进行客观比较，用历史辩证的眼光去透视各种文化的不同点，用超然的态度去探寻其差异的渊源，从而增强学生的文化属性敏感度，树立正确的跨文化意识，从而实现对学生进行跨文化教育的目的。

二、学生跨文化意识和交际能力薄弱

长期以来，我国的外语教学缺乏目的语文化的环境，国民教育的主要活动是向受教育者一味地灌输知识，不注重对学生能力的培养。同时受整个教育体制和考试体制运作方式的制约，学生的外语学习风格也多是以背诵为主，学习英语的直接目的就是通过四、六英语等级考试，获取大学文凭。所以，考试目的往往起着主导性作用。从教学条件上看，教育经费的投入与受教育人数的增加和教育发展的需要还不相称，目前的大学外语教学明显不能适应经济和社会发展的需求。另外，教师数量不足，教学水平有待提高，学习外语的学生班级人数增长幅度较大，且综合素质参差不齐，教师难以做到因材施教，学生学习也只注重书本知识的学习，忽视已有知识的运用。至于课外外语学习环境，无论是学校、家庭还是社会，都难以提供学习、交流与实践的真实环境。虽然有些学生外语表达能力较强，但跨文化理解能力较弱，当语言能力提高到相当水平之后，文化障碍更显突出，如对交际策略、交际原则、礼貌规则等方面的知识知之甚少。在实际交际中，语言失误很容易得到对方的谅解，而语用失误、文化的误解往往会导致摩擦发生，甚至造成交际失败。语言学家沃尔夫森（Wolfson）曾指出，"在与外国人交流时，语用失误往往比语法错误更糟糕，因为外语为母语者能够容忍发音、句法方面的错误；但是，由于没有意识到社会语言的相对性，他们认为违反外语话用规则是极其不礼貌的。"一个外语说得很流利的人，往往背后隐藏着一种文化假象，使人误认为他同时也具有这种语言的文化背景和价值观念，他的语用失误，有时令人疑是一种故意的语言行为，因此导致冲突发生的潜在危险更大。当代学生母语文化素养较缺乏，对中国传统文化知之较少。特别是 20 世纪 90 年代以来，由于互联网的迅猛发展，更加快了外语的全球化。据统计，互联网上 85% 的网页是外语网页，外语电子邮件占 80%，来自中国的信息只有 0.04%。这种信息交流的极端不对等性无疑助长了一方的文化霸权意识，加重了另一方的受"文化侵略"的危机感。我们正处在一个建设先进民族文化的新时代，正处于热切呼唤人文精神的新时代，母语文化素养的培养，也就是为学生构筑精神的底子，直接影响价值观、世界观等确立。西方先进国家的高科技与时尚文化都在有意识无意识地影响着学生的心理。加强母语文化学习，是弘扬民族精神、延续民族生命的重要渠道，另外进行文化对比需要以母语文化为参照，较高的母语和母语文化素养可以促进跨文化交际能力和学生综合素质的提高。所以，迫切需要通过跨文化教育来帮助大学生养成平等、开放、宽容与尊重的跨文化心态，引导他们形成比较合理的跨文化意识和理念，从而增强跨文化交际能力。

三、跨文化教育内容偏颇

（一）跨文化教育的教学大纲存在不足

以大学英语教学为例，一直以来我国的《大学英语教学大纲》未将文化教育列入教学要求中，虽然 1999 年出台的大纲从培养 21 世纪创新人才目的出发，增加了"提高文化素养"这一新的教学要求。但是相对目前《大学英语教学大纲》中语言三要素（词汇、语法、语意）的教学体系而言，大学英语的跨文化教育还是没有形成完整体系，跨文化教育至今仍无纲可循。2014 年，教育部颁发了《大学英语课程教学要求（试行）》（以下简称《要求》）作为各校组织非英语专业本科生英语教学的主要依据。《要求》确定大学英语教学的性质是以英语语言知识与应用技能、学习策略和跨文化交际为主要内容，以外语教学理论为指导，并集多种教学模式和教学手段为一体的教学体系。该《要求》确定的大学英语教学的性质和目标以及三层要求非常全面，符合当今世界经济发展和国际交流的需要，也适合中国的国情。然而，在对三个不同层次的教学要求进行具体阐述时，《要求》只列出了听力理解能力、口语表达能力、阅读理解能力、书面表达能力、翻译能力和推荐词汇量六个项目，全然忽视了性质和目标中所提到的跨文化交际和综合文化素养的内容。可见，文化教学和跨文化交际能力培养仍然被置于外语教学的边缘，并没有得到切实的、真正的认可和重视。

（二）跨文化教育的内容在外语教材中较为薄弱

截至 2017 年，以培养跨文化交际能力为主要导向的系列教材尚未正式出版，相关的参考资料较少，即便有音像资料，但又缺乏系统性，像词典、教学参考资料上能够查到的文化释义也极为有限。其中，大学英语教材的内容选择也较少有与中国传统文化相关的内容，这就不利于在对外文化交流中传播自己国家的优秀文化，也不利于学习者文化鉴别能力的提高，更不利于学生文化平等意识的建立。以近几年在大学英语教学中被广泛使用的北京大学出版社的《新世纪英语教程》、高等教育出版社出版的《实用英语》等教材为例，现将它们的目录列举如下。

复旦大学出版社王美娣主编的《新潮高职高专英语综合教程英语》第二册内容如下：

（1）The Rose（玫瑰）

（2）The Power of Knowledge（知识的力量）

（3）Beauty Comes in Surprising Shapes（肥胖也美丽）

（4）I Look More Pregnant Than My Wife（我比妻子更像孕妇）

（5）A Pair of Socks（一双袜子）

（6）Self-made Saleswoman（自我塑造的女推销员）

（7）The Break I Got From Prison（从监狱得来的机会）

（8）Beautiful Smile and Love（美丽的微笑和爱）

（9）Cheating（作弊）

（10）Why Do We Lie？（人们为何撒谎）

（11）Color Meanings（色彩的含义）

（12）Friday and the Thirteen（星期五和十三）

（13）Mrs. Bush on Education（布什夫人论教育）

（14）The Pleasure of Books（读书之乐）

（15）Wonders of West America（Ⅰ）（美国西部奇观Ⅰ）

（16）Wonders of West America（Ⅱ）（美国西部奇观Ⅱ）

北京大学出版社刘世伟主编的《新世纪英语教程》第二册内容如下：

（1）The Things Unknown to You（你不知道的事情）

（2）How Does a Homing Pigeon Find Its Nest？（信鸽如何找到自己的巢）

（3）How Do Animals Know When an Earthquake Is Coming？（动物是怎样预知地震来临的）

（4）Aids War Needs More Cash and Cooperation（防治艾滋病的斗争需要更多的资金和合作）

（5）New York Conference Focuses on AIDS Vaccine Development（纽约会议集中探讨艾滋病疫苗的开发）

（6）What Is Our Main Source of Energy？（什么是我们主要的能源）

（7）How to Deal with Atomic Waste（如何处理原子废料）

（8）Overviews of Cloning（克隆的概述）

（9）Cloning Animals（克隆动物）

（10）Adverting（广告）

（11）Computers：Machines That Can Think（计算机：能够思考的机器）

（12）Why Export？（为什么要出口）

（13）The Profits and Risks in Export（出口的利润和风险）

高等教育出版社《实用英语》编写组编写的《实用英语》第一册目录如下：

（1）College——A New Experience（大学——一种新的体验）

（2）Rock and Roll（摇滚音乐）

（3）Why Nations Trade？（为什么国家之间要进行贸易）

（4）the first Four Minutes（交际中最初的四分钟）

（5）Table Manners and Customs（餐桌礼仪与习俗）

（6）People on the Move（不断迁徙中的人们）

（7）Stress（压力）

（8）Getting to the Airport（去机场）

（9）Coincidences or Miracles？（是巧合还是奇迹）

（10）What's New（有什么新闻）

（11）Searching for a Uniform Sign Language（寻找统一的符号语言）

（12）Surveys，Surveys and More Surveys（调查，调查再调查）

通过以上教材的目录，可以看出我国外语教材当前在跨文化教育方面存在以下特点。

（1）内容广泛，但跨文化相关内容不够突出，文化内容的选择较为过时。这些课文主要只是对跨文化知识进行浅显的介绍，没有从跨文化角度进行选择设计，跨文化教的内容在教材中不能得到详尽的描述，通常只是轻描淡写地一带而过。此外，不少课文的文化内容过时。现有教材大都选用一些与日常生活有关的内容作为文化教学的内容，很少涉及当今社会的热门话题。跨文化意识和能力在很大程度上是在对一些具有争议的、涉及价值观和世界观的问题进行讨论和思考的过程中提高的。教材如果脱离了当今社会的热点话题，不引导学生对一些社会问题进行讨论和思考，实际上浪费了一个绝好的学习机会。

（2）中国本土文化内容缺失。上述教材大部分是以英美国家的文化为背景，很少涉及中国本土文化的内容。跨文化交际应该是双向和平等的，而非单向的交流。

（3）注重跨文化知识的学习，忽视跨文化态度与能力的培养。这些教材比较广泛地介绍了目的语国家的文化知识，而没有说明如何通过学习形成积极的跨文化态度和跨文化能力。所以它们只能帮助学生获得跨文化知识，而不能引导学生形成积极的跨文化态度和有效的跨文化能力。

第四节　文化"走出去"背景下大学外语教学的创新

一、教学理念创新

大学生跨文化交际能力的培养已成为国内外外语教育界广泛关注的课题。《外语类专业本科教学质量国家标准》明确了跨文化交际能力在大学外语教学和外语专业教学中的重要地位和发展路径，为全国高校下一步教学改革指明了方向。

语言是人类文化的载体，是一种特殊的社会文化现象，语言不仅仅是一套符号系统，人们的言语表现形式更要受语言赖以存在的社会／社团（community）的习俗、生活方式、行为方式、价值观念、思维方式、宗教信仰、民族心理和性格等的制约和影响。因此，语言和文化密不可分。学习一种语言，不仅要掌握这种语言的结构，而且还要了解该种语言所依附的文化背景。这就要求外语学习中要把语言和文化有机地结合起来，使二者同步发展。大学外语教学的过程，在某种程度上，是文化习得和文化对比的过程，也是跨文化交际能力的培养过程。但在教学操作层面。目前，我国高校外语课程体系内，语言技能与跨文化交际能力的结合仍然碎片化，缺乏系统性。高校虽有单独开设的跨文化交际课程，但对语言学习的关注不够；涉猎跨文化交际内容的外语技能课，却不能把外语技能与跨文化交际技能有机融合。

联合国教科文组织颁布的《跨文化教育指南》明确指出，跨文化教育不是门独立的、新增加的学校课程，外语教学应该创新教学理念，将外语课堂作为培养跨文化交际能力的重要场所，通过设计、实施、检验有针对性的教学目标和任务，推行跨文化教育与外语教学相结合，实现学生语言能力和跨文化交际能力的同步发展。文化"走出去"背景下的外语教学理念要将跨文化教学与外语教学有机结合，优化学生的文化知识结构，培养学生的文化批判意识和文化鉴赏能力，提高跨文化交际能力，使学生在适应文化多元化发展的同时弘扬本土优秀文化，让中国文化走出国门，实现中外文化平等对话。

践行跨文化交际能力培养与大学外语教学融合理念，应当注意以下几点：（1）跨文化交际的目的是提升学生的外语能力，尤其是提升其外语交际能力，因此相关的培养工作都应当把教材内容和日常交际衔接在一起，激发学生学习语言和文化的兴趣，在实景教学中提高学生的文化内涵；（2）大学外语教学任务开展应当重视学生的学习能力，保持跨文化交际的适度性，增强外语交际的针对性，避免由于教学难度过高引起学生的抵触情绪；（3）跨文化交际能力涉及多学科的内容，这就需要学生完成学科间的穿插学习，把所学的知识和外语结合在一起，完成各类知识的归纳总结；（4）在外语教学跨文化交际的过程中，教师要把外语应用到实践中，从实践中提升学生的应用能力，跨文化交际不能仅仅从书本中学习知识，更应当融入真实场景中，在动态真实的背景下获得体验和训练；（5）跨文化交际的融合要保持连续的动态过程，有层次有系统的开展教学工作，减少教学随意性，提高跨文化交际的针对性。

二、教学原则创新

文化"走出去"背景下的外语教学原则，要围绕学生的跨文化交际能力发展。在外语教学中培养学生的跨文化交际能力，要发挥教师的主体作用，凸现学习者的中心地位。重点要遵循以下十条教学原则。

（一）以学习者为中心，引导自主学习

学习者是教学过程的真正主体，教师的教学、教材的编写和教学方法的设计和选择都必须围绕学生的实际需要进行。在跨文化外语教学中，不仅学习者的外语语言学习需要受到应有的重视，而且在整个教学过程中，他们对母语和本族文化的体验和理解、对目的语文化和其他文化的态度、个人综合素质的提高，包括立体思维方式的形成和跨文化交际能力的培养，甚至对整个人生的态度等很多与学习者的过去、现在和未来密切相关的主题都是教学设计和教学活动的考虑因素。就教师而言，引导学习者进行自主学习是其主要任务，虽然知识的传授和规则的讲解仍然必不可少，但是教学的中心应该转向学习者自主学习（learner autonomy）能力的培养。这一点对于跨文化外语教学来说非常重要，原因之一是，当今世界信息爆炸，知识不断更新，培养终身学习的思想，掌握独立学习的方法成为教育界普遍关注的一个趋势；另一个原因是跨文化外语教学的目标和内容相对于传统的外语教学而言扩大了无数倍，而教学时间基本不变，不可能有大幅度的增加，因此学习者在校期间有很多教学内容无法接触和学习，教师只有通过授之以渔的方法，才能确保教学目标的最终实现。这也是为什么将学校后的外语和文化学习也纳入整个教学体系的原因。以学习者为中心、以学习为中心的思想在后面几条原则中也都有体现。

（二）语言教学与文化教学同步进行

语言和文化在跨文化外语教学中互为目的和手段。英语发展成为国际通用语的原因之一是跨文化交际日益频繁，来自世界各地、各民族、各文化群体的人们需要这一通用语作为沟通和交流的媒介，因此英语学习的目的之一就是进行有效的跨文化交际。另外，因为外语语言学习本身涉及文化的学习，所以我们完全有理由说，外语语言的学习是文化学习的手段，文化学习和跨文化交际是外语学习的目的。反过来，文化学习为外语语言学习提供丰富多彩、真实鲜活的素材和环境。大量文化材料引入外语教材和课堂，不仅使外语学习生趣盎然，而且是外语交际能力培养的重要保证。总之，跨文化外语教学包含语言教学和文化教学两个相辅相成、不可分割的方面。

所以，在教学设计和课堂教学中语言教学和文化教学必须同步进行。这种结合体现在外语教学的各个阶段、各个环节。虽然，根据学习者的认知水平和学习需要，在不同阶段和不同课程中，语言和文化各有侧重，但是在跨文化外语教学中没有单纯的语言课或文化课，只要具有这种意识，总能找到两者的结合点。

（三）多层次、多渠道调动学习者的学习潜能和机制

这一原则有 3 个前提：学习者具有多种学习潜能和机制；跨文化外语教学包含态度、知识和行为多个层面；教学可以通过听、说、读、写、感觉和思维等多种渠道进行。

首先，根据加德纳（1993）的研究，每个人都有 8 种智能机制。

1. 个人智能（Personal Intelligences）

（1）内省智能（Intrapersonal/Introspective—Self Smart）
（2）社交智能（Interpersonal/Social—People Smart）
（3）音乐智能（Musical/Rhythmic—Music Smart）

2. 学习智能（Academic Intelligences）

（4）逻辑智能（Logical/Mathematical—Logic Smart）
（5）语言智能（Verbal/Linguistic—Word Smart）

3. 表达智能（Expressive Intelligences）

（6）身体语言智能（Bodily/Kinesthetic—Body Smart）
（7）视觉空间智能（Visual/Spatial—Picture Smart）

4. 自然发展智能（Natural Development Intelligence）

（8）自然主义智能（Naturalist—Nature smart）
通常学校教育只注重发挥学习者的学习智能机制，即他们的逻辑智能和语言智能，而忽略了其他智能机制的作用。实际上，稍加分析，我们不难发现以上 8 种智能机制只要使用恰当，都可以成为有效的学习工具，尤其对于文化学习来说，个人的、情感的和自然的机制更是实现教学目标所不可缺少的。这些不同层面的机制很少单独起作用，它们往往相互补充，相互配合，优化学习过程。充分发挥这些学习机制有利于个别化学习，最重要的是能够使学习者承担起对自己学习负责的任务。

学习者内在学习机制需要外部条件（包括教学手段）的配合和刺激才能有效发挥其促进学习的作用。科学技术的飞速发展和社会文化环境的不断改变为此提供了条件。多媒体和网络技术的发展有利于视听教学材料的开发，使虚拟现实成为可能。同时，丰富多彩的社会文化环境与不断发展的国际、国内旅游和文化交流都为学习者发挥个人、学术、情感和自然等学习机制创造了条件，使他们不但能够调动多种感官去学习语言和文化，而且还能获得语言交际和文化交流的亲身体验。总之，跨文化外语教学要求各种学习机制和多重外部环境和手段同时起作用，实现内因和外因的有机结合，才能使语言教学和文化教学达到最佳效果。

多种机制和多种手段并用之所以重要，是因为跨文化外语教学强调学习者要在认知、情感和行为各个层面上共同进步。教师在制定课程计划和设计教学活动时，必须考虑这三方面的教学需要，帮助学习者达到跨文化交际能力和个人综合素质发展所要求的知识的积累、态度的转变和能力的提高。

（四）尊重学习者的学习规律

不同年龄层次的学习者在认知水平、情感发展和经历、经验上都有很大的差别，这些差别必然导致教学内容和教学方法的不同。一般情况下，对于年龄较小的学习者来说，与他们的生活和学习息息相关的、具有可比性的、具体的、直观的教学材料较为合适。随着学习者认知水平的发展、心理承受能力的增强和人生体验的增加，语言和文化教学内容的深度和广度逐渐扩大到一些间接的、复杂的、需要进行抽象思维的意识形态领域。就文化教学而言，这种相关性（relevance）和适合性（appropriateness）的原则更至关重要。跨文化交际能力的培养是一个漫长而复杂的过程，在这个过程中，由于学习者对母语和本族文化的理解和体验是学习过程中不可缺少的一部分，学习者在学习外国文化的同时，还一直处于一种自我认识、自我反省、自我批评、自我完善的状态之中，任何与他们的经历和认知能力相距甚远的教学内容和方法都将背离以"自我"与"他人"为比较对照的文化学习原则（参见第八条原则）。

（五）平衡教学的挑战性

在向学习者提出挑战的同时，也应给予他们适当的支持和帮助。任何教学活动都涉及教学内容和教学过程两个方面。为了取得最大的教学效果，内容的安排和过程（即教学活动）的设计必须考虑对学习者的挑战程度和支持程度。理想的教学应该是挑战和支持得到很好的协调，如果内容复杂、难度较高，那么教学活动或过程就应该相应地降低挑战难度，给学习者较多的支持；相反，如果内容简单、难度较低，教学活动就应该具有较高的挑战性。只有这样，才能保证学习者从教学中得到最大的收益。否则，复杂的教学内容如果被置于挑战性很强的教学活动中进行学习，学习者就会有很强的恐惧心理和挫折感，不利于调动他们的学习积极性；相反，如果内容简单，教学活动又缺乏挑战性，那么学习者的学习潜力不能得以发挥，他们也会觉得乏味，学不到东西。

处理好教学内容与过程、挑战与支持之间的辩证关系是跨文化教育的一个重要理论和原则，它对于跨文化外语教学来说同样适用。贝内特在建议培训者借用桑福德有关挑战和支持的思想时提出，教育者应该根据学习者的发展水平确定什么样的学习环境能够为他们提供所需的支持，哪些方面构成挑战。如果给予他们的支持太多，学习就不可能发生；如果挑战太大，学习者就会退缩。所以教育者有必要了解学习者的需求，尽量平衡给予他们挑战和支持，以最大限度地促进学习。

下图可以更形象地说明学习内容与学习过程、挑战与支持之间的关系。

图4-1 内容和过程：挑战的平衡

（六）说教式与体验式相结合

说教式和体验式作为两个相对的概念是由古迪孔斯特和哈默为跨文化教育提出的。说教式是一种通过讲座、讨论等形式进行知识传授的方法，它主要能促进学习者的认知和理解，有利于学习者学习和掌握语言与文化知识，分析和理解文化差异，这种方法与逻辑推理中的演绎法类似。不足之处在于：在说教式教学中，学习者在很大程度上处于一种被动接受的状态，知识的获取和对概念的分析理解是其主要形式。在这样的教学活动中，跨文化外语教学所要求的学习者在态度和行为层面上的进步和发展的目标就难以实现。正因为如此，跨文化培训研究者主张采用一种类似于归纳法的体验式教学法。这一方法以学习者为中心，创造真实或模拟的跨文化交际情景，让他们去感受、体验其过程，从而使认知、情感和行为各个层面受到刺激，弥补了说教式教学法的不足。

当然，我们不能盲目地对这两种方法做孰优孰劣的判断，因为它们各有所长。理想的做法是将两者有机结合，充分发挥各自的长处。这就要求我们的课堂教学活动要多样化，既要有注重语言和文化知识传授的讲座和讲解，又要有触动情感、培养行为能力的角色扮演、模拟活动和参观访问等。值得注意的是，学习者的学习风格（learning style）也是影响教学方法设计和选择的重要因素，这一点稍后有更为详细的论述。

（七）侧重跨文化意识和敏感性培养

文化学习方法的探索是跨文化外语教学的重要内容。跨文化外语教学中文化教学的目标和内容非常广泛，如果将这些目标和内容作为可细分的知识范畴一一进行教学，在学习者有限的学习生涯中显然是不可能实现的。如果不授之以渔，交给学习者独立学习的方法，帮助他们树立终身学习的思想，恐怕有些目标他们一辈子都无法实现。所以，跨文化外语教学特别强调跨文化意识和敏感性的培养，强调学习方法的探索。

文化教学的另一重点是加强对文化学习方法的培养。虽然外语教学中的文化教学不同于文化人类学和社会学等学科中关于文化的教学，文化学习的目的不是使学习者成为人类学家和社会学家，但是掌握一定的文化研究和学习方法是非常有必要的，这是由文化应该作为动态发展的过程来学习和跨文化交际能力培养需要学校教育和社会实践有机结合的特点决定的。教师在教学过程中必须有意识地引导学习者自己对文化现象进行分析、解释，对不熟悉的文化内容进行探索，并不断地对自己的学习过程进行反思，及时总结经验，这就是所谓的元认知学习过程（meta-cognitive learning）。

（八）教学情景化（contextualized）和个人化（personalized）

跨文化外语教学的特点之一是将语言学习和文化学习与学习者的个人体验和发展需要紧密结合起来，与其说它是形形色色的课程教育中的一员，间接地影响学习者综合素质的发展，不如说它是紧紧伴随学习者个人成长的一根拐杖，通过不断地促使他们对自己的态度、行为、价值观和人生观进行反思，直接影响他们的综合素质。跨文化外语教学对个人综合素质培养所起的作用是通过教学内容情景化和个人化来实现的，因为只有置于具体的情景之中，文化内容才会焕发出活力，才能显现文化对社会和个人的调节和指导功能，才能使学习者身临其境地感受文化的作用，才能刺激学习者的多种学习机制；只有将教学内容和过程与学习者的个人经历结合起来，才能激发他们对目的语文化和其他文化学习的兴趣，才能为他们将本族文化和其他文化进行对比创造机会，才能促使他们反思自己的态度、行为和价值观念。此外，情景化和个人化也是语言教学的需要：一方面，它有利于保持学习者的学习积极性；另一方面，情景外语教学将语言教学内容置于真实的社会文化环境之中，使学习者不仅学到了语言知识，而且掌握了这些语言知识的具体应用规律、交际法和功能。

（九）反思本族文化

跨文化外语教学的一个突出特点是将本族文化从学习背景中凸显出来，通过与其他文化进行比较，形成一种跨文化的氛围（interculturality）。这种跨文化的氛围有三方面的好处：（1）联系本族文化和个人体验进行外国文化和语言的学习不仅能刺激和保持学习者的学习积极性，而且能使学习者对所学内容记忆更牢固、理解更透彻、应用更灵活；（2）跨文化交际要求学习者了解本族文化与其他文化接触时可能发生的冲突和可以采取的相应措施，只有在外国文化学习过程中不断反思和对照自己的本族文化，才能对它们之间文化差异的具体表现有一个全面、深入的了解；（3）增强对本族文化的意识和反思有利于学习者消除或减弱民族中心主义思想，客观认识自己的价值观念和行为习惯，从而培养一种开放、灵活的思维模式。

由于人们对本族文化大都处于一种潜意识接受的状态，不经过有意识的引导和刺激，人们很少会对自己赖以生存的文化进行反思，即使偶尔有这样的冲动，因为文化因素纷繁复杂，常常也无从下手。跨文化外语教学的任务之一就是增强学习者对自己本族文化的意识和理解，比较和对比是实现这一目的的重要手段。

（十）尊重个体差异

对于跨文化外语教学而言，这一原则有着特别重要的意义。学习者的文化体验和价值观、世界观和思维等个人因素在跨文化外语教学中起着重要的作用，它们是文化教学（在一定程度上也是语言教学）的基础，因为跨文化交际能力的培养需要从学习者现有的文化体验出发，通过将本族文化与目的语文化和其他文进行对比，来增强跨文化意识，贝内特的跨文化敏感性发展模式非常清楚地说明了这一点。正因为如此，教学过程中我们一定要尊重学习者的个人体会、文化背景、价值观念、思想感情等，不能对学习者及其思想感情持有轻视、蔑视、否定及批判的态度。

此外，任何学习者都有自己的学习风格和方法偏好，在以学习者为中心的跨文化外语教学中，因材施教就显得尤其重要。科尔布在皮亚杰和吉尔福德关于思维和创造力等学习理论的基础上，总结出4种主要的学习风格，即具体体验式（Concrete Experience，CE）、积极实验式（Active Experimentation，AE）、反思观察式（Reflective Observation，RO）和抽象概念思考式（Abstract Conceptualization，AC），并据此设计了一个学习风格一览表（Learning Style Inventory），使人们能够轻而易举地了解自己的学习风格。一般来说，不同的学习风格对应不同的教学方法，所以教师应该对学习者的学习风格有所了解，并选择和设计合适的教学方法。

当然，学习风格并非一成不变，教师还可以在迎合学习者学习风格的基础上，有意识地向他们介绍一些适合其他学习风格的教学方法，让学习者了解不同学习风格和方法的优点和不足，鼓励他们尝试其他学习方法，调整他们的学习风格，增强他们学习的灵活性。因材施教和培养学习者自主学习能力两条原则实际上是相辅相成的。

以上十条原则从不同角度反映了跨文化外语教学的特点，将这些原则应用到各个阶段、各个环节的教学实践中能够有效保证跨文化外语教学目标的实现。

三、教学内容创新

在中国文化"走出去"的背景下，大学外语教学的内容不再局限于了解外国社会的各个方面。为了让中国文化走向世界，让世界更全面地了解中国，大学外语教学必须在建设文化强国的时代召唤下，以中国文化"走出去"为导向进行教学内容创新，切实提高学生运用外语传播汉语语言文化的能力，担负起传播中国文化的历史使命。

大学外语教学的内容应添加中国文化和社会主义核心价值观等内容，在沿袭传统的"听说读写译"的能力目标的基础上，以中国文化"走出去"为指导发展学生的跨文化交际能力。文化"走出去"的实现，需要实现中外文化交流的跨文化沟通，需要正确看待文化差异及有效处理文化冲突；需要将外语与汉语言文化相关学科相关联；需要对中外文化进行比较分析。而这些的实现都与跨文化教学的内容密切相关。

具体的教学内容创新可以有：在大学外语教学中融入具有典型中国文化意义、体现中国文化特色的语言材料，构建汉语和外语的双重语言文化内涵；鼓励学生用外语向对象国成员阐述中国文化渊源、价值观、思维方式、行为方式、社会现象等，如鼓励学生用外语向目的语文化成员解释并举例说明孝、义、仁、中庸、格物、致知、诚意、正心、修身、齐家、治国、平天下等概念；向目的语文化成员解释以下引言的意思和文化含义，并对此做出评论，例如："己所不欲，勿施于人"，"君子敬而无失，与人恭而有礼，四海之内，皆兄弟也"，"贫而乐道，富而好礼"，"益者三友，损者三友。友直，友谅，友多闻，益矣。友便辟，友善柔，友便佞，损矣"，"天地与我并生，而万物与我为一"，等等；找出所学的外语中与以下名人名言意思相近或相反的说法，例如："尽人事，听天命"，"和而不同"，"满招损，谦受益"，"老吾老，以及人之老；幼吾幼，以及人之幼"，"毋意，毋必，毋固，毋我"，等等；解释中国古诗词意境；用外语向目的语文化成员介绍中国重要的族群、亚文化、社会现象、社会问题等。同时，通过形式多样的文化教学活动激发学生用外语介绍中国文化的兴趣，增强他们用外语交流的自信心，提高学生的双向交流能力。如开辟外语教学第二课堂，在观看反映中国传统文化的翻译电影后鼓励学生展开学习讨论；每学期布置学生分组编排各种话剧；邀请外教与留学生参与中国文化与民俗介绍活动；学生自主进行课堂文化教学专题内容的收集、话题讨论的准备与问题的设计等工作。

另外，教师可以教授学生音译、意译、解释、模糊翻译等中国文化特色的翻译技巧，通过强化训练达到既不失中国传统意蕴，又不违背外语习语表达的翻译要求。以专题作文的方式强化学生用外语表达中国文化的能力，并纠正在中国文化背景下学生表达中脱离地道外语的中式英语错误等。这些教学内容的创新，既可以帮助学生丰富对母语文化的理解，避免文化身份焦虑，也可以增强学生的跨文化意识和对文化差异的敏感性，提升用外语表达中国文化的能力和跨文化交际能力。

四、教学手段创新

在促进教师和学生改变教学观念的基础上，通过对传统外语教学方法和手段进行改革，创新地开发出一些将文化教学与外语语言教学有机结合的方法。

（一）通过文学作品分析来进行文化教学

文学作品分析是语言教学的一个常用手段，中国很多外语教学活动都是通过分析和欣赏文学作品来进行的。文学作品蕴含丰富的文化内容，语言形式和文化内容在此得到完美结合，因此在文学作品分析的过程中同时进行语言教学和文化教学不仅是可能的，而且也是必要的。实际上，传统的语言教学在分析文学作品时并没有避而不谈文化内容，只是教师没有将文化教学列入教学目标，文化内容的讲解服务于语言教学的需要，处于一个从属、次要的地位。要改变这一现状，我们必须在确定教学目的和目标时，考虑文化教学的需要，使文化教学内容和语言教学内容并列成为教学关注的对象，利用文学作品是语言和文化完美结合的优势，进行跨文化外语教学。

（二）词汇教学与文化教学相结合

任何语言的词汇都承载着丰富的文化信息，每个词所包含的文化内涵是任何词典都无法囊括的。如"早饭"一词在汉语、英语和法语中，不仅表达形式和发音不同，而且其文化所指也不尽相同。此外，不同语言中的词汇还能反映出说话者不同的价值观念，例如，英语中的"retire"，与西班牙语中的"jubilacion"都是退休的意思，但美国人和西班牙人在使用它们时，却表达了不同的态度。在美国，退休（retire）表示地位和收入的下降，表示能量和活力的减弱，是一个带有负面含义的词；而在西班牙语国家，退休（jubilacion）是值得高兴和庆贺的事情，因为它表明一个人到了放松和享受生活的黄金年龄。正因为词汇及词汇的使用具有浓厚的文化特点，我们在进行词汇教学时不能只停留在词汇的意思和用法上，还应该介绍词汇包含的文化内容，尤其是要呈现词汇在真实文化语境中具体使用的情况。

就目前的外语教学而言，词汇教学中文化教学的潜力没有得到充分挖掘，教师通常呈现给学生的都是词典上的词义解释，很少能将词汇所蕴含的文化意义介绍给学生。另一个问题是学习者在学习生词时通常处于被动接受的状态，这就导致他们所学的词汇成为一组僵化的符号，无法在真实的交际活动中加以运用。我们在对词汇的本意、比喻意义和文化内涵进行全面介绍的基础上，还应该将它们置于真实的文化语境中进行操练，让词汇知识转换成词汇使用能力。例如，我们教描写人物的形容词时，除了介绍词义之外，还可以选择一些来自本族文化或目的语文化的、真实的历史或当代人物，用这些形容词来进行描述；也可以让学习者用这些形容词来描述自己。这样做，学习者既可以学会这些形容词的词义，也能了解它们的文化内涵，还有机会接触来自不同文化背景的历史人物故事。显然，这种将词汇教学与文化教学有机结合的词汇教学方法，不仅使词汇学习生动有趣，而且将文化学习落到了实处。

语义场（semantic fields）的使用也是词汇教学与文化教学有机结合的一种手

段。例如，学习"breakfast"这个英语词汇时，教师可以将相关词汇（鸡蛋、牛奶、面包、咖啡等）同时写在黑板上，并利用多媒体手段，呈现实物图片，播放美国早餐片段，并对词语进行文化对比，让学生用英语讲述自己的早餐习惯。这样的词汇教学方法一定比传统的词典内容介绍式的方法更为有效，同时又达到了文化教学的目的。

（三）阅读教学与文化教学相结合

阅读教学被认为是最容易与文化教学联系起来的教学活动之一，因为只要我们选择那些包含文化内容的阅读材料即可实现语言教学与文化教学的有机结合。然而，事实并非如此，目前很多教师并不能很好地利用阅读教学这一优势进行有效的文化教学，或是因为受传统的以语言形式为中心的教学思想的影响，或是因为对目的语文化知之甚少，教师在致力于提高学生阅读速度和阅读理解能力的同时，关注的是语音（朗读时）、语法、词汇、句型和翻译等语言学习的内容，在很大程度上忽视了阅读篇章中蕴含的文化信息，即使谈到相关文化的某些内容，通常也不是以增强学生的文化能力为目的，而是帮助他们更好地理解篇章本身。总之，目前外语阅读教学并没有将文化教学列入自己的教学目标和内容，因此有关文化的讨论也不是真正意义上的文化教学。

要真正实现阅读教学与文化教学的有机结合必须在确定教学目标和教学内容时考虑文化教学的需要，在实际教学中可以通过设计读前和读后任务将学习者的注意力吸引到篇章内容上，进行相关文化的讨论和学习。例如，在阅读一篇关于美国饮食文化的英语文章前，我们可以提出一系列有关学习者本族文化中饮食习惯的问题，让他们进行读前热身，然后建议他们在阅读文章时注意美国饮食文化与自己的饮食习惯的异同，读完文章后，学生在回答有关美国饮食文化的相关问题的同时，进行文化对比。教师对语言点的解释可以插入讨论中，也可以在这些文化教学活动结束之后，但不能让语言形式的学习压倒篇章内容的理解和文化内容的讨论。

（四）听说教学与文化教学相结合

阅读有利于学习者学习和了解相关文化知识，听说活动则使他们有机会切实感受跨文化交际过程，提高交际能力。无论听说，都必须以内容为基础，因此内容的选择和安排至关重要。就文化教学而言，我们首先要保证听说的材料和主题必须是真实的，具有代表性，能够真实反映目的语文化或本族文化的不同侧面。例如，在将美国人周末生活情况制作成听力训练材料时，必须全面考虑美国主流文化和各种亚文化群体的不同表现，力求让学习者全面客观地认识目的语文化的一个侧面。即使由于篇幅和时间的限制，很难将某个文化侧面全面地展现给学习者，教材编写者也应该提醒教师和学生注意文化变体和个体差异的存在，避免因过度概括而导致成见的形成。

在跨文化外语教学中，由于外语教学和文化教学同等重要，所以在编写听说教材时不仅要考虑学习者的语言水平和语言学习的需要，还应注意文化内容的系统性，即将语言教学的需要与文化教学的需要结合起来作为选择和安排教学材料和内容的依据，使学习者系统地学习文化知识，增强文化能力。当前的外语听说教学虽然比较重视材料的真实性，所选材料基本上都具备文化教学的价值，但是在文化内容的选择和组织上比较随意，缺乏系统性，这实际上也是整个外语教学不能最大程度发挥其文化教学功能的主要原因。

此外，跨文化外语听说教学应该充分利用多媒体教学手段，这不仅有利于提高学习者进行语言交际的积极性，而且是跨文化交际能力培养的需要。日益发展的多媒体技术为在外语教学中进行文化教学开辟了新的道路，它可以将各种跨文化交际情景真实地呈现给学习者，让他们有一种身临其境的感受。图文并茂，音像俱全的听说材料使学习者的各种感官受到刺激，特别有利于从情感和行为层面上培养他们的跨文化交际能力。

（五）写作教学与文化教学相结合

写作教学与听说和阅读教学一样，通常贯穿于外语学习的各个阶段，不同阶段写作的体裁、内容和要求都各不相同，但是将文化教学与写作教学有机结合在各个阶段都是可行的。初学者通常写的是与自己日常生活联系紧密的记叙文，主要目的是通过使用所学的词汇和语法知识来讲述自己的经历，表达自己的思想，同时巩固所学语言知识。在此阶段，写作要求虽然不高，体裁也比较单一，但是教师同样可以将写作活动与文化学习结合起来。例如，教师在布置作文"我的一天"时，可以让学生先进行口头交流，并适时地告诉他们来自不同文化背景的学生每天的生活内容都有所不同。在学生完成作文后，教师一方面对他们作文中的语言使用情况进行讲评，另一方面就文章的内容进行后续讨论，让同学们相互比较各自一天的生活，发现异同。最后，教师通过阅读或视听手段向学生介绍美国学生一天的生活，在此过程中教师引导学生在关注文化差异的同时，注意语言的正确使用，语言学习与文化学习因此得以有效结合。

对于语言水平较高的学习者来说，利用写作进行文化学习的广度和深度更大。写作基本上可分为个人写作、公务写作和学术写作三大类。个人写作基本上与个人的经历、生活和思想有关，而这些内容通常反映作者所处的文化环境，因此是很好的关于日常生活、风俗习惯和价值观念等文化内容学习和讨论的基础。

公务写作的内容包括涉及政治、商务等工作所需的信件、文件、报告等，这些同样蕴含着丰富的文化信息，无论是格式、措辞和结构，还是内容本身，都可以成为文化学习和文化对比的基础。很多中国的英语学习者之所以经过十几年的英语学习之后，在工作中所写的英语邮件和报告还达不到要求，缺乏对英语篇章的文化理解是主要原因之一。如果我们在写作教学中注意进行跨文化篇章分析和文化差异的讨论，就一定能提高学习者实际应用语言进行公务写作的能力。

学术写作也是如此。学术论文是每一位接受高等教育的学习者都不可回避的写作任务。不同社会对于学术论文写作的要求，既有共性，也存在差异。例如，美国学术界注重实证研究，认为来自实践的、经大量数据分析的论文最具说服力，因此美国的学术杂志刊载的论文大都符合这一标准。中国的很多学术论文则采用文献研究的方法，定性分析多于定量分析。这种对学术论文的不同期望也是在学术写作教学中不可忽视的问题，决定着国内外学术交流的有效性。

五、教学方法创新

（一）文化讲座（lectures）

讲座作为传授知识的一种有效手段，对于文化教学来说也是必不可少的。跨文化交际能力的培养需要学习者了解和掌握相关文化知识，如文化的本质特点和功能、文化包含的内容和范畴、不同文化的价值观念和习俗规范等，都可以通过讲座的形式传授给学习者。不同文化主题构成一系列的文化知识讲座，有利于学习者进行系统文化知识的学习。但是，文化讲座提供给学习者的大都是间接的经验，而且大量冗长的讲座往往会使学习者感到厌倦，所以我们在设计讲座时应该力求简明扼要、生动有趣，而且还要辅之以其他方法来强化讲授内容。

（二）关键事件（critical incidents，culture assimilators）

通过分析实际跨文化交际中发生的、具有典型和代表意义的失败案例来说明跨文化交际中误解产生的原因，帮助学习者了解两种不同文化在某个方面的不同期望和表现。具体做法是：首先对来自不同文化背景的交际双方之间所产生的误解及情景进行描述，然后给出4个解释误解产生原因的选择，让学习者根据自己的理解进行选择，如果一次选错，就请他们再选，直至选对为止。由于这些案例通常来自真实的交际，对学习者来说非常有趣，而且因为这些案例具有代表性和启发意义，能够刺激学习者在阅读案例和选择答案时进行思考，有利于跨文化敏感性的培养。

（三）文化包（culture capsules）

教师向学习者讲述本族文化与目的语文化之间的某个本质差异，并借助多媒体手段向他们呈现这一差异的具体表现，然后教师给学生提出若干相关问题，由此展开讨论。主题选择非常灵活，教师根据需要，可以选择具体的文化主题，如习俗、日常语言交际或非语言交际行为，也可以选择抽象的思维模式或价值系统作为主题。与关键事件以阅读和思考为主要形式相比，文化包更多地要求学习者进行讨论，并通过视频和音频获得感官的刺激。然而，对于时间和精力极为有限的教师来说，设计合适的文化包是一件非常头痛的事情，这个问题的解决有待于外语教师和社会学、文化学的专家通力合作，共同完成一系列文化包的设计制作。

（四）文化群（culture clusters）

文化群由讨论同一文化主题的若干个文化包组成，如可以将美国教育这一文化主题细分为家庭教育、幼儿园教育、小学教育、中学教育和大学教育等子题，每个子题可以设计成一个或多个文化包，供教师和学生课堂教学所用。显而易见，文化群方法的采用特别有利于学习者全面、系统地学习和了解目的语文化。但是，文化群的设计同样存在着费时费力的问题，目前文化教学和跨文化教育在这方面还非常匮乏。

（五）模拟游戏（simulation games）

这是一种亲身体验式的活动，旨在挑战假想、扩大视野、促进能力的提高，学习者通过模拟游戏可以感受一些自己尚未经历过的情景，从中获取经验和认识，这对于文化学习者来说至关重要。以文化冲撞为例，正如本书前面所述，文化冲撞是跨文化交际中的一个普遍现象，它虽然给跨文化交际者带来痛苦和困难，但是它有利于文化调适的完成和跨文化交际能力的培养，经历过文化冲撞的人往往具有较强的文化敏感性，更愿意接受跨文化培训。所以，为文化学习者创造一种文化冲撞的氛围，让他们感受文化冲撞带来的困难和痛苦是很多跨文化教育专家极力推广使用的一种方法，BAFABAFA 就是这样一种模拟游戏，在美国得到了广泛使用。类似的模拟游戏还有很多，它们根据跨文化培训的需要，有着不同的培训目的。

跨文化交际能力的培养是有意识、有目的地直接介绍文化知识的同时创造语言和文化环境，使学习者在外语语言学习的过程中自主地体验异文化的过程。大学外语教学要积极创新，实施多样的教学方法，增强学生的国际化适应能力和跨文化交际能力，切实满足文化"走出去"战略对高校外语人才培养的要求。

六、教学案例创新

为了研究跨文化交际能力与大学英语教学融合的相关对策，有学者共开展了两轮行动研究。第一轮行动研究于 2015 年 12 月进行，为期一周，共 6 课时，收集的数据包括本单元教学计划、课堂录音、教师教案、教师反思日志以及学生课堂反思。第二轮行动研究在第一轮的基础上，修改教学计划，于 2016 年 4 月进行，为期一周，共 5 课时，收集的数据包括课堂录音 250 分钟、教师教案、教师反思日志以及学生书面作业 34 份。

1. 第一轮行动研究

（1）教学计划与行动。

选取大学综合英语课的一个单元进行教学设计，课文来自《现代大学英语》第三册，题目为"A drink in the passage"（楼道里的祝酒）。授课对象为某大学二年级商学院学生，英语水平中高级，班级规模 34 人。该课文描述了南非种族隔离时期，一个黑人雕塑家的作品意外获奖之后，与一个当地白人青年偶遇，并被邀至白人家门外走廊小酌的故事。这篇课文以故事的形式，描绘了 20 世纪 60 年代黑人在种族歧视环境中所遭受的侮辱和非人的待遇，也表达了当时黑人与白人均力图增进了解、消除歧视但又无能为力的状态。基于这样的课文内容与主题，我们希望通过融入跨文化的教学任务设计，使学生在学习和使用语言知识技能的同时，从自身文化和对方文化的角度理解和分析"种族歧视"现象。

整个单元的教学内容划分为 9 个教学事件。每个教学事件均由具体的教学任务组成，见表 4-1。其中 6 个教学事件融入跨文化能力培养，围绕"种族歧视"主题进行跨文化讨论。学生通过"发现""分析""对比"三个显性跨文化技能的学习活动，体现探究、共情、体验、思辨、反省的跨文化教学原则。这 6 个教学事件或紧密结合课文主题内容，或以学生阅读理解、词汇理解与使用、篇章分析为基础。另外 3 个教学事件则以语言点和语法知识为核心，进行显性语言教学，这 3 项内容穿插、分散在跨文化教学内容中间，为学生最后的跨文化输出任务提供语言基础。

表4-1 第一轮行动研究单元教学的9个教学事件

序号	教学事件	目标类型及跨文化教学原则	说明	课堂时间	课堂形式/参与者
1*	创造学习需求	语言及跨文化目标：发现。跨文化教学原则：探究	讨论现代社会中的歧视现象，引入本单元"种族歧视"主题，引入教学目标	20分钟	学生讨论与歧视相关的认识或经历，教师输入相应语言表达
2	理解大意及细节	语言目标	回答10个课文阅读理解问题	60分钟	学生默读，教师提问，小组讨论，师生问答
3*	句子释义	语言及跨文化目标：发现、分析。跨文化教学原则：探究	从语言形式和深层意义两方面解读5个具有重要跨文化含义的句子	45分钟	小组讨论、师生互动，教师输入语言、文化背景知识
4	词汇及语法	语言目标	不涉及跨文化内容。学习课文中的语言点、语法知识	20分钟	教师提问，学生回答，教师讲授
5*	解读案例	语言及跨文化目标：发现、分析。跨文化教学原则：探究	找出文中显性或隐性歧视例子并解读	25分钟	组内讨论，轮流发言，师生讨论
6*	陈述事实	跨文化目标：对比。跨文化教学原则：探究	题目为：Racial Segregation in South Africa and in the United States	30分钟	小组任务，课外准备，小组代表轮流上讲台报告
7*	扮演角色	跨文化目标：对比。跨文化教学原则：共情、体验	任务为：如果学生是文中的主人公，是否做出同样的选择	20分钟	学生组内讨论，分别发言，师生讨论
8	练习与语法	语言目标	语言练习及语法知识，不涉及跨文化内容	50分钟	学生提问，教师有重点讲解
9*	分析反思	跨文化目标：分析。跨文化教学原则：思辨	对五个跨文化相关话题进行解读，并做报告	30分钟	小组课下准备，课上报告。学生当堂写反思

注：带*的为融入跨文化交际能力培养的教学事件。

（2）教学观察及反思。

通过课堂观察、细读该单元教案以及师生反思日志，发现此次教学过程存在两个问题：①以语言为目标的教学事件4和8不是"产出型"教学，学生虽学到了与"歧视"相关的词汇，对富有文化含义的词汇有了敏感度，但主要是教师输入、学生被动接受，参与度较低。此外，教学事件2和5虽然目标不同，但内容重复，导致课堂用时拖沓；②以跨文化为目标的教学事件6、7和9虽是"产出型"教学任务设计，但大多数学生"产出"时没有使用本单元新学的词汇，在"扮演角色"中不能理解文中主人公的做法，习惯从自身的角度和经历看待对方的文化现象。下一轮行动研究需要解决语言目标和跨文化目标深度融合的问题，即语言运用如何落实到"产出型"跨文化任务中，以及"产出型"任务的设计如何集"发现""对比"和"分析"于一体，少而精，且操作性强。

2. 第二轮行动研究

（1）教学计划及行动。

第二次教学实验所采用的课义是《现代大学英语》第四册中的某一单元——The telephone（电话），共用5课时，为期一周。该课讲述了作者童年时代在黎巴嫩边远地区的生活状况及童年乐趣，后来由于安装了电话，村民的生活发生了变化，纷纷离家去外面的世界寻找更好的生活。以此内容为基础设计了6个教学事件，其中教学事件1布置了两个"产出型"跨文化任务，体现少而精的理念，具有实操性，接近学生的生活体验。教学事件2（童年轶事）和教学事件3（村庄变迁）为完成"产出型"跨文化任务做内容与语言上的铺垫，同时集"发现""对比"和"分析"的跨文化技能训练于一体。教学事件4至6是对教学事件1的任务实施、评估和总结。表4-2体现了该单元教学事件环环相扣的教改思路。

表4-2　第二轮行动研究单元教学的6个教学事件

序号	教学事件	教学目标及跨文化教学原则	任务说明	课堂时间	课堂形式／参与者
1	目标分享	本单元结束时应该达到的任务及要求：从自己的文化视角讲述对方文化，从对方的文化视角讲述自己的文化	给文中的作者Accawi写信，介绍自己的童年；给自己的祖父母写信，介绍Accawi的童年。 任务要求：能够站在不同的文化视角，有效、恰当地讲述自己或他人文化中的故事，使读者能够理解和接受	30分钟	教师提供任务场景，师生共同讨论完成任务所需的知识和技能。教师确保学生明确教学目标

序号	教学事件	教学目标及跨文化教学原则	任务说明	课堂时间	课堂形式/参与者
2	童年轶事	发现、对比、分析作者童年时代与现代社会的异同（跨文化教学原则：探究、共情、反思）	涉及课文 1～10 自然段。内容为与作者童年生活相关的三个事件：①记录时间的方式；②干旱打水；③排队打架。学生在理解课文语言及意义的基础上，找出与本族文化的异同之处，经过师生互动，进一步认识自我与他人。语言学习：描述当地人记录时间的方式；描述当地妇女的外貌及排队汲水的场景；发现并分析具有当地文化特色的语言表达；分析比喻句体现的文化共性	70分钟	学生阅读原文、讨论、发言；教师提问、对理解问题及语言点进行启发式提问、引导学生发现、对比、分析不同文化事件
3	村庄变迁	发现、对比、分析由于安装电话，整个村庄的前后改变（跨文化教学原则：探究、共情、反思）	涉及原文 11～25 自然段。内容为村庄转变过程的三个事件：①电话安装；②村庄中心的转变；③村民离开村庄。学生在理解课文语言及意义的基础上，找出与本族文化的异同之处，经过师生互动，进一步认识自我与他人。语言学习：描述电话安装前后村庄发生的各种变化；描述安装的场景、寡妇 Imkaleem 的外貌及特征；发现并分析具有当地文化特色的语言表达；分析比喻句体现的文化共性	80分钟	同上
4	任务布置	总结全文，布置课外写作任务（跨文化教学原则：共情、体验）	教师总结全文大意；将学生分成两组，布置各组课后写作任务（见教学事件1）。强调写作要求：尽量利用原文内容及语言点；体现跨文化意识	20分钟	教师陈述
5	任务呈现与反馈	教师呈现学生写作例子，教师反馈、学生互评（跨文化教学原则：反思、思辨）	教师呈现有代表性的学生写作例子。师生反馈、评价的标准：是否使用本单元的语言点；是否有读者意识；内容是否充实；结构是否清晰；写作是否有条理	40分钟	教师展示、学生发言、教师反馈、学生口头互评
6	单元总结	总结及反思	回顾教学目标，总结教学内容；深挖单元主题。学生当堂写反思	10分钟	教师提问，学生回答，教师陈述

教学事件 2 和教学事件 3 是课堂教学的主要内容。这两部分的操作模式是：采用师生互动的形式，通过教师引导性、支架性的提问，由发现异域文化的新现象开始，到与本族文化异同的对比，再到原因的分析，以及对该现象的评价，逐步深入。这对课文、难句、词汇的理解以及语言的学习融入跨文化的讨论过程中，使跨文化目标与语言目标同步进行，相互促进。

（2）教学观察及反思。

此次教学实验，较为成功地实现了语言教学目标与跨文化目标的融合。通过设计基于文本的产出型跨文化任务，把课文理解、语言理解和使用，以及跨文化技能的训练深度融合。学生能够在跨文化语境中获得对词汇的认识，并通过师生互动，从自身和作者视角探讨特定的文化现象，最终达到对文章深层次的理解。例如，在教学事件 3 中，学生发现了对方文化中的新现象：一个相貌丑陋、行为粗犷的女子是全村男人聚集的中心。对于其背后的文化原因，大家讨论激烈，猜测该女子之所以受到欢迎是因为她善于倾听，能提供建议；因为她大方，提供免费饮料和服务，也有学生表示不能理解；等等。最后有学生提出这个女子存在的象征意义：男人需要一个谈论政治、显示自身重要性的场所。同时联想到现代社会，该场所与咖啡厅的相似之处，从而更加清楚类似的社会性聚集对于个人维持其社会地位、保持其精神面貌的重要意义。这个教学片段，从跨文化对比开始，师生之间不断探究文化现象背后的原因，加深了学生对对方文化的理解和对自我文化的反思。与此同时，师生在进行以跨文化为主题的讨论过程中，详细讨论了"confessor"的词义和使用语境；促使学生利用课文中的词汇，描述了文中女子的样貌举止（如 jet-black hair，raspy voice 等）；通过回答问题，学生积极寻找课文中与该女子相关的信息点（entertain，kept the men out of their hair，talk sense to those men 等），并进行复述和概括。这个过程，学生不仅得到了跨文化技能的训练，而且增加了对语言及其文化内涵的理解。

学生在"产出型"写作任务中不仅体现了跨文化的意识，也能够主动利用原文的信息和语言点，体现了较好的语言教学效果。给文中的作者 Accawi 介绍自己的童年时，大多数学生能够将自己的故事与作者的童年进行一定的关联，积极反思自己的童年以呼应作者的感受，并恰当使用原文中的词汇来描述自己的童年经历或感受。学生给自己的祖父母写信介绍 Accawi 的童年时，能够充分交代 Accawi 所在地区的地理、经济和生活状况；能够挑选原文中合适的语言来介绍当地的事件（keep track of time，timepiece；marble games，ran errands 等）。学生在完成写作任务基本要求的基础上，分析了不同时代儿童乐趣异同的原因，体现了学生对对方文化的共情、开放的态度，以及对自己文化更为深刻的认识与反思。

第二轮行动研究，克服了第一轮教学中语言学习效果不佳、学生无法切实体会对方文化的问题。本轮教学在目标任务的实践过程中，学生能够从自我和对方视角理解对方文化，反思自身文化，同时融入了语言的学习和使用。

3. 结论及启示

以上教学案例，基本上实现了在外语教学中跨文化教学与语言教学的结合。研究由目标设定、任务设置、任务实施、任务评估与反思四部分组成，每部分融合了外语教学和跨文化能力培养的基本步骤和程序，体现了对课程目标、任务和评估的革新。

在目标设定上，跨文化目标与语言目标的融合是教学的起点和指挥棒。许多高校外语课堂视跨文化为语言教学目标之外"多出来"的内容。但我们的行动研究发现，以相对完整的课堂内容为基础，以某一具体的跨文化技能为目标，有选择地进行语言教学，学生能够提升对目标语言本身及其语境的敏感度，并在语言输出中主动使用。

在教学任务的设计上，要能够以少而精的产出型任务为驱动，促使学生在体验跨文化的过程中，主动学习所需的跨文化技能，提升语言应用能力。任务的主题紧紧依托课程内容，充分考虑学生的认知和体验，增加任务的可操作性。任务中的跨文化技能训练和语言训练应形成组合：跨文化以相关的文本内容和语言学习为基础，反过来，跨文化任务的实施过程也促进了语言的学习和使用。任务的实施途径可以是角色扮演、课堂讨论、故事续写等，递进式地训练学生发现、对比、分析的跨文化技能以及相关的语言技能。任务的难度视学情而定，每一项任务可以体现一二点跨文化交际教学原则。

跨文化交际能力培养与大学外语教学的融合，一方面能够为传统的大学外语课堂注入活力，实现外语教学的人文性目标；另一方面，也为大学生的跨文化能力培养提供主观认识和亲身体验的环境。上述的大学外语教学案例，初步探索了一条较为可行的路径，试图实现跨文化与语言教学的融合，但是其有效性还需要在今后的教学实践中进一步搜集课堂观察、课堂录音或录像、师生反思、课堂教学核查表等基本课堂数据进行论证。

第五章 文化"走出去"与跨文化交际能力培养

第一节 文化"走出去"背景下跨文化交际能力的新内涵

　　"交际"一词所蕴含的意思为"共同""双向"的沟通，在跨文化交际活动中，每个人的言行表现都是其所代表的文化的一张名片，跨文化交际体现在交际的"文化共享"和"文化影响"方面，是一种双向的交际行为。然而在以往的外语教学中，人们往往重语言能力培养而轻文化素养、重目的语文化导入而轻本土文化输出，对跨文化交际能力培养的认识还只是停留在单纯的目的语文化上，忽视了本土文化在跨文化交际中的重要作用，很多人外语技能很好但在对外交往中遇到有关中国文化的内容时，其在表达上往往显得力不从心，影响了中国文化对外传播的效果，文化的单向导入已经不能适应当今文化"走出去"对跨文化交际能力的要求。文化"走出去"背景下的跨文化交际能力，不仅指跨文化知识、态度、技巧和思维，还包括对中华优秀传统文化精华的汲取、对中华优秀传统文化和社会主义核心价值观的传播，向世界更好地表达中国。

　　文化"走出去"战略对外语教育提出了新的要求。《国家中长期教育改革和发展规划纲要（2010—2020年）》指出，高等教育要"加强国际理解教育，推动跨文化交流，增进学生对不同国家、不同文化的认识和理解"。《中国学生发展核心素养》（2016）中明确指出中国学生要有"国家认同"和"国际理解"，"具有国家意识，了解国情历史，认同国民身份"，"能尊重世界多元文化的多样性和差异性，积极参与跨文化交流"。由此看来，培养学生跨文化交际能力是现阶段外语教学的着力点和重要目标之一。从外语教育的角度来说，要改变传统教学观念，改革课程内容体系和创新培养模式，引导学生养成对文化艺术、社会经济等各个领域关注的习惯，拓宽学生的知识面，强化学习者中外文化素养与跨文化交际能力的培养。从外语学习者的角度而言，要在跨文化交际中不只是被动地接收信息，不仅要具有优秀的语言驾驭能力，还要具有良好的文化修养和理性的批判性思维能力，"内知国情，外知世界"，承担起继承和传播中国文化的责任，成为一座可双向通行的桥梁，在国家"软实力"建设中发挥积极作用。也就是说，跨文化交际能力的培养，不仅要满足外语语言能力培养的要求，还要满足传播中华文化，向世界讲好中国故事、传播好中国声音，增强中国文化在国际上的话语权的需求。

总而言之，文化"走出去"背景下的跨文化交际本身就是文化双向交流的过程，培养高素质、具有很强的跨文化交际能力的国际化人才是讲好中国故事、传播好中国声音的前提和基础。外语教学是学习者了解世界的窗口，也是学习者未来向外输出中国文化的一个潜在的通道。一名合格的跨文化交际者必须在了解异族文化知识的同时构建本民族文化知识体系，具备健全的跨文化意识，能够灵活运用跨文化交际策略。然而跨文化交际能力的培养不是一蹴而就的，而是一个复杂的过程，文化"走出去"背景下的跨文化交际能力培养一定要改变教学理念，适应国家文化战略的要求，要融合各方资源，充分利用现代信息技术，扩大学生的知识面和国际化视野，有效培养学生的跨文化交际能力，在中国文化走向世界的过程中发挥应有的作用。

第二节　跨文化交际能力培养的影响因素

跨文化交际是一个复杂的过程，受到诸多因素的影响。不同学科背景的研究者，从不同角度研究影响跨文化交际的不同因素。综合国内外众多学者的观点，一般说来，可分外部因素和内部因素或宏观因素和微观因素。外部因素包括文化因素和环境因素，内部因素一般指的是个体的心理因素。

一、跨文化交际中的文化因素

文化提供思维方式让人们听、看和阐释世界。不同的国家有着不同的文化。因此，即使是相同的词汇对不同文化背景的人来说也有着不同的意义。斯特拉·廷 – 图米（1999）认为文化从三个层面影响跨文化交际中意义的传递。

（一）认知层面

思维模式作为人们认知世界的手段，有着鲜明的民族特点。人们在接触到他国文化之前总是认为全世界人的思维都是一样的。而实际上，不同的文化有着不同的思维模式，不同思维模式影响着人们对接收到的信息的加工和理解。东方国家和西方国家就拥有着差别很大的两大类型的思维模式。西方的思维模式与西方的个人主义文化紧密相关，具有逻辑性、分析性和直线性的特点。以逻辑形式为例，其逻辑体系的最大特点是科学性归纳，重视感性材料，应用原理把原材料整合成有序的、自相一致的整体。典型的代表国家美国尤其看重实验、归纳和可操作性，而这种思维模式也使美国成为一个实用和功利思想盛行的国家。与西方的思维模式相异，东方的思维模式源自集体主义，以关联性、综合性、整体性和直觉性为特点。例如，亚洲人被认为思维过程中更关心直觉感知和回顾思考，不注重逻辑和分析。他们强调内外环境中主客观方面的统一，所以也不会像美国人那样把事情拆分成小部分来分析讨论和处理。这种依靠直觉的思维模式不喜欢分析、分类、精确和抽象。可想而知，不同文化的两个交际者如果不能意识到他们在思维模式上的差异，他们很可能对同一交际事件予以不同的理解，结果导致误会的产生和交际的失败，乃至发生社会或个人关系的破裂。

（二）行为层面

每个文化都会规定其恰当行为的规范标准，简单说，就是告诉人们这个事情是否可做、应怎样做。这些规范会影响言语或非言语交际。例如，交流时是否要直视对方、说话时双方应保持多远的距离，说话方式是直截了当还是含蓄婉转也是因具体文化而不同的。

西方国家特别是英语国家的人在交谈中比中国人目光交流的时间长而且更为频繁。他们认为缺乏目光的交流是因为缺乏诚意，抑或是表示羞怯。中国人的习惯则是避免一直直视对方，以表示礼貌、尊敬或服从。大多情况下，中国人的目光一般要保持望向一个方向，不能经常变化方向或闪动，这样会让对方觉得你很不耐烦或对话题不感兴趣，是不礼貌的。因此，中、英两国的人在交往时，英国人会觉得中国人与其目光交流过少，认为被看不起，或者认为中国人过于羞怯；而中国人则对交流中英国人的盯视感到不自在，如果是中国青年女子的话，就更会对这种盯视产生反感。

在说话方式上，人们普遍认为西方国家的人说话更直截了当，开门见山，不拐弯抹角，西方人习惯以十分肯定的方式表达意见。与此不同的是日本人通常是在充分考虑了对方的感受与看法之后才讲话和采取行动。而且，日本人不习惯给出肯定的答复，这一习惯基于避免产生不必要的摩擦的传统。对于说话过程中的沉默，不同文化对待的态度也不一样。文化规定什么时候说话，什么时候沉默。沉默在英美国家的交谈中是应避免的事情。美国人甚至常常接茬儿帮助对方把一句话说完来填补谈话中的空白。而在东方传统中，交谈中的沉默并不会让人觉得不舒服。沉默被赋予很高的评价。东方人认为沉默能带来内在的安定和智慧。中国和日本的许多谚语表明了沉默的重要和多张口说话的危险，例如，"邪恶出自口""祸从口出""嘴是用来吃饭的而不是用来说话的"等，这与美国谚语 "The squeaky wheel gets the grease" 形成鲜明对比。所以美国人在与日本人交流时，不能正确理解日本人的沉默，常常把其理解为紧张、尴尬、怀有敌意等。

（三）情绪层面

情绪是由外界事物所引起的爱、憎、愉快、不愉快、惧怕等心理状态，大致分为愤怒、悲伤、恐惧、快乐、爱、惊讶、厌恶、羞愧等。从跨学科角度看，情绪研究强调情绪与社会、文化意义之间的关系。社会学和人类学的一些研究者认为，特定的情绪概念与情绪范畴是文化与历史的产物。文化规范人们的情绪表达，有的文化尽量掩藏情绪，只展示理性的一面；而有的文化则公开地表达情绪。

东、西方人情绪的表达就有着不同的方式。西方人很少控制自己的情绪，他们情绪比较外露，想笑就笑，想哭就哭，显得比较张扬；而东方文化认为喜怒不形于色才是君子之风范。例如，中国人从小就被告知，要有涵养，要戒急用忍，内心的喜怒哀乐都不要显现出来，如果摆在脸上，则显得人不成熟或没有城府。布里格斯发现，在诸如"生气"这一情绪表达上，犹太人与西方人也表现得很不相同，他们尊重群体和谐，非常注意控制情绪，他们从不试图用表达生气的方式来解决问题，尤其是晚辈，更加不能因为长辈的失误而表现出生气。情绪控制对于人们来说是尊重秩序、维持社会正常运行的重要因素。无独有偶，研究尼泊尔两群文化的学者发现那里的孩子信仰严格印度教，被要求灵性纯净，重视社会秩序和服从，小孩大多会隐藏自己的情绪。当询问是否愿意让别人知道他们的情绪时，50%～70%被调查的孩子选择隐藏情绪；而询问他们的母亲是否教导过自己的小孩如何管理情绪时，70%回答是肯定的。

再者，欢乐是人类的普遍情绪，是人类的共同心理体验。然而，千百年来，世界各地的人们在庆祝欢乐的同时，已把它变成了社会文化的一部分。欢乐文化也带上了民族的色彩。东西方有着各自的欢乐文化表达。崇尚集体主义的中国人通过节庆活动享受喜悦，喜欢采用家族团圆、和谐、温和的方式表达欢乐之情。而崇尚个人主义的西方人则更强调个体的舒适和满足，表达欢乐的方式多为直接、粗放和张扬个性的风格。

二、跨文化交际中的环境因素

跨文化交际研究的重点是文化差异，而文化差异主要源于其所处的环境。交际的环境对于交际的影响是非常明显的。人们在社会化的过程中学会了在什么样的场景下说什么样的话、怎么说、不说什么等。行为的场合具有一种约束力，人们对具体场合中什么是恰当的行为存在共识。在跨文化交际中，对于某一个具体环境，不同的文化会有不同的反应。

（一）自然环境对跨文化交际的影响

自然环境对跨文化交际有重要影响。长期以来，人类学家和社会学家都认为一个国家所处的环境对该国家的文化定位、生活方式乃至交际行为都有决定作用。这里的环境包含地理、生态环境在内的一切自然的、地理的环境。完全不同的地理环境和气候条件塑造出完全不同的文化及完全不同的民族性格，从而造成了跨文化交流时的矛盾和冲突。

中国几千年的文明都建立在特有的农业文化基础之上。中国文化发源于黄河流域的大平原农耕地区。中国大陆型的自然地理环境，造成了长期一体化的社会政治结构和大一统思想，促使人们以家庭为单位进行协作农耕。因此，诞生于该自然地理环境的生活方式、文化习俗、观念信仰也表现在社会生活中。西方多数国家处于开放的海洋型自然地理环境中，以渔猎为主，工商业、航海业发达，对外交往频繁。与中国人相比，西方人爱动、外向，提倡开拓进取、个体独立。而且由于所处自然地理环境的不同，中国与西方对相同自然现象产生的感受和理解也是不同的。地域文化丰富多彩，所以在跨文化交际过程中要提高交际者对目的语民族文化差异的敏感性，减少信息差异，避免在跨文化交际中对某些语言或语言意义的误解或语用失误，从而提高交际能力。

（二）人文环境对跨文化交际的影响

1. 建筑环境

从建筑风格来看，一座城市的建筑风格、物理结构以及内部设计都会受它所在文化的影响，反过来，又影响着人们的生活方式、性格及交往活动方式。而且建筑形状、材料和朝向也反映出不同文化的环境特征，它们会像文化取向那样影响人们的行为。传统的西方建筑长期以石头为主体，而传统的东方建筑则一直是以木头为构架，体现了东西方物质文化、哲学理念的差异，表达了不同的思想，流露出不同的情感。

2. 居住环境

东西方的房间内部布局也有所不同：美国家庭房间设计多样化，且充分利用房间的四周，这样每个人就有独立的空间处理隐私，即使是父母也没权擅自进入子女的房间，这是欧美个人主义价值观的体现，也反映了一种与权力分散、人人平等相对应的平权主义；古代中国的房间一屋多能，房间和房间相隔也不严密，有时用门帘相隔，即使是现代的房屋设计也以房间中心为使用焦点，在这里既反映了一个其乐融融的自然和谐气氛，又有利于发展和谐的人际关系，有一种与权威主义相对应的中心主义。

3. 交际空间

从交际空间来看，在以家为核心社会关系的中国文化中，人们习惯使用围墙、篱笆等来保护群体或家庭的领域或利益，如在中国文化中，没有围墙就称不上家、院、国。而美国人习惯使用空间来维护家宅或群体的领域。美国人使用大小不等的空间来调节群体、家宅或某一单位的隐私。走在美国的城市、乡村，你可能很难辨认，这些界限似乎也不存在，但分界线的确存在，它存在于美国人心中，并且十分明显和敏感，他们绝不越雷池一步，不经允许也绝不进入别人的领地，这一点对于不同隐私观的人来说是难以理解的。人文环境被人们塑造，反过来又影响了人们的生活方式、价值观、思维方式等，所以其对跨文化交际来说有至关重要的影响。

三、跨文化交际中的心理因素

交际是一种社会现象，交际的人各有其不同的社会心理状态。从这个意义上讲，交际实质是一种心理交际。跨文化交际作为交际的复杂体也不例外，许多的心理因素掺杂在里边。研究学者大体上达成共识，认为影响跨文化交际的心理因素主要包括交际焦虑、交际动机、本民族至上主义、偏见和文化定型。

（一）交际焦虑

与陌生人交际对大多数人来说是一个新环境。赫尔曼认为，在新环境下，人的第一反应是缺乏安全感，对新环境的不熟悉和不确定多会引起心理上的不安全感。在这种情况下，人们往往会感到不安、紧张、焦虑甚至是害怕。如果焦虑到了一定程度的话，它必然会影响交际效果。从认知角度讲，交际焦虑会导致在信息加工时出现偏离，人们越焦虑，越希望能接收到自己预测的行为或语言，越关注自我，也越有可能负面地评价陌生人。跨文化交际对大多数人来说更是一个交际新环境，人们也就越容易产生焦虑。

一个相近的理论也证明了这一点。根据不确定性降低理论，所有人在交际环境下都希望能了解自己和对方，也就是说，人们在任何新交际中都想尽量减少不确定性。但是当人们对将要发生的事情的预测能力降低时，不确定性会增加，而跨文化交际就是这种典型的情况。当人们与来自其他文化背景的人交际时，很难做出正确的预测和得到相关信息来减少不确定性。这种状况使人们感到焦虑和挫败，而挫败感之下的人们希望马上结束交际，最终导致交际的失败。所以，有效的交际在于把焦虑控制在恰当的程度。

（二）交际动机

在跨文化情境下，动机是人们恰当有效地与陌生人交际的愿望。

特纳认为某些需要驱动人们与他人进行交往，例如，信任他人感的需求、群体归属感的需求、自我实现等。以群体认同感为例，多数人大部分时间是在与熟悉的人交往。在与陌生人交往时，一旦交际不顺利，他们的群体认同需求会得不到满足。这会导致他们对自己和所处情境产生焦虑，最终出现交际麻烦，甚至交际失败。这种情形出现在跨文化交际的时候更多。

不同文化的人们有不同的理由和动机来决定为什么和在什么时间进行交谈。在跨文化情境下，由于这种动机的不同会导致交际障碍的产生。例如，一个跨国公司的经理在做决定前听取职员建议，他很难从一个印度职员那儿得到建议，因为在印度，是老板而不是雇员做决定，印度是不鼓励雇员去参与做决定的。

关于情绪的表露，也可作为一个例证。在美国或许多地中海国家，人们经常以交际的方式来敞开心扉，情绪的表露受到鼓励和期待。但在更多的文化交际中没有情绪表现的功用，情绪是深藏不露的。原因之一是许多文化认为言语表达会打破人与人之间自然的平静和谐。

因此，对不同文化下不同交际动机和需求的熟悉，是成功交际的保证。

（三）本民族至上主义

本民族至上主义也称为民族优越感。具有民族优越感的人会认为自己民族的文化价值、做事方式是正确的，或优于其他民族，而这种观点会直接影响他们对其他民族行为和语言的理解。当本民族至上主义发展到极端时，人们会在交际中以语言或非语言行为的形式表现出对其他群体的不屑或厌恶，极易导致公开对抗和冲突，其交际效果可想而知。

斯图尔德和贝内特清楚地指出本民族至上主义的三大危害：（1）本民族至上主义的思想容易形成狭隘的、防守的社会认同感；（2）本民族至上主义的思想活动特点是，在比较本族文化和其他文化时以本族文化是最正常和最自然的想法为前提；（3）本民族至上主义思想下的判断经常是招人恶感的比较，在贬低其他文化的同时，崇尚本族文化。

虽然我们共同生活在同一个地球，我们拥有很多的共同点，但我们也知道差异同样鲜明地存在着。例如，有的文化认为"敞开门过日子"是积极的做法，而有的文化则认为"关起门来过日子"是正确的；有的文化说起话来直来直去，而有的文化说话则讲究含蓄之美。一旦交际的一方持有本民族至上的思想，认为本族文化的做法是正确的，其他文化将被认为不正确，在交际过程中，他会不自主地显示出对其他文化的轻视。这时，受到轻视的一方会不愿继续与这样的人交往下去，其结果势必导致交际失败。

本民族至上主义发展到极端时，会阻碍人们之间的交际以及思想、技术的交流，因为极端本民族至上主义容易引起对其他文化的优秀传统和知识的排斥，以至于失去了理智。

（四）偏见

普洛特尼克和莫勒瑙尔定义偏见为对另一群体的人的不公正的、有偏向的、无法忍受的观点或态度。在人与人之间或国际背景下，偏见包含不同程度的敌意，会带来负面的想法、感受和行为，影响跨文化交际。

当人们对其他人持有偏见时，受到偏见的对象将处在一个不利的状况，因为对方并没有根据他的实际行为来做出判断，而是在偏见的指引下进行着错误的判断。

一旦有了偏见，人们就会尽量避免或撤出与不喜欢的人群的接触，这样的例子在国际交往上不胜枚举。若让这样的情况继续存在下去的话，国际交往将无从谈起，世界将停止前进的步伐。正如哲学家弗卢埃林曾说过的："无论王子、教父、国家，还是邻居、家庭、个人，没有人能脱离出世，孤立地并有益地生活。"

（五）文化定型

政治评论家李普曼首先采用文化定型这个术语，指人们对另一群体成员所持有的简单化看法。定型形成的原因是人类对事物进行分类的心理需求。

萨默瓦总结了文化定型影响跨文化交际的三个原因：（1）文化定型忽略个体差异，他们认为一个群体的所有成员都拥有完全一致的特点，这样的看法是刻板的、不变通的;(2)文化定型过于简单化、概括化或夸大化,因为他们大多是建立在半真实的、歪曲的或不真实的前提下的;(3)文化定型不断被重复和加深,最后经常被认为成真理。文化定型的这些弊端会影响人们对其他人做出正确的判断、形成正确的印象,将使有效的跨文化交际无法进行。

在任何形式的跨文化交际活动中,我们需要注意文化和心理因素充斥跨文化交际的全过程,与此同时,重视群体和个体差异。如果我们想在跨文化交际这个舞台上大展身手,不仅应该具有良好的语言能力,而且还应该具有跨文化交际的意识。也就是说,我们应该了解和熟悉这些影响跨文化交际的文化因素和心理因素,在熟悉和接触目的语文化时做到思想开放、行为变通。

第三节　跨文化交际能力培养的主要阵地:大学外语教学

中国文化"走出去"战略对大学外语教学提出了新的要求。要实现中国文化"走出去"战略,一个重要的前提就是人才,特别是具有很强的跨文化交际能力的复合型人才。大学外语教学,因为语言和文化之间的天然的密不可分的联系——语言的习得即文化的习得,以及其特殊的学科属性,不可避免地成为培养跨文化交际能力的主要阵地。

一、大学外语教学的根本目的

大学外语教学的根本目的是与不同文化背景的人进行交流,实现有效的跨文化交际;全面提高大学外语教学的水平,大幅度地提高学生的外语实际应用能力。这不仅是中国经济发展的迫切需要,也是中国文化"走出去"战略的内在要求,同时也是跨世纪的中国高等教育的一项紧迫任务。为了实现这个目标,我们要真正认识到外语是跨文化教育的关键一环,把语言看作与文化、社会密不可分的一个整体,并在教学大纲、教材设置、课堂教学、语言测试以及第二课堂全面反映出来。

人类的交际不但是一种语言现象,也是一种跨文化现象。外语教学的目的是交流,而在我国目前的教学体系中,大学外语教学的侧重点都放在了语言知识的传授上,忽略了跨文化交际能力的培养。因此,要转变观念,切实认识到文化冲突的危害性和培养学生跨文化交际能力的重要性,同时还要采用相应的策略和方法。

一直以来,大学外语教学都把侧重点放在了语言知识的传授上,而忽略了跨文化交际能力的培养。为了改变这种局面，我们应该改进单一呆板的教学方法，从质和量两个方面对课堂教学中的文化教学加以控制，并利用如电影、互联网等先进的现代化教学手段来充分调动学生的学习积极性和主动性。同时，还可以举办一些专题讲座，以满足学生的求知欲望，为培养出具有较高跨文化交际能力的人才搭建知识平台。

此外，教师要转变观念，切实认识到文化冲突的危害性和培养学生跨文化交际能力的重要性，通过加强学习，不断进行知识更新，提高自身的综合文化素质，切实全面地把握外语文化知识教育的量与度以及教学的具体步骤和方法，加强师生互动，增强课堂氛围，注意课下引导和点拨，全面提高外语教学水平，以达到预期的教学目的。

大学生有充分的可支配时间，仅仅依靠教师在课堂上的教学来培养跨文化交际能力是远远不够的，教师要引导学生充分利用课外时间广泛阅读目的语文学作品、报纸杂志等材料，从中汲取文化精华，提高文化素养，扩宽文化视野，增强跨文化交际能力。

二、大学外语教学与跨文化意识的提升

各个民族由于地域、生态环境、政治制度、历史背景、风俗习惯、价值观念、行为模式的不同，其文化特征也不一样。只有通过对比方能发现本国文化与目的语文化之间的异同，从而获得一种跨文化交际的文化敏感性，加深对中外文化的理解，感知多样的显性、隐性文化信息，提高自身跨文化意识。大学外语教学可以采用多种方式提升学生的跨文化意识。

（一）跨文化对比

采用对比法引入不同文化的典故风俗，更多地介绍风土人情，捕捉中外背景知识的不同点，让学生通过对比来了解双方文化的差异，加深对目的语国家文化的认识，从而养成得体的语言习惯。

具体内容包括：（1）体态语对比，即对比中国人与目的语国家人喜怒哀乐时的手势与表情、交谈时的体距差距以及体态语的表意异同；（2）中外称谓语、问候语和告别语的差异；（3）中国人与目的语国家的人对称赞的不同反应；（4）中外家庭成员之间称呼习俗的差别；（5）目的语国家的人在行为举止、待人接物等方面与中国人的异同；（6）中国人与目的语国家的人在思维与观念上的差异。用对比法可提高学生对中外文化背景知识差异的敏感度，使学生所学的外语更地道。

（二）跨文化阅读

克拉申（1981）的"窄式阅读法"理论是有利于文化理解的阅读方法，其内涵为集中阅读同一话题的多篇文章，通过阅读理解文本中那些显性和隐性的文化信息，提高文化意识。克拉申认为，这种阅读总体上说是窄式输入。它对于二语习得非常有效，可以集中提供某一专题的文化内容及其背景知识，使学生可以在较短的时间内熟悉某一文化专题的词汇、题材、风格及文化内容。这种方法有利于学生对目的语国家文化背景知识进行全面的整体把握，拓宽知识面，开阔眼界。

（三）跨文化体验

外语教师的任务是给学生创造、提供真实的、逼真的语言交际环境及情境和创造性地运用语言的机会，使学生在语言使用过程中自由表达他们的思想情感。教师可以结合教学内容让学生改编对话进行表演，使学生身临其境地感受语言和文化，同时注意其中有意义的文化细节，提高对文化的敏感性和意识。这其中包括问候、致谢、称呼等习语和委婉语、禁忌语的得体运用。

然而，大学外语教学的课时非常有限，不能仅仅依靠教师在课堂上的教学来培养跨文化交际能力，学生还必须充分利用课外时间广泛阅读目的语文学作品、报纸杂志和时事评论等材料，从中吸取文化知识，增强文化素养，拓展西方文化视野，提高跨文化交际能力。

（四）跨文化导入

语言是文化的载体。通过学习一门外语，学生可以了解异国的文化与社会，有利于学生在将来的多元化社会中学会理解他人，学会互相尊重，寻求合作与发展，共同维护世界和平稳定。语言又是文化的写照，不仅反映文化的形态，而且语言结构部分或全部地决定人们对世界的看法。语言和文化是密不可分的，人们用语言来记录和评价客观事物，语言的应用无不受到文化体系的影响和制约。因此，要掌握两种语言，必须掌握两种文化。只有跨越目的语国家的文化障碍，才能做到交际的得体与妥当；只有提高语言语用能力，才能真正意义地实施素质教育。反之，学生会因语义、语用及思维习惯和文化习惯的差异在交际中出现失误与不得体。在外语教学中，文化是指所学语言国家的历史地理、风土人情、传统习惯、生活方式、文学艺术、行为规范、价值观念等。接触和了解目的语国家文化有益于对目的语的理解和应用，有益于加深对本国文化的理解和认识，有益于培养世界意识。在教学中，教师应根据学生的年龄特点和认知能力，逐步扩展文化知识的内容和范围，使学生了解目的语国家文化及中外文化的异同；教学中涉及的目的语国家文化知识，应与学生身边的日常生活密切相关，并能激发学生学习外语的兴趣。要通过扩大学生接触异国文化的范围，帮助学生拓宽视野，使他们提高对中外文化异同的敏感性和鉴别能力，进而提高跨文化交际能力。

（五）跨文化联想

语义学把词汇分为概念意义和联想意义。概念意义就是词汇的语言意义，而联想意义是与语言使用有关的意义。外语词汇的文化内涵就属于联想意义的范畴，它包含某一文化对某一事物的评价。英汉两种语言中有许多意义相同或相近，但联想、比喻意义不同的词语，如 blue（蓝色）在英语的很多固定用法中，它的含义各异。

（1）The blue baby（患有先天性心脏病的婴儿）nestled in his mother's arms.

（2）She has blue blood（贵族血统）in her veins.

（3）Don't see blue films（黄色电影）.

（4）Mary is a blue stocking（才女、女学者）.

（5）He is the manager's blue-eyed（心腹）boy.

在词汇语法等语法教学中，同时加入跨文化知识的导入，有助于对学生产生潜移默化的作用。

实现跨文化交际是大学外语教学的根本目的，提升学生的跨文化意识，是跨世纪的中国高等教育面临的重要任务。在外语教学中导入跨文化的内容，有利于学生打开眼界，拓宽思路，提高学生的综合素质，使其得到一定的艺术修养和中外文化精髓的熏陶，具备一种新的文化意识；有利于提高学生的实践能力和创新能力，减少语用错误。跨文化交际教育在外语教育中具有重要的地位，是培养具有跨文化意识和跨文化交际能力人才的主阵地。

三、大学外语教学与跨文化学习能力的发展

跨文化交际能力是在终身学习的过程中不断培养和发展起来的。在这个过程中，乐于学习的态度和善于学习的能力起着核心的作用。因此，在大学外语教学中，应当注重学生跨文化学习能力的培养。

培养学生跨文化学习能力的重要前提是充分了解其跨文化学习动机。一般来说，跨文化学习的内部动机包括：对异文化的向往；对异文化成员生活方式、风俗习惯的浓厚兴趣，如希望学习一些新奇和与众不同的东西、希望系统科学地研究其他文化与本文化的不同与相似之处等。外部动因包括提高职场竞争力、希望

到跨国企业工作、希望更好地与异文化成员相处等。外语课堂教学与课外学习应当充分促进上述内部与外部学习动机的实现，从而增强外语专业学生的跨文化学习主动性，提高其跨文化学习积极性和学习效率。

每一个人因其不同的个性、生活和工作环境、文化背景等有着各自不同的跨文化能力发展道路，同时跨文化交际又是多变的，每一次的跨文化交际场景都具有独一无二的特殊性。因而跨文化外语教学不能仅仅停留在"授人以鱼"上，而更重要的是要"授人以渔"。教师可以通过对具体的跨文化交际案例的模拟、分析和讨论，培养学生独立思考和分析问题的能力，帮助学生找到跨文化交际与跨文化学习的方法和策略，建造各自的"跨文化交际策略与方法库"，以使他们能独立地、积极有效地应对各种跨文化交际场景。学生对于这些跨文化交际与跨文化学习的方法和策略不可能一劳永逸地掌握，因此需要鼓励学生积极参加跨文化实践，在实践中检验、改善和丰富这些方法和策略。通过跨文化实践，可以提高学生跨文化学习的兴趣和动力，同时也可以增强他们对跨文化学习的自信心。

教师可以帮助学生制定各自的跨文化学习发展规划，并对自己跨文化学习的过程进行管理和评估。教师可以辅导学生设计出各自的跨文化能力发展记录册，对个人各个时期的跨文化能力的各个层面进行评估，此评估可分为自评与他评，包括对个人在跨文化交际与合作中的经历记录、跨文化典型案例的收集与分析。通过这些措施，培养学生建立在个性发展基础上的跨文化终身学习的能力。

第四节　跨文化交际能力培养的主要形式

在大学外语教学中，教师可以通过多种形式培养学生的跨文化交际能力。

一、外语教学中的文化导入

娴熟的外语能力有助于发展和提高跨文化交际能力，同时也是与不同文化背景的合作者进行有效沟通的重要前提条件，但国际化的经营管理人才绝非仅仅能够熟练掌握外语的人。跨文化交际能力的内涵构成已经更多地集中到了对不同国度的文化和价值观的认同度，以及与来自不同国家和文化背景的人交往、沟通与合作的能力上。影响跨文化沟通是否有效的主要原因不是语言，而是能否认知到不同文化里的不同思维模式与表达方式，是否具备跨文化的知识以及在跨文化环境中的沟通与管理能力。鉴于此，帮助学生深入了解目的语文化、同时又谙熟作为母文化的中国文化对于培养外语专业学生的跨文化交际能力至关重要。

在外语学习的初级阶段，教师可以挑选重要的文化主题，将外语融入作为人们生活世界的文化中，如家庭、学校、教育、青年文化、节庆、饮食、居住、业余生活、职业生活、旅游、环境保护、广告、文化生活、社会关系、男女角色等。

在外语教学的整个过程中，教师都要充分地将对目的语文化的学习与对母文化的学习与反思紧密结合。通过这种结合，一方面可以拓展学生的文化视野和认知，另一方面也能促进学生对母文化的省思和认同。这里需要指出的是，促进学生跨文化交际能力的发展，一方面需要学生对中国文化进行反思，要求他们具有自我批判能力，包括对自己习以为常的价值观、思维方式、行为方式进行反思，同时也要培养他们对中国文化的认同，两者同样重要。

在教学设计中，教师尽量使学生能浸濡在目的语文化中，通过历时性（如"文化史"）和共时性（如"当代社会研究"）的目的语文化的呈现，培养学生的文化多元主义思想并加深学生对目的语文化的深入了解与理解，同时通过发现式、探索式、体验式的以学生为中心的教学方法（参见下文中关于"培养跨文化交际能力的其他外语教学形式"的内容），通过学生亲自实践与感知的过程，将认知能力与情感和行为能力培养相结合，全面提高学生的跨文化交际能力。

跨文化外语教学还应涉及影响跨文化交际的文化基本因素（详见第三章），针对价值观、思维方式、时间观、空间观、语言交际、非言语交际、行为规范与模式、感知与符号象征的主题，通过教师讲解、项目教学、课堂报告（包括基于实证研究的报告）、课堂讨论、角色扮演、电子杂志制作等形式进行深入广泛的研究和讨论，加深学生对目的语文化的了解和理解。这里需要注意的是，不能仅仅以习俗代替文化特征，不能仅仅停留于"文化洋葱"的表面层次，而是应当引导学生深层挖掘目的语文化的核心层次，探究跨文化交际中隐性的文化差异及其形成原因。

文化教学不应仅仅停留在文化知识层面，而应向文化理解与阐释层面深入，展现和分析目的语成员的交际形式，尤其是言语交际形式是如何受其价值观、思维方式、行为方式、宗教信仰、民族性格等的影响的。文化教学内容的引入要循序渐进，可以根据"文化洋葱"模型由表及里（比如探讨文化表层的符号或文化中层的社会规范受到哪些文化深层次的价值观的影响），也可以由里及表（比如研究文化深层次的价值观在文化中层的社会规范或文化表层的符号上有哪些表现）。在文化教学的过程中，要注意文化内容的系统性和各文化层次（如上述影响跨文化交际的文化基本因素）、各文化特征的相互影响和有机联系。

在外语教学的文化导入过程中，选用和编写的教学材料要克服刻板印象，注意不要对目的语文化一概而论。此外，文化教学不应仅仅停留在国家文化的层面，还要引导学生感知、观察和批判性地分析目的语文化与中国文化中重要的亚文化及其特征。

在教学中，教师应尽量使用生动形象的教学手段和材料，丰富和加深学生对目的语文化的感性认识和兴趣。针对上述影响跨文化交际的文化基本因素，教师应注意积累适合教学内容的有关素材，同时也鼓励学生收集相关的文学作品、文本、影视作品、图片、案例等素材，通过项目作业、小组作业、实证研究、与目的语文化成员的讨论等形式，促进学生在情感、认知、行为能力的层面对目的语文化的学习和相关实践，并在这个过程中培养和提高他们的跨文化交际能力。

在外语教学的文化教学过程中，要兼顾文化的历时性（比如文化史）和共时性（如文化发展现状、文化的时代特征等）；同时，一方面促进学生对目的语文化的国家文化层面的了解和理解（比如在教学中应选择具有代表性的文化内容）；另一方面也帮助他们看到目的语文化内部的多样性，比如不同报刊的政治倾向和读者群，不同职业、不同地区、不同年龄段目的语文化成员不同的生活方式和交际风格等。要实现以上教学目的，仅使用某一教材是远远不够的，还需要应用丰富的反映文化最新现实的各种媒体材料。

外语教学的文化融入不仅仅包括"教"的方面，更包括"学"的方面，因为课堂教学毕竟是有限的，而课堂之外的跨文化学习则是无限的终身学习的过程。比如上文中描述的对目的语文化内部多样性的探究，很大一部分可以引导学生在课外学习中进行，鼓励学生长期跟踪和研究目的语国家的时事新闻、关键事件、社会代表人物、社会文化发展等。这样，课外的探究性学习与课堂的教学可以有机地结合起来，互相补充、互相促进。

在上述跨文化外语学习的过程中，学生通过逐步了解和理解新的文化参照体系，了解目的语文化典型的和具有各亚文化特色的价值观、思维方式和行为方式，培养自己多视角看待和分析问题的能力，调整和丰富自己的认知模式和参考框架，增强宽容心和对异文化的尊重，培养文化多元主义思想。

外语教学与文化教学不是此消彼长的关系，而是可以互相促进、互相推动的关系。以文化为内容的语言教学，可以提高学生对外语学习的积极性，使外语学习更富有意义。通过文化教学与外语教学的有机结合，可以避免一种情况的出现——学生错误地认为语言学习和训练并不重要，只要能够理解外国文化就可以掌握外语。同时，外语学习可以促进对母文化和目的语文化深入的、全方位的认知和理解。如在前文所述的实证研究中，很多专家认为，掌握一门外语就是拿到了一把开启通往异文化的钥匙，可以通过原文了解异文化，而不是借助翻译。此外，因为思维方式和语言是相互影响的，所以学习一门外语的过程，也是加深理解目的语文化中典型思维方式的过程，学习外语娴熟到一定程度，就可以开始用这种外语思维，开始理解异文化中那些无形的、不成文的东西。

二、基本能力训练

学生的外语能力和跨文化交际能力不是相互排斥的，而是可以相互促进的。对跨文化交际技巧的训练可以融入外语听说读写等语言基本能力的训练过程中。

（一）视听说训练与跨文化敏觉力提升

在我国目前的外语教学中，外语听力课与外语听力考试大多使用听力录音（音频）材料。为了培养学生对目的语文化浓厚的兴趣，教师应使他们更多地置于尽量真实的交际环境中学习外语，外语教学中的听力课通常情况下会使用影视（视频）材料作为对听力录音材料的补充。在跨文化交际中，很大一部分交际信息来源于非言语交际（如表情、手势、体语、体距等），听力训练中的音视频材料，有利于培养学生跨文化非言语交际能力，以及对跨文化交际情境进行观察、思考和判断的跨文化敏觉力。

此外，听力训练内容的多样化在训练学生听懂标准发音的同时，也让学生听到和习惯外语对象国常用的其他带有方言色彩发音的讲话和对话，习惯带有方言口音的外语，如要训练学生辨别英语中的美式、英式、澳大利亚式发音；西班牙语中的西班牙式、拉美西语发音；德语中的德国式、奥地利式和瑞士式发音；葡葡与巴葡的发音；阿拉伯语在不同的阿拉伯国家的发音等。能否听懂对方的口音或者方言，在实际的跨文化交际活动中非常重要，直接影响着跨文化交际的有效性。

目前国内使用的听力教材中，其交际语境"人造"的痕迹较重，学生所听到的大多为"实验室式"的外语。为提高学生的跨文化交际能力，教师应尽量使用真实语境中的外语讲话和对话。作为对听力教材的补充，教师也可使用电视剧片段、电影片段、电视新闻报道、演讲视频、脱口秀视频等。通过真实语境的听力材料，教师可以同时引导学生对影响跨文化交际的文化基本因素进行观察、思考和分析，增强其跨文化敏觉力。

在口语训练中，教师通过训练学生表达不同的意愿和情绪（如表示同意、反对、赞美、批评、道歉、请求、感谢等），同样可以使学生的跨文化技巧得到训练，例如训练学生用目的语将交际本身作为谈话的内容，在口语表达中进行自我批评与反省。口语训练可以培养学生用口语传达其跨文化移情能力和宽容心，通过适当的口语表达传达良好愿望、增强跨文化交际对象对自己的好感，使对方与自己产生共鸣，建立和培养信任关系，比如表达同感、共鸣与理解、善解人意、欣赏、确认共识，以及用语言感染人、说服人、感动人等。

以演讲为例，它既可以培养学生独立收集材料并对其进行筛选、判断、分析和组织构架的能力，也可以培养学生用外语清晰明了表达独立思想的能力。此外，在演讲的过程中，学生也会了解到如何赢得交际对象同情、理解和尊重的技巧（跨文化情感能力）。教师通过这一系列关键能力的培养，为提高学生跨文化交际能力打下重要基础。在视听说训练中，还存在着许多其他的跨文化交际训练形式，如：

·小组讨论与角色扮演：与目的语文化成员交流，最好先谈哪些话题？最不应谈哪些话题？请将这些话题按最推荐和最忌讳的顺序依次排序，并说明原因。通过角色扮演来进一步分析和说明。

·小组讨论：在与目的语文化成员进行跨文化交际时可能会出现哪些误解，应当怎样处理？

·角色扮演与分析：在与目的语文化成员的交际过程中对意外情况的处理。

·角色扮演与分析：与来自目的语文化的陌生人攀谈。

·……

此外，在外语教学过程中要正确对待学生的母语和母语文化能力，使其为学生跨文化交际能力的提高发挥积极的作用。外语教学不应一味强调仅用外语授课，授课所采用的语言要为教学目的与内容服务。不能片面要求教师用外语授课，事实上，在外语课的某些环节，如果用母语授课可以促使学生对一些问题进行深入的思考和讨论（比如对语言背后的文化背景的讨论与研究），可以有效提高其批判性和综合思维能力，也有利于促进其自信心的养成。

（二）阅读与写作中跨文化意识培养

学生通过阅读目的语的报纸杂志、网络报道等，可以掌握对象国的最新发展，对其社会各方面、各群体进行了解和分析。阅读促使学生关注文化的表层、中层和深层，并通过对所阅读的文本进行分析，了解影响跨文化交际效果的文化基本因素。在阅读的基础上，通过写评论或作业等形式对所阅读的内容进行深入加工和反思。

传统外语教学中常用的阅读文学经典作品的方法对于提高学生跨文化交际能力也有极大的帮助。文学作品往往能感性生动、深入全面地反映目的语文化的历史和社会文化背景，也能反映出目的语对象国人民的现实生活。尤其是文学作品，通过对人物在不同语境下的语言与非言语交际行为的描述和分析，能够帮助学生从各种角度全面理解和探究语言和非言语行为在不同语境下的互动和作用，从而帮助学生提高其跨文化交际能力。

除了围绕文学作品中出现的语言与非言语行为进行思考和研究之外，文学作品往往也能广泛深入地反映出其他影响跨文化交际的文化基本因素，因此，教师也可以引导学生对所阅读的文学作品进行深入的分析和讨论，在阅读和讨论的过程中，扩大学生的跨文化视野，增加其文化积累，培养学生的文化意识和文化敏觉力，加深学生对目的语文化的了解和理解。同时，作为自主学习的课外阅读可以使学生的跨文化学习更具有灵活性和个性化，让学生可以随心所欲地阅读，提高其阅读的效率，并取得好的阅读效果。

在外语写作方面，教师对学生作文的分析，可以提高学生语言表达的正确性，还能培养学生对外语对象文化中惯用文体风格的理解。庄恩平（2012）指出，书面篇章的文化内涵体现在篇章结构和修辞风格上。比如中国学生惯用的迂回式、赋比兴、起承转等文体结构，这也是受中国传统文化影响的。因此，对写作风格的分析也可以提高学生的跨文化交际能力。

（三）笔译、口译中的跨文化知识应用

不同民族、不同国家之间的跨文化交际与传播在很大程度上是通过翻译（包括笔译和口译）来进行和完成的，翻译本身就是一项跨文化交际活动，是跨文化传播的过程。翻译的目的是寻求沟通，翻译是借助语言意义的传达来促进不同文化成员之间的相互理解。提高学生的翻译能力与培养其跨文化交际能力是相辅相成的。

在口译、笔译的过程中，只有通过对源语文化和目的语文化深入全面的了解和理解，才能避免文化的误读和误译，才能通过翻译传达语言背后所蕴藏的文化，从而在源语文化和目的语文化之间架起沟通的桥梁。

在翻译训练时，教师要引导学生将翻译活动置入跨文化交际的大背景之下，全面分析源语语篇的历史、社会、人文背景等，将源语文化与目的语文化进行比较，从跨文化沟通和理解的角度，分析词汇、语句、语篇等的文化内涵，包括分析语言表达背后蕴含的价值观、思维方式、行为方式等，斟酌翻译中归化或异化的可能性。通过让学生翻译介绍中国传统文化、历史典故、人文景观的资料，加深学生对中国文化的认同和深入全面的理解，切身体会学习中国文化的意义。

翻译实践要充分考虑译文的读者或听众的文化背景、语境因素等，包括其对源语文化的了解和理解，且要发挥译者的主题性，在必要的情况下要对源语进行阐释，传达源语的文化内涵，避免译文的文化缺省。此外还要注意译文所表现出

的交际风格（包括词汇、句法、语篇形式、修辞手法等），不仅应传达原文的内容，还应反映源语文化的特征，要富有源语文化的色彩，包括反映出源语文化特有的价值观、思维方式、社会规范、民族风情等，使译文做到语言与文化的形与神的和谐统一，以便使译文的读者或听众在获得信息的同时，也领略异文化的风情，从而实现跨文化交流。

相对笔译来说，口译是一种更直接的跨文化交际活动，对不同文化之间的跨文化交际与合作起着关键作用。在口译过程中，对译员的跨文化交际能力往往要求更高。在口译训练中，教师应引导学生注意源语文化与目的语文化在跨文化交际文化基本因素方面的差异，尤其是思维方式（如感性/理性思维、归纳式/演绎式思维）、人际关系构建、社会规范与行为准则（如礼貌准则、习俗规范与禁忌）、语言交际风格（如低语境与高语境、直接与婉转）等。此外，学生还要注意译者在口译过程中的跨文化协调作用，积极促进交际双方的跨文化理解，包括将讲话人的意图按照目的语文化成员接受的方式恰当得体地传达，在必要的情况下进行解释、提醒，在发现讲话人在语言与非言语层面存在不妥之处时，能进行及时沟通和修正，主动避免误解和冲突的产生，促进跨文化交际的顺利进行。

总而言之，在外语教学中，外语基本能力的训练应当以培养学生跨文化交际能力为总体目标，通过对学生听、说、读、写、译语言基本功的训练，促进其文化多元主义思想（包括培养其对目的语文化的尊重和兴趣、培养其跨文化敏觉力等）的形成、对母文化和目的语文化深入全面的了解和理解（包括用外语传播母文化的能力）以及对跨文化行为能力（包括应用外语进行跨文化交际的能力）的发展。

三、跨文化体验

建构主义认为，有效的学习应当是一个以学生为主体的积极主动的建构过程。跨文化体验，正是基于建构主义基础之上的，尤其有益于跨文化能力发展的形式。跨文化体验包括四个环节：具体体验、观察反思、抽象概念和主动实践。跨文化体验旨在创造一种直接的或相关的跨文化环境，其核心作用是对直接经验的体验，帮助学生在体验的过程中，培养情感能力（包括态度、移情能力等），检验旧知识、探索新知识，同时提高其跨文化行为能力。跨文化体验的主要形式有以下几种。

（一）专题讨论与辩论

专题讨论与辩论是指围绕文化或跨文化交际的某一专题引导学生进行讨论或辩论。这种方式可以促进学生开展探究式的跨文化学习，同时培养他们的跨文思辨能力。为使这种形式取得更好的效果，教师可给予学生充分的时间，以小组的形式进行材料收集和准备；小组成员以合作的方式共同完成对相关资料的挑选、整理、评判和分析，在这一过程中，亦可培养学生的团队合作和人际沟通能力。

讨论的主题可以为一些外语对象国媒体对中国的报道（包括批评报道），也可邀请外语对象国的留学生与中国学生就一些双方关注的问题进行讨论或辩论。通过这样的讨论或辩论，一方面训练学生的口语表达能力（包括辩论能力），同时也培养他们的批判性思维以及应对批评的能力。在讨论和辩论中，教师要引导参与的各方充分阐述各自的思想、发出各自的声音，同时就对方的意见做出相应反馈，促进讨论和辩论双方的理解和共识的达成，提高学生的求同存异能力和跨文化协同能力。

（二）小组作业

小组作业可以培养学生的团队意识和团队合作能力。在跨文化实践中，人们有时可以自主挑选跨文化交际的伙伴，但有时没有挑选的自由而只能接受既定的事实，如来到一个新的跨国公司，人们不能挑选其同事，因此，对于并不是"情投意合"的人，也要学会与他们相处，学会与他们开展有效的、令双方满意的交际。

小组作业的结果可以通过学生制作的视频、电子杂志、书面报告、论文、课堂报告等形式呈现。在小组作业的过程中，教师要注意引导学生培养团队协作能力，同时培养学生对自己的责任心。

（三）角色扮演与情景模仿

角色扮演和情景模仿是将学生置于模拟的交际场景中，使学生在特定的跨文化情境下扮演相应的角色，通过学生的亲身体验和感受来提高他们的跨文化交际能力的方法（庄恩平，2012）。在角色扮演后，教师可以请学生通过交流各自的感受和认识来提高其跨文化敏觉力、跨文化认知和情感能力，同时也可通过对学生在角色扮演中的言语和非言语交际行为以及他们处理跨文化问题方式的分析，提出个人的意见，进而提升学生的跨文化交际能力；还可以组织学生分别成立中国和目的语国的公司或机构，两公司或机构就某一项目进行接触、谈判、合同签署、项目执行等，教师先对合作的各个环节进行预先准备，再以跨文化合作为背景，就学生表演中展示出的跨文化合作问题和应对策略进行分析和总结。

通过情景模仿，学生可以体验到不同的"跨文化对话"。之后，通过分析各种跨文化对话的特点透视这些异同背后的价值观。角色扮演还可以与阅读、实证研究、课外论文写作、讨论、辩论等其他形式相结合，以便能使对相关主题的讨论和研究更加深入。同时要注意，学生在应用角色扮演和情景模仿时不要因追求戏剧效果而将文化差异人为地夸大，加深刻板印象。该项跨文化体验活动可以使学生将所学到的文化知识和跨文化交际理论和策略学以致用，培养学生语言交际和非言语交际的能力，并提高其跨文化交际能力。

（四）视频制作

另一种跨文化体验活动是组织学生自编、自导、自演一些涉及文化和跨文化主题的外语短剧，或拍摄微电影（如《留学生在中国》）；也可以鼓励学生通过视频制作，向目的语国的观众介绍中国文化。在活动中，学生需要找出适当的视角，并找出目的语观众容易接受的方式来进行设计和视频制作。通过这样的方式，可以训练学生的独立行为能力、团队合作能力、跨文化移情能力和跨文化交际能力。

视频制作也可以以名著改编为基础，比如一部中国小说或一个电影人物在目的语国的经历或一部目的语国小说或一个电影人物在中国的经历，如林黛玉在美国、哈姆雷特在中国、茶花女在中国等，或《山楂树之恋》法国版等，以生动的方式"跨文化"，一方面可以提高学生的学习兴趣，另一方面可以训练其多角度看待问题的能力和跨文化交际能力等。

（五）项目研究与报告

项目研究帮助学生通过对某一学习和研究项目的设计和实施进行探索性和发现性的学习。这些项目应尽量真实地反映跨文化实践，比如可以让学生挑选不同的主题对中国文化和目的语文化的某一方面进行比较和分析，并以研讨会的形式将结果向全班演示和报告。中外文化对比不仅意味着找出两种文化的差异，同时也包含探讨产生这些差异的原因。当然，中外文化对比不可能包罗万象，重要的是学生对跨文化研究方法的了解，教师要启发学生通过对一些文化主题的探讨，加强学生的文化敏感性、加强其自我认识以及对异文化中人的认识，并提高其认知能力、超越自身文化的局限。

在项目研究中，学生收集资料的形式可以是评述现有研究成果、收集案例或进行实证研究，也可以是这几种形式的综合应用。教师可以鼓励学生就来自其他文化的成员进行实证研究，这些人可以是在校留学生、外教、外籍员工等，除了完成项目任务之外，学生与这些异文化成员接触和交际的过程本身就是跨文化体验的过程。

（六）案例分析

案例分析能反映跨文化交际的特点，凸显影响跨文化交际效果的文化基本因素，引导学生应用所学的知识和方法来分析、思考和解决跨文化交际实践中出现的问题，是一种具有启发性、实践性并能培养学生开拓性批判性思维，提高其综合应用跨文化知识的方式。

所选用的案例应是涉及跨文化交际问题或疑难情境、具有真实性的典型事件，要具备真实性、趣味性、开放性和启发性。案例的典型性和真实性可以增强跨文化体验的感受，趣味性可以激发学生的兴趣和积极性，开放性和启发性可以开拓学生的思维、促使其从多角度看待和分析跨文化冲突。

在案例分析中，要侧重找出造成不同文化背景下人们行为结果的关键因素，包括所涉及的参与者、动机、现象、本质、文化差异等。同样的跨文化场境，不同的人因其不同的个性、不同的亚文化背景，会有不同的处理方法，因此要注意案例的典型性会因为不同的外部条件和背景而受到限制。

案例分析不是跨文化的"亲身"体验，但是它可以启发学生多视角、动态地分析文化差异现象，提出各种解决问题的思路。通过分析案例中跨文化交际行为的各环节和各层次，学生的跨文化态度、情感、意识、思维、知识和行为能力都得到了综合训练，进而提高了其跨文化交际的能力。

（七）影视作品赏析

好的影视作品往往是一个民族文化生活的缩影，其内容常常涉及各种影响跨文化交际的文化基本因素（价值观、思维方式、社会组织与人际关系、时间观、空间观、社会规范与行为模式、语言、非言语交际、感知与符号象征）。同时，影视作品不仅能反映民族文化，而且能刻画出不同性格、时代、年龄、身份的人，并涉及不同背景的交际场景。因此，学生通过影视作品的赏析，可以培养其对文化、个人和语境的敏觉力和综合分析能力。

原版影视片生动真实，能从各个层面提供目的语文化交际中较为真实的情景，真切生动地反映目的语的语言和非言语交际特点。在影片中，词汇、句法、修辞、语调、语速以及各种情感的表达等以"立体"的形式呈现出来，带给学生强烈的跨文化感受，全方位体验目的语文化。

第五节　跨文化教学与跨文化培训

一、跨文化教学

培养跨文化交际能力需要进行文化教学，无论是在语言课堂中渗透文化内容，还是专门以文化为教学内容，都需要设计和组织丰富多彩的课堂活动来提高课堂效率。在跨文化交际教学中，教师要依据教学内容、教学对象和教学条件，设计有利于实现教学目标的课程与课堂活动，以增加教学的趣味性，激发学生的学习动机，提高教学的效果。

（一）"跨文化交际"课程

很多高校都开设了"跨文化交际"课程。庄恩平（2012）指出，在很多大学，跨文化交际课程通常用英语教授，但该课程绝不仅是一门英语课程，而是高校通识教育的人文素质培养中不可缺少的一个基本组成部分。事实上，目前国内出版的"跨文化交际"教材大多以英文为主。笔者认为，这里需要反思，是否用汉语授课更能促进学生思维、改善教学效果。

"跨文化交际"课程首先不应仅以特定文化的具体内容为主，尤其不能局限于欧美文化、不能等同于国情课（后者应单独设课），重要的不是传授对某一对象国的文化知识，而是培养学生能在多种文化之间"行走"的跨文化交际能力，培养他们处理文化的多样性和动态性的能力，在不同的跨文化语境下进行有效、成功、令参与者满意的交际能力。具体来说，"跨文化交际"课程更多的是应培养学生可应用于不同文化群体的跨文化认知能力、"跨文化情商"与跨文化行为能力。

"跨文化交际"课程的内容应该包括对文化概念的理解、文化的层次、影响跨文化交际的基本因素、多元文化思想的培养、文化学习、跨文化行为能力培养等内容。这些内容被称为文化普遍知识（culture-general），与此同时，对于学生来说，"跨文化交际"课程的内容也可包括特定文化（culture-specific）知识，包括特定文化的基本因素在跨文化交际中的作用。文化普遍知识和文化特定知识不是相互排斥的，而是可以相互补充和结合的。

"跨文化交际"课程中应用较多的传统的方法是文化比较法。文化比较法可以提高外语专业学生对文化差异的敏感性，帮助学生探究母文化与异文化的特点，促进其对文化的了解与理解。在进行文化比较时应克服民族中心主义思想，对文化不做褒贬评判，帮助学生认识到各民族的文化是平等的，在促进学生对异文化了解和理解的同时，也培养他们对异文化的尊重。

这里需要注意的是，不应仅将不同文化进行静态的、孤立的比较，而应将文化比较纳入跨文化交际的语境来分析，即分析不同文化的异与同在跨文化交际语境下会产生何种影响，可以采取何种策略来避免误解和摩擦，保障跨文化交际的顺利进行。

在"跨文化交际"课程教学过程中，应注意将跨文化交际的抽象概念和理论与跨文化实践相结合，如通过影视作品分析、案例分析、项目教学、学生基于实证研究的课堂报告等，促进学生对跨文化交际理论的理解，提高其对各种语境下的跨文化交际的感觉力、分析力和跨文化行为能力。以交际风格为例，就同一种交际风格可以分析其对不同文化成员所产生的效果：如中国人典型的委婉客气的说话方式，在中国人看来是有益于维护和谐人际关系的，但是在很多欧美文化成员看来这样的交际缺乏重点和效率，同时可能让对方认为不真诚；相反，美国人说话很直接，沟通起来就效率高，但这种交际方式可能在很多中国人眼里显得不礼貌甚至粗鲁。在"跨文化交际"课程中，教师可以引导学生讨论具有上述不同交际风格的人可采用何种策略（比如对交际进行沟通的策略）来促进跨文化交际的顺利进行。

这里需要指出的是，在跨文化交际研究与跨文化交际培训中，文化尤其是国家和民族层面的文化往往处于人们关注的焦点；而事实上，跨文化交际不仅仅受文化的影响，同时也受参与交际的人以及具体的交际语境的影响，教师也应当培养学生对于后两个因素的敏觉力和分析能力。

参与跨文化交际的个人有各自的个性发展背景、性别、身份、角色、职业、个性等，教师要培养学生对参与跨文化交际的有着各种特色的个人进行观察、判断和分析，同时也帮助他们分析参与跨文化交际的不同个人之间的互动关系。同样，教师也需要训练学生分析跨文化交际语境的能力，包括就时间、空间、机遇、交际目的、社会环境等进行分析。教师就"文化""个人"和"语境"的综合分析，来对具体的跨文化交际做出更全面的判断和诠释，综合提高学生的跨文化交际能力。

（二）跨文化交际教学活动

1.跨文化交际教学活动的原则

在进行跨文化交际教学活动时，应该遵守以下几个原则：一是要建立并保持轻松、无紧迫感、舒适的课堂活动气氛，以此来鼓励学生敢于表现自我和展示自我；二是在跨文化交际教学活动进行的过程中，教师要积极引导学生了解每一个活动的目的，使学生反思参与活动所获得的感受和经验；三是要时刻铭记，学生是不同的行为主体，会对活动的要求和引导产生不同的反应，且做出反应的速度和方式也不尽相同。因此，在跨文化活动中要考虑学生的个体差异，并针对具体情况采取灵活的对策，引导学生积极参与活动。

2.跨文化交际教学活动的方式

跨文化交际能力的培养是一个长期的过程。事实上，跨文化交际能力培养在很大程度上是通过文化知识教学来提高学生的跨文化交际意识，进而在具体的行为之中内化为跨文化交际能力的。美国语言学家简·加斯顿认为，跨文化交际意识的形成要经历认识期、排斥期、融合期、超越期四个阶段。因此，要注意结合四个阶段的不同发展特点设计跨文化交际教学活动。同时，应该努力引导学生去发现不同文化存在的差异。理想的跨文化交际者，应该以做科学报告的态度，对所见现象进行描述。因此，教师在跨文化教学活动中应多设计一些描述跨文化交际现象的活动，以提高学生对跨文化现象的敏感性和交际能力。具体案例如下。

（1）地域文化介绍活动。

活动描述：将学生分为四组，分别代表英国、美国、澳大利亚和加拿大，并假设这四个国家是学生的家乡，要求学生对家乡的文化特色进行简要的介绍。

活动目的：使学生通过角色扮演，了解四国文化的异同，并意识到这四个以英语为母语的国家在很多方面存在着差别。

活动过程：一是将学生分为四组，分别代表英国、美国、澳大利亚和加拿大，并将有关四国文化的资料分发给各组进行学习；二是各组选派一名代表对所代表的文化进行介绍，介绍时间是 15 分钟，提问时间是 5 分钟；三是总结四个国家在语言、文化、风俗等方面的异同，教师可以在黑板上进行列表，相同点和不同点各一列，并让学生以接力的形式进行填写；四是教师对学生的总结进行点评。

（2）短文仿写练习活动。

活动描写：让学生改写一篇以美国文化为背景的短文，要求在保持主题一致的前提下，以本民族的文化为叙事和观察视角。

活动目的：让学生通过比较原文和改写文在文化和内容上的不同，了解文化的差异。

活动过程：一是让学生阅读提前选好的例文；二是让学生仿照例文写一篇主题相同的短文；三是让学生对自己的文章进行朗读；四是学生就每篇习作提出两

三个问题，这一环节有助于学生超越表面层次的阅读，加深对彼此文章的理解，教师在这一环节中还可以要求学生找出彼此习作中的异同点；五是对例文和习作进行对比，进而对中国和美国在教育体系方面的异同进行对比，学生在这一环节还可以讨论"你是否接受他们的传统？""你认为适应他们的文化是否困难？"

（3）文化定式活动。

活动描述：通过描述对个人或不同群体的印象，了解文化定式现象，并学习文化定式产生的原因以及优缺点。

活动目的：使学生通过文化定式活动了解文化定式产生的原因，体会文化定式对交际的影响。

活动过程：一是让学生观看不同国籍的人们或事物的照片，并要求学生用形容词说出对照片中人或事物的印象；二是学生共同讨论上述评价的准确性和科学性，引导学生明白不顾个体差异的整体评价是一种文化定式的表现，并列举其他的文化定式现象，在这一环节中，要特别注意本班学生构成的地域差别，以避免引起冲突的定式表达，并及时对敌对的情绪进行调节；三是对不同地区和群体的文化定式展开讨论，可以讨论"你如何看待别人对你家乡文化的定式性评价""你认为存在文化定式的原因是什么""我们应如何克服或冲破某些消极的文化定式？"等问题，在这一环节中，学生开始体会到被以固定的形象看待是什么样的感觉；一般来讲，他们会对其他同学对自己家乡文化的思维定式觉得好笑或感到惊讶；此时，由于每个人都有可能觉得自己成为所谓的文化定式的"受害者"，因此大家一般都不会对他人的看法产生不快，甚至愤怒。

（4）文化场景短剧活动。

活动描述：几位学生表演一幕情景短剧，其他的学生则欣赏并从文化角度理解和分析短剧中的情景。

活动目的：通过文化场景短剧活动，锻炼学生的观察技能，提高学生分析文化现象的能力。

活动过程：一是几位学生表演一幕情景短剧，其他的学生观看这一短剧的表演；二是短剧表演完毕，讨论"短剧中发生了什么事情？"以及"短剧中体现了哪些文化现象和冲突？"两个问题，在引导学生讨论这两个问题时，最好同步进行，以便让学生了解观察与解释之间的关联性，而且最好引导学生按时间顺序进行讨论，以便学生更好地掌握短剧中所反映的文化现象的脉络；三是引导学生讨论"我们有时候把另一文化中的某些现象视为'奇怪''错误'或者'滑稽可笑'"，从而提出"这是为什么？这样做会产生怎样的后果？"等话题。

跨文化交际教学活动的有效实施有助于增强学生的跨文化交际意识，提高学生的跨文化交际能力。在跨文化交际活动的实施中，教师要注意以下几个方面。一是在进行跨文化交际活动之前，教师要让学生对参与跨文化交际活动有助于提高学习效果的重要性有所了解，并和学生就具体的学习策略进行讨论。二是教师要为学生制定参与跨文化交际教学活动的基本规则。跨文化交际教学活动本身具有参与性和民主性的特点，因此，规则的制定也要尽可能地体现民主。通常情况下，学生会对通过集体讨论而确定的规则表示赞同和认可。三是在每次正式开始具体的跨文化交际教学活动之前，教师要引导学生明确这一活动的主题。为时刻提醒学生围绕主题进行讨论，教师可以将主题写在黑板的显要位置上。另外，教师如发现某些参与者有离题的现象，应立即予以提醒和纠正。四是在跨文化交际教学活动的实施过程中，教师要不时地对进行的情况进行检查。在检查进行情况时，教师可以参考所制定的基本规则，看看学生是否遵守了这些规则，或者这些规则中是否存在与某一具体的跨文化交际教学活动不相适应并需要进行调整的地方。另外，这种经常性的检查和评估对教师及时发现活动参与者在互动的过程中容易出现的问题也十分有帮助。

二、跨文化培训

跨文化培训目前主要作为企业人力资源培训的一部分，一般是指国际企业为帮助其员工认识和接受文化差异、积极利用文化差异、有效处理跨文化语境中出现的问题、提高员工跨文化交际能力而进行的培训。跨文化培训也可以作为高校大学生"跨文化交际"课程的一部分，或成为一门独立的课程，比如通过集中授课的形式来进行。如果是后一种形式，建议邀请有丰富跨文化职业经验的专家来主持跨文化培训，作为对传统教学形式的有益补充。跨文化培训可以加强外语专业学生的跨文化敏觉力，增强其在跨文化语境中的适应能力和反应能力，促进其与来自不同文化背景的成员之间跨文化理解和交际能力的提高。

文化为语言学习提供真实而丰富的语境，使语言学习与真实的人和事物联系起来，可以刺激学习者的外语学习积极性，增强其学习动机，提高教学效果。如果只通过媒体等渠道了解目的语文化，只是间接的文化学习，学习者很难获得跨文化交际的亲身体验，很难在情感和行为层面达到跨文化交际能力的要求，鉴于此，在外语教学中进行跨文化培训具有重要意义，因为它既可以促进语言学习，又可以提高跨文化交际能力，从而充分发挥外语教学的潜力。

（一）跨文化培训的形式

跨文化培训的形式主要包括讲解式（又称教诲式，如演讲、报告）与体验式

（如角色扮演、案例模拟等），这两种形式可以涉及某一特定文化内容（比如涉及某一特定的目的语文化），也可以涉及普遍文化内容（即具有普遍意义的内容），据此，跨文化培训的主要形式及涉及的内容主要包括四种，见表5-1。

表5-1　跨文化培训的主要形式及涉及的内容

方法 内容	讲解式	体验式
特定文化内容	特定文化讲解式 优点：针对性强，直接介绍目的语文化，教学信息量大，便于备课。 缺点：缺少跨文化场景体验；不利于学生跨文化情感和行为能力的提高	特定文化体验式 优点：有针对性，趣味性强，以学生为中心，有利于提高学生的跨文化敏觉力、情感能力和行为能力。 缺点：有可能会使教学内容缺乏结构性框架和系统性
普遍文化内容	普遍文化讲解式 优点：在不同文化中的普遍实用性强，有利于学生的跨文化交际理论和方法学方面的学习。 缺点：学习内容较抽象，不利于学生跨文化情感和行为能力的提高	普遍文化体验式 优点：以学生为中心，有利于总体提高学生的跨文化敏觉力、情感能力和行为能力。 缺点：缺乏对目的语文化的针对性，会使教学内容缺乏结构性框架和系统性

　　通过跨文化培训，学生的跨文化交际能力在认知、情感和行为能力三个层面都得到提高。总体来说，讲解式更注重认知层面，而体验式更注重情感和行为能力方面的训练。对这两种形式应当综合应用。

　　欧美国家在跨文化培训方面已经积累了很多经验，可以供我国高校跨文化外语教学学习借鉴。但是欧美通行的跨文化培训模式与方法存在着一些问题，比如欧美通行的跨文化培训的指导思想集中在克服文化差异、避免文化冲突等方面，过分强调文化之间的差异和冲突。在跨文化培训中，看到文化差异固然重要，但一味强调差异，则可能使文化冲突成为一种负面的心理暗示，这样非但不能促进跨文化交际能力的提高，反而可能适得其反。此外，在很多欧美跨文化培训课程中，过多地以片面分析的方式看待文化，主要研究跨文化交际的场境，忽略了比场景更为重要的人的个性发展，常常只看到某一文化的某些方面，"见树而不见林"，缺乏对文化的整体把握。同时这种"整体性"的缺乏也表现在，强调跨文化交际能力的各个分能力的培养，忽视参与跨文化培训的学习者的"跨文化人格"的培养。

本书认为，我们一方面可以借鉴欧美跨文化培训的经验，另一方面不能盲目照搬西方的培训模式与方法，而是应当追求跨文化培训的本土化，探讨符合多元化大环境的、建立在中国文化精髓基础上的、适合中国国情的跨文化培训模式与方法。

在跨文化培训时还要充分重视跨文化互动，引导学生注意到在跨文化交际过程中，跨文化的对象也在调整自己，在进行跨文化适应，还要判断跨文化交际的对象的跨文化交际能力，并在跨文化交际的过程中不断检查、核实、确认、不断省思以下问题：与我进行跨文化交际的对象的背景是什么？是否有跨文化经验？他对自己的文化与异文化的基本态度？我如何与他建立信任关系？他对我的印象和反应是什么……通过这样的省思和分析来加强对跨文化互动的敏觉力，同时有效地调整自己的跨文化行为。

（二）跨文化培训的内容

1. 非言语交际培训

跨文化交际中很大一部分信息来源于非言语交际。而非言语交际远不如言语交际那样有章可循，需要在综合分析个人、语境和文化因素的基础上做出判断和诠释。因此，除了外语课堂教学之外，还应当在跨文化培训中对外语专业学生就非言语交际进行专门的培训。

在非言语交际培训中，教师应帮助学生了解在目的语文化中的一些典型的非言语交际行为及其主要含义，包括手势体语（如基本礼节动作）、体触、面部表情、副语言因素（言语伴随因素）、外表服饰等，培养学生对非言语交际的敏感性和应用能力。

为了加强跨文化非言语交际培训的效果，教师可以采取极端体验的方式，即通过对某些非言语交际行为以夸张和放大的方式来训练学生的敏感性，如沉默过长、插话过于频繁、语速过快或过慢、身体距离过远或过近、陌异手势、目视过多或过少、怪异服装等，可以请一部分学生通过角色扮演来表演这些极端的非言语交际行为，其他学生则专注于体验、观察且把感受记录下来，之后组织学生进行交流和讨论。

2. 跨文化情感能力培训

跨文化情感能力是跨文化交际能力的重要组成部分，不具备跨文化交际的情感能力，就无法实现跨文化交际。学生只有形成对中国和外国文化科学的情感意识，客观地认识到中国和外国文化的各自特色，才能有效地避免文化障碍和文化冲突，真正实现跨文化沟通和交流，成为国家需要的具有跨文化交际能力和意识的国际化人才。

（1）学生外国文化情感能力培训。

①增强学生对外国文化的包容性和认同感。

文化是人们的行为指南，人们倾向于用自己本民族的价值观、社会规范和行为模式衡量他人的行为。布里斯林（Brislin）在《跨文化交际中的偏见》一书中指出了跨文化交际中存在的偏见。因此，大学外语教师应当积极引导学生，消除偏见，避免形成刻板印象，增强他们对外国文化的包容性和认同感。首先，在大学外语教学中，教师可以指出外国文化产生的历史渊源以及社会政治经济方面的原因，让学生更深层次地了解这种文化形成和发展的必然性，形成每种文化都有其合理性和存在价值的情感意识；其次，让学生了解本国文化的特点及其优缺点，帮助他们克服民族中心主义的狭隘倾向，克服对外国文化的否定和排斥，教师应当从"求同存异"的科学观点出发，教育学生要科学地看待事物，指导他们赞赏和尊重文化的多元共存；最后，教师应当培养学生的文化移情能力，教育学生与不同国家的人们进行交际时应尽量站在对方立场，替对方着想，不将自身意见强加给对方，例如，在讲授《新编大学英语》第二册第6单元"Food and Culture"时，教师可以进一步深入讲解外国饮食文化形成的历史、经济和宗教信仰等方面的原因，让学生了解其必然性，形成对外国文化正确的态度和包容。

②引导学生克服跨文化交际中的情感困难。

学生在进行跨文化交际时，可能会有"文化冲击感""文化休克"和"文化疏离感"等情感体验，还会产生不确定性、焦虑和紧张等负面情绪。这些情感困难容易让学生在跨文化交际中望而却步，形成负面的交际情感和态度。在大学外语教学中，可以用"认知"到"体验"的阶段模式进行操作。首先，教师应当给学生描述和讲解在跨文化交际中可能出现的情感困难，使学生做好充分的心理准备；其次，教师可以采用角色扮演或通过交际场景模拟让学生得到跨文化交际体验；最后，教师还要鼓励学生多与外国留学生进行交流、参加国际性的竞赛和会议，培养他们敢于冒险和容忍不确定情境的个性特质。这样，学生就能逐渐克服在跨文化交际中的情感困难，形成乐于进行跨文化交际的积极态度。

（2）大学生中国文化情感能力的培养。

中国文化情感能力是跨文化交际情感能力中必不可少的组成部分；同时，它也是国际化人才必须具备的情感能力，因为国际化人才应以民族复兴与祖国振兴为远大志向。在国际交往中，他们肩负着弘扬和传播中国文化的使命，承担着更好地向世界说明中国、展示中国的任务，同时还要具备防止地域文化和文化殖民主义入侵的意识。因此，在跨文化交际能力培养中，教师必须对学生进行中国文化情感能力的培养，这主要包含以下三方面的内容。

①树立中国文化与外国文化地位平等的意识。

在大学外语教学中，学习外国文化并非意味着唯外国文化是从。然而，在目前的大学外语教材和教学中，多数涉及外国文化的内容，缺乏对中国文化的讲述，这样容易使学生形成外国文化更重要、更先进的心理暗示，形成"中国文化处于劣势地位"的看法。因此，应当从教材内容和教学内容两方面增加中国文化的内容。一方面，在原有教材的基础上，教师应当选择外文版或双语对照版的中国文化读本；另一方面，教师应当杜绝大学外语课堂以外语文化教学为核心的情况。比如，在《新编大学英语》的第一册第9单元 "Holidays and Special Days" 中，教师给学生讲授西方传统节日的同时，也应引入对中国相应的传统节日的讲解，如端午节、七夕节和重阳节等，使学生意识到中国文化与外国文化同等重要，树立起中国文化与外国文化地位平等的意识。

②引导学生积极评价中国文化。

教师应当向学生积极展示中国的优秀传统文化，对大学生进行中国优秀传统文化教育，帮助他们正确认识中国文化，引导学生对其进行积极评价，增强他们的民族自豪感。由此，在跨文化交际中，学生才能正确传播中国文化。另外，在培养对外国文化的移情能力的过程中，教师不仅要让大学生了解外国文化的优点，也要让他们知道外国文化中存在的不足，要引导学生维持自身的文化认同，避免对外国文化过度适应、盲目崇拜和一味跟从。例如，在《新编大学英语》第三册第3单元 "Social Problems" 的教学中，可以增加英语专业教材《English Book 5》中第4课的 "Who Saw Murder Didn't Call the Police" 的阅读，让学生了解和讨论外国存在的社会问题，对本国和外国文化形成正确和科学的评价。

③培养学生弘扬和传播中国文化的使命感。

在国际交往中，一个国家或民族可以通过传达自己的文化来扩大自己的文化影响，进而提升自己的软实力，提高国际影响力，提升国际地位。而大学生是国际化人才的主要来源，也是将来参与国际交往和竞争的主要力量，他们担负着这一历史重任。因此，在大学外语教学过程中，教师应当在课堂上向学生展示和讨论现在存在的"文化危机"现象，让学生意识到问题的严重性，增强他们的文化危机感和紧迫感。比如，在《新视野大学英语》第三册第 9 单元"Here are the seasons to be jolly"中，教师可以向学生提出目前许多中国学生喜欢过西方节日这一现象，并采用课堂讨论法，让学生意识到"文化危机"的问题。同时，让学生意识到他们所承担的历史使命，培养他们弘扬和传播中国文化的使命感，促使学生乐于用外语对外介绍和宣传中国的优秀文化，从而真正成为能够扩大中国的国际声望和影响力的国际化人才。

第六章　文化"走出去"背景下大学生跨文化交际能力的培养

第一节　大学生跨文化交际能力培养的目的

　　跨文化交际能力的培养分为三个层面。第一个层面是在接触和了解他国语言和文化时，不断加强交际者的语言功夫，丰富其文化积累，克服交际过程中易出现的两大障碍，培养交际者的文化敏感性，以提高跨文化交际敏觉力。第二个层面强调对语言和文化的深层认知，增强对他国语言以及背后的隐性文化和价值观的理解，如西方文化价值观中的个性自由和独立竞争等，这些方面的理解和感悟有助于交际者在交际中的策略选择，针对对方文化的异质性以及个人特性，做到有的放矢。第三个层面是培养交际者灵活运用所学语言、文化知识应对和处理跨文化交际中出现的各种交集情景以及突发事件等，这是跨文化交际能力培养的最高层面和最终目标。要达到这一目标，必须培养交际者学以致用的能力，引导他们根据过去对外国相关文化的认知积极参与跨文化交际实践，锻炼他们处理文化冲突的灵活性。由此可见，从跨文化敏觉力的培养到对语言和文化的深层认知再到跨文化交际实践行为的训练，这三个层面既有一定的递进关系，又相互融会贯通，相辅相成。

　　文化"走出去"背景下的外语教学以语言应用技能为目标，训练学生的听、说、读、写、译的技能。基于跨文化交际能力培养的外语教学应当更加关注学生整体沟通能力的建构，语言技能作为沟通能力的一个方面包含于宏观的能力和素质之中。语言技能与文化知识的课程、跨文化交际课程，以及选修双语文化类课程的总体教学目的是培养学生的跨文化交际能力。根据跨文化交际能力的构成内容，大学外语课程的教学目标以及课程体系特点，大学生跨文化交际能力培养的目的细化为以下几个方面。

一、培养跨文化敏觉力

关于交际者跨文化敏觉力的培养，首先要做的就是克服两大障碍。因为在跨文化交际的初期总是存在一些交际障碍。主要障碍之一是刻板印象。这些印象和看法可能是正面的，也可能是负面的。尽管大家都知道刻板印象不可取，但要做到完全避免却不容易。刻板印象忽视个体区别，一旦形成便不易改变。它僵化了交际者的头脑，使得交际者不能客观地对待另一种文化，失去交际应有的敏觉力。带有刻板印象的交际者在观察他国文化时只注意与自己的刻板印象相符合的现象，而忽略其他更重要的差异信息。刻板印象妨碍交际者与不同文化背景的人相处，不利于顺利开展跨文化交际。因此，必须尽量克服由于刻板印象带来的负能量。在跨文化相关课程上应尽量避免用带有刻板印象的话语，并提醒学生注意普遍文化概念下的个性差别。因为在跨文化交际中交际者首先面对的是交际个体，然后才是其背后的民族文化，不能因为对整个民族的刻板印象而影响了交际者对具体交际对象的判断和决策。跨文化交际中的障碍之二是民族中心主义，即习惯以自己民族的价值观衡量其他文化，从自己的文化角度出发，以自己的评判标准评价对方交际者。交际者一旦发现与自己的预期不同，就会对对方产生敌对情绪而引起文化冲突。有学者认为，所谓民族中心主义就是按照本族文化的观念和标准去理解和衡量他族文化中的一切，包括人们的行为举止、交际方式、社会习俗、管理模式以及价值观念等。社会中的每个人都无法避开民族中心主义，尽管我们努力克服隐藏在内心深处的民族中心主义，但是，我们都成长在一定的文化环境中，文化早已融化进我们的心灵，指导着我们的行动，造成人们在观察别种文化时会不自觉地以自己的是非标准为依据，对于异质文化事物常会做出有失客观的判断。胡文仲认为，各个国家的地图都是把本国放在中心的。美国人看中国出版的世界地图感到生疏，因为他们习惯看到的是把美国放在中心的地图。我们看美国的世界地图也觉得奇怪，因为突然发现中国在地图的一侧。这都是把自己国家作为中心的最好证明。在历史课上，往往也是这种情形。谈到对世界文明的贡献，一般总是突出自己国家的成就，而对于其他国家的成就则估计不足。这些正是民族中心主义在作祟，要完全摆脱我们在社会化过程中获得的观念和看法是一个长期艰巨的任务，也是培养跨文化交际敏觉力的重要方向。

文化对比教学法是课堂上克服刻板印象和民族中心主义的主要手段，通过对比了解自己和他者各自的特性。文化对比教学法的实施要求交际者摆脱自身文化的约束，避免简单化的定式思维，将自己置于他文化模式中，在理性、平等的立场中感受、领悟和理解另一种文化。当然，对比教学法首先要求教师理解他国文化并选取典型文本解释其中的文化元素，帮助学生更充分地理解文本的语言信息和渗透其中的非语言信息，并与自己本土文化中的相应文化元素进行对照讲解，引导学生在解读过程中有意识地去寻找文化差异。比如教师讲解关于狗的文本材料时，由于狗在中外文化中所代表的意义相差很大，如果不明白这一文化密码，交际中很容易产生误会。教师可以举例子：一个英国人对自己才接触不久的中国朋友说"you are a lucky dog"，中国朋友很可能会认为这位英国人在侮辱他，因为"狗"在汉语里是一种卑微的动物，狗的贬义形象在中国人心中已生根，人们常常用狗来形容不好的事物，如"狼心狗肺"。但是在英国，狗却有很高的地位，英国人认为狗是忠实的朋友。英国人常常用狗来比喻人，如 "Every dog has his day"（凡人皆有得意日）、"You are a lucky dog"（你是一个幸运狗）。这样的教学既形象又生动，还能增强学生的跨文化敏觉力。

交际参与度是跨文化敏感度的最佳指示变量，意味着要想通过跨文化敏感度来提高跨文化交际能力最有效的方法是加强交际参与度，从而对跨文化交际能力产生影响（白雪，2010）。因此，除了课堂上的对比教学法以外，教师还要鼓励学生积极参与具体的跨文化交际训练和实践，并努力为他们创造跨文化交际的机会，这是培养他们克服刻板印象和民族中心主义的最好途径。因为在具体的训练和实践中，他们能真切地感受到文化的多样性和同一文化不同个体的差异，逐渐形成多元文化观和开明的交际态度，从而尽量主动克服因刻板印象和民族中心主义而导致的交际障碍，形成良好的跨文化敏觉力。比如可以设计多个与中国人的思想和性格迥异的文化模式，由不同的人扮演，让他们分别与中国人交往。从这个活动中，受训者会体会到自身文化的某些特点和他国文化的一些特性，从而提高自己的文化敏觉力。在条件允许的情况下，带领学生或鼓励他们多参加各种小型国际会议、国际论坛以及跨文化聚会是一种更为直接的训练和培养他们跨文化敏觉力的高效方式。一位西班牙的女学生，来中国留学以前是空姐，来中国几个月后她说她的几个朋友也准备来中国学习了。在她没来中国学习以前，她和她的朋友们都以为中国还没有通电，没有电话、电视机，甚至住的还是古旧的土房子，更别说电脑这样的高科技了，所以他们觉得来了会非常不方便。这些都是由于刻板印象造成的，阻碍了他们来中国学习和交流的机会，但是由于那位西班牙女学生亲身体验了中国的现代化以及中国文化带来的乐趣，所以改变了她和朋友们对中国的刻板印象。

综上所述，无论是为了克服刻板印象和民族中心主义，还是旨在培养交际者对语言背后文化的解读和参悟以形成较强的跨文化交际敏觉力，都需要课堂上教师有意识地进行文化对比教学和其他形式的文化拓展讲解，更需要尽量给学生创造跨文化交际训练和实践的机会，这样才能让他们树立良好的自信心，能够在具体的交际情境中调适自我，从容地应对交际中出现的各种复杂状况，最后顺利实现交际目标。

二、培养跨文化认知能力

跨文化认知是指交际者对他国具有独特风格和内涵的文化要素及文化特质等方面的认识和了解，其本质就是学习与把握异国文化。文化认知过程随年龄的增长会不断变化。培养跨文化认知能力不但包括培养交际者的跨语言交际能力，还包括培养交际者的跨文化交际能力。语言交际与文化交际是不可分割的，语言交际是文化交际的一部分，它为文化交际服务并反映着文化交际。跨语言功夫和跨文化功夫也是相辅相成的。跨语言功夫除了包括对目的国语言的巧妙选择和熟练运用外，更重要的是对语言背后文化的解读和参悟，也就是在语言教学中渗透文化分析，使学生逐渐深谙他国语言背后与自身语言不同的文化密码，以利于交际语言的选择和交际的顺畅。培养跨文化认知能力首先要加强交际者的语言功夫，在教学中要使语言教学与文化教学齐头并进，在输入语言基础知识的同时，也不忘相关文化知识的输入，从而加强学生对文化差异的熟识、理解和评判，以提高学生对文化差异的敏感性和跨文化意识。语言功夫主要体现在用词、句子陈述与主题选择的适当性上。

在跨文化交际语言能力的培养上，首先应该重视的是词汇层面。词汇是语言的基石，也是很多学生学习语言的难点。每种语言的词汇中都蕴含着丰富的文化信息，是该语言中最活跃的成分，也是文化最精密的汇聚点。词汇本身的新陈代谢映射了相关文化的发展信息。因此，教师在单词讲授的过程中，穿插一些跨文化交际知识，既能培养学生的跨文化交际意识，又能让枯燥的词汇学习变得生动有趣。讲解词汇时将相关的谚语、典故、名句等融入课堂就不失为一种有效的方法。比如在高级班汉语课上讨论"朋友"主题时，可以引入"有难同当，有福同享""患难之中见真情"以及"在家靠父母，出门靠朋友"等中国著名的谚语和名句，也可以顺势讲解《三国演义》中桃园三结义的故事。这些谚语、名句和历史典故反映了中国"义"文化，既能够增加学生对汉语的兴趣，又可以延伸词汇后面的文化知识，同时也能够促进留学生反观自己文化中"朋友"的含义及其与汉语的差异，这样的词汇教学自然会提高学生的跨文化意识。

除了词汇教学以外，句子陈述的跨文化培养也很值得重视，老师在课堂上讲解句子的时候，不但要讲解此种句子的语体风格适合在什么场合下使用，还要分析这种句子适合用在什么身份的交际对象上。句子的语气也是举足轻重的，比如请求语气的句子适合于与长辈说话或者请教别人帮忙时，而命令语气的句子则是用在命令下属或者孩子，如果没有掌握两种句子的区别而把语气用反了，在跨文化交际中很容易引起不必要的文化冲突。

另外，句子通顺与否、语法是否正确等也是教学中需要注意和训练学生的部分。在语法学习过程中，要注意比较外语语法与汉语语法的异同点，不要受汉语思维特点的制约，同时，在学习语法结构时，要强调其文化和交际功能。如"Lovely day, isn't it？"只是英美人发起话题的常见语句，实无疑问，"Would you please turn off the light？"不表问而是表请求。西方人提出的请求常用问句，以示礼貌，但若长辈对晚辈或熟人之间可用祈使句。

最后，谈话中主题选择的适当性同样不容忽视，这也是对语言应用能力的一个综合性考验。在拥有了词汇层面和句子陈述等方面的跨文化交际基本能力后，交际中的谈话主题是否得当、是否符合交际双方共同的交际需求、是否能引起交际双方的共鸣、是否需要继续深入谈下去，这些都需要学习。教师应在教学中通过具体的教学情景的设置、相关教学视频的播放，适时训练、引导和鼓励学生在跨文化对话中对谈话主题进行恰当选择和适时转换。

培养跨文化认知能力除了要培养交际者的跨语言认知能力外，还要培养其跨文化认知能力，即跨文化意识。培养跨文化意识的第一步就是要让交际者从观念上消除偏见和歧视，认识到文化没有优劣之分，以平等的心态对待各个民族的文化和人。培养跨文化意识的第二步就是拓展交际者跨文化知识和眼界，树立多元文化心态和宽容的文化态度。培养跨文化意识可以通过以下途径来实现。一是在语言学习的听说读写各种技能训练中。首先，通过阅读外文资料感悟外国文化，在阅读中，多了解他国的科技、地理、历史和风俗等，熟悉他们的表达方式和风格，消除因文化知识不足而导致的理解障碍。其次，在外语听力中领悟他国文化。听力材料一般都是模拟的真实对话情景，因而听力训练过程就是一个跨文化意识培养的过程。要让学生知道交际中哪些话题应该避免，比如年龄、婚姻、薪水以及家庭住址等私人话题不应该作为话题。再次，在听的基础上要积极发言，主动参与到跨文化交际活动中，以提高自己在跨文化交际中的表达能力。最后，通过写作提升外国文化知识的内化和运用。在写作中，要充分意识到中外文化的差异，让人体会到流畅、地道、连贯的外语文章，从根本上提升跨文化交际的综合能力。二是在外语活动中体验外国文化，主动结交各国朋友。例如，组织外语角、学唱外文歌、看影视材料以及编演外语剧等。在这些活动中，学生身临其境地体验真实的外国文化，了解他们的风俗文化和民族禁忌。同时，教师应帮助学生分析自己文化中哪些方面对自己有利、哪些不利，然后再分析目的语文化，分析其中哪些方面我族容易适应，哪些不易适应且易引起文化冲突，从而有意识地改变自己的行为模式，以利于跨文化交际目标的实现。三是在各种旅行活动中，主动积极地营造跨文化交际的机会。总之，我们对文化差异了解越多，体验越多，越容易对他国文化采取接受和宽容的态度；同时，移情也有利于培养对文化差异的宽容性，我们一旦能从对方的角度考虑问题，就已经具有很强的跨文化意识了。

三、培养跨文化行为能力

其实，无论对跨文化敏觉力的培养，还是对跨文化认知能力的培养，最终都是为了使交际者在跨文化交际中能够进行灵活交际，也即跨文化行为的灵活性，这三者不是彼此截然分开的，而是互相依存的。跨文化敏觉力的培养包含跨文化认知能力和跨文化行为能力，跨文化认知能力的培养中也融入了跨文化行为能力，而跨文化行为能力的培养势必以跨文化敏觉力和认知能力的培养为基础，并且是对这两种能力的一种巩固和融合。

跨文化行为能力即跨文化行为的灵活性，是跨文化交际能力的核心要素。它包括交际者能够根据交际双方的文化背景和个性特点，灵活地调整自己的交际策略和行为，尽量向对方的交际规则靠近（以不违反自己的交际原则为前提），减少差距，营造和谐交际氛围，同时，灵活处理因文化差异而引起的文化冲突，在处理冲突时，交际者要善于运用恰当的语言阐明自己的文化困惑，介绍本族文化行为规范，弄清对方的文化习俗，找出冲突的解决途径，达成共识，完成交际任务。根据陈国明在《跨文化交际学》中所述，跨文化行为能力包括信息传达技巧、自我表露技巧、行为的灵活性、互动管理以及认同维护技巧等五个方面。当学生学习了跨文化行为能力的五个要素之后，教师分阶段、有层次地组织跨文化实践是培养学生跨文化交际行为能力最有效的途径。

（一）跨文化交际角色扮演

首先，角色扮演是教师在条件有限的情况下采取的一种跨文化虚拟实践，角色扮演可以分成两人组角色扮演及多人组角色扮演。两人组角色扮演要求两人分别扮演不同文化国的两个具有一定职业身份（或者学生身份）的交际者，模拟一个实际生活或工作场景，基本设定交际流程主线，留出适度自由发挥的空间，完成一定的交际任务。多人组角色扮演除了在交际者人数上有所增加外，还可以分为两个文化国或多个文化国之间的跨文化交际。多个文化国交际的背景相对复杂些，因此多人组角色扮演应该在两人组角色扮演训练到一定程度的时候开展，学生能阶段性地增强跨文化行为能力。角色扮演的目的，在于让学生经由模拟的过程，面对并尝试解决跨文化交际中可能碰上的问题和障碍，通过信息传递、自我表露、互动管理以及移情等行为的训练，提高跨文化交际行为的技巧，增强跨文化行为能力。这个方法的优点在于把学生从旁观者变成参与者，使他们能够在模拟的跨文化环境里，亲身体验另一种或多种跨文化交际。

（二）跨文化交际互动实践

组织本校留学生和被训中国学生进行实际的跨文化交流，布置一定的交际任务，根据交际任务需求提供交际场所，并提醒中国学生注意跨文化交际能力五个方面的技巧，通过见面、认识、交流过程，老师观察学生在交际中的困惑、问题、冲突以及解决问题时学生表现出的焦虑或随机应变能力。同时教师可以在学生不知晓的情况下把他们的交际行为摄录下来，在课堂上回放，有些交际失误学生会在观看中意识到，有些需要老师点出后给学生讲解，一个学期组织几次这样的交际实习，每次针对不同的重点交际问题进行现场交际，学生的实际交际行为能力自然会得到提升，交际行为更加灵活，交际效能更高。在互动过程中，学生尽量使用描述性、支持性的讯息。描述性的讯息指使用不妄加判断的态度，给对方明确、具体的回馈，支持性的讯息指沟通时同意或支持对方的看法并以点头、注视等动作技巧奖赏对方论点的能力。互动实践的优点是来自异国的交际者比本国角色扮演者能够带来更真实完整的异国文化讯息和行为形态。

中国与世界的跨文化交际日益频繁，除了和本校留学生进行一定的跨文化交际实践外，教师和学校还应该多鼓励学生积极参加国际会议或跨国活动，尽可能提供学生相关方面的信息和机会，以增加学生跨文化交际实践的机会，让学生在实践中去体验和认知文化差异，进一步有效提高自身处理文化差异的灵活性。这些建议的实施必然能促成学生的跨文化交际能力和综合文化素质的实质性提升。

跨文化交际能力的形成有其阶段性、层次性，因此跨文化交际能力的培养也不是一蹴而就的，而是由表及里，由浅入深，不断发展、深化的过程。教师要针对不同层次设计不同的教学方法和侧重点。

第二节　大学生跨文化交际能力培养的内容

跨文化交际与外语教学的关系十分密切，外语教学是一种涉及跨文化交际的教学活动。教师不仅自身需要具备跨文化交际的能力，而且还需要具备培养学习者跨文化交际能力的教学能力。外语教学与跨文化交际学最大的交叉点是培养跨文化交际能力，因为外语教学的目标就是培养语言学习者的跨文化交际能力。而在文化"走出去"战略推行的背景下，外语教学中的文化教学与培养跨文化交际能力的关系显得尤为密切。所以，本书重点探讨的关于大学生跨文化交际能力培养的内容为文化教学的内容。

一、外语教学中的文化概念

（一）大文化与小文化

长期以来，外语教学界最流行的文化概念是"大写 C 字母文化"和"小写 c 字母文化"，也简称为"大文化"和"小文化"。"大文化"包括地理、历史、文学、科学、艺术、政治制度、经济制度、教育制度、家庭制度等。而"小文化"包括风俗习惯、行为举止、思维方式、价值观念等。西方外语教学领域早在 20 世纪 60 年代就使用了"大文化"和"小文化"的概念，并提倡"小文化"应该成为外语教学中文化教学的主要内容。20 世纪 70 年代开始兴起的交际语言教学法更强调了"小文化"与交际能力的密切关系。某跨文化交际学者则认为"大文化"与"小文化"的另一种说法是客观文化和主观文化，并强调了学习主观文化与培养跨文化交际能力的关系。

（二）交际文化与知识文化

张占一等学者在 20 世纪 80 年代提出了"知识文化"和"交际文化"的概念。所谓知识文化，指的是两个文化背景不同的人进行交际时，不直接影响信息准确传递的语言和非语言的文化因素。所谓交际文化是指两个文化背景不同的人进行交际时，直接影响信息准确传递（即引起偏差或误解）的语言和非语言的文化因素。后来吕必松（1992）把交际文化的内涵扩大为隐含在语言系统中，反映一个民族的价值观念、是非标准、社会习俗、心理状态、思维方式等，跟语言理解和语言使用相关的一种特殊的文化因素。这些学者认为在汉语教学中，交际文化的重要性高于知识文化。虽然有的学者认为这种交际文化和知识文化的分类不够严谨，但是交际文化与知识文化的划分突出了语言教学中文化教学的特点和重点。

（三）文化产品、文化习惯、文化观念

这是"美国标准"中提出的文化分类。"美国标准"把外语教学中的文化划分为三部分——文化产品（Products）、文化习惯（Practices）和文化观念（Perspectives），简称为"3P 文化"。这是外语教育中较新的文化概念。

（1）文化产品，包插书籍、工具、食品、法律、音乐、游戏等。

（2）文化习惯，包括节日风俗、服饰习俗、饮食习惯等。

（3）文化观念，包括态度、信仰、价值观等。

文化产品、文化习惯和文化观念之间存在着密切的关系，文化观念体现在文化产品和文化习惯中，文化产品和文化习惯反映了文化观念。外语学习者需要理解这三者之间的关系，其中，理解文化观念是如何体现在文化产品和文化习惯中的是文化学习的核心内容。

二、外语教学中文化教学的内容

"美国标准"中规定美国外语教学中的文化教学内容应该包括"一个社会显性的和隐性的哲学视角、行为习惯和文化产品"，并强调目的语的正式文化和日常文化因素都应该体现在所有层次的外语课程设置中。辛格曼主编的《获得跨文化能力：法语学生的四个阶段》（1996）从培养跨文化交际能力的目标出发，提出了文化教学的七项内容：文化语境中的交际、价值观系统、社会规范、社会制度、地理与环境、历史、文学与艺术。

在外语教学界，学者一直沿用"交际文化"和"知识文化"的划分，有的学者从教学的角度把外语教学中的文化教学分为语言中文化因素的教学和文化知识的教学。为了体现外语教学中文化教学的特点，突出培养跨文化交际能力的目标，我们把外语教学中文化教学的内容分为三类：语言中的文化因素、客观文化、主观文化。

（一）语言中的文化因素

语言中的文化因素分为语构文化、语义文化和语用文化。其中语义文化和语用文化是语言中文化因素教学的重点。因为，不了解词汇的文化内涵会引起跨文化交际中信息传达的错误，不了解语言使用的文化规则会出现交际的障碍。对外语学习者来说，学习外语词汇和语用中的文化因素有利于提高外语交际能力和跨文化交际能力。一般来说，语言中文化因素的教学是在语言技能课堂上进行的，最能体现语言教学与文化教学相结合的特点。语言中文化因素的教学应该包括以下几个方面。

（1）一般词汇的文化内涵和跨文化差异，如"个人主义""隐私""发福""龙""狗"等一般词汇的概念意义在很多语言中都是基本相同的，但是这些词的象征意义、联想意义和感情色彩却有文化的差异，容易引起跨文化交际中的误解。

（2）文化词汇的内涵，如汉语的"华表""端午""孝顺""中庸""四君子""缘分""红包""关系""面子"等词语往往具有特定的文化内涵，在其他语言中找不到能准确对应的词语或概念。这部分词汇是跨文化交际理解方面的难点。

（3）言语行为的实现方式，如问候、感谢、道歉、邀请、称赞、请求、拒绝等。这些内容既是语言功能教学的范畴，也是语用文化教学的内容。所不同的是功能教学关注的是说什么和怎么说的问题，而语用文化教学关注的是为什么这样说的问题。

（4）影响语用的语境因素，如性别、年龄、职业、场合等因素是如何影响语言使用的、亲疏关系与权力距离等文化因素是如何影响汉语中的礼貌表达的。

（5）语言使用规则背后的文化意义或原因。这是语言课堂中的文化教学常常忽视的内容。交际者只有理解了语言使用规则背后的文化原因，才能准确把握语言及文化的特点，避免刻板印象。

（二）客观文化

客观文化一般也是知识文化和"大文化"的内容。这部分的文化内容主要包括地理、历史、文学、艺术、政治制度、经济制度、家庭制度、风俗习惯等。客观文化的特点是明晰且具有系统性，适合在语言教学中采用讲解或提示的方法或者开设专门的文化课程来处理。需要注意的是，客观文化的教学不是仅罗列文化的事实，而是要挖掘文化事实背后的文化意义或观念，这样才能使学生把握这种文化的本质特征和精髓。以中国客观文化的教学为例，应该包括以下这些方面。

（1）地理与环境。包括中国的地理如地形、气候、河流等方面的特点及中国人对自然环境的利用和改造，主要关注中国的自然环境对于中国人生活方式和民族心理的影响以及中国人对待自然的态度和价值观。

（2）人口与民族。包括中国的人口结构和分布、不同地区和不同民族的人们的生活方式的特点、人口政策和民族政策，主要关注不同地区、不同民族生活方式和习俗的异同以及中国的计划生育政策对社会经济发展和家庭生活方式的影响等。

（3）历史。包括中国历史上的重要事件、历史人物和文明成就，主要关注历史及传统对于当代社会和人们观念的影响、人们对待历史及传统的态度、人们对待历史人物的观念和态度。

（4）政治制度。包括中国的政治体制、公民的权利和义务、社会保障制度等，主要关注中国人对于国家的观念、政府运作的方式、社会保障制度中体现出的对公民权利与义务的观念等。

（5）经济制度。包括中国的经济体制及人们的经济活动、职业选择、消费行为等，主要关注改革开放对于中国人生活方式和观念的影响、人们进行经济活动和商业往来的特点以及中国人对待金钱、职业、消费、工作等的观念和做法。

（6）家庭和婚姻。包括中国人的家庭结构、家庭关系、居住条件、择偶标准、婚姻观念等，主要关注中国人家庭成员之间的关系模式以及对于家庭和亲情的观念。

（7）教育制度。包括中国人对于教育的态度和观念、教育的内容和方式、学生学习的方式、师生关系等，主要关注中国的教育方式和观念方面的特点。

（8）传统思想及宗教。包括儒家思想、道家思想、道教、佛教等，主要关注这些传统思想和宗教的核心观念，如仁、礼、孝、中庸、顺应自然、因果报应等对于中国当代人们行为方式和价值观念的影响。

（9）艺术。包括中国的书法、绘画、建筑、戏剧等，主要关注这些艺术形式是如何体现中国人的审美观、自然观及思维方式的。

（10）文学。包括文学名著、文学典故、文学形象、著名作家等，主要关注文学作品和文学典故中反映的中国人的行为方式和价值观念及中国人对待人生、自然、人际关系的态度，特别关注已深入人们日常生活当中的文学形象具有的品格特征和体现的文化内涵。

（11）风俗习惯。包括中国人的饮食、居住、节日、服饰、婚礼、丧礼等方面的风俗习惯，主要关注中国人的风俗习惯所体现的民族心理和价值观念。

（12）休闲生活。包括中国人在日常生活中的体育健身、娱乐游戏、旅游等方面的特点，主要关注这些休闲活动中体现的中国人的生活态度和审美情趣等方面的特点。

（三）主观文化

主观文化一般也是"小文化"的内容，包括价值观、信仰、思维方式、人际关系、社会交往、非语言行为、态度、交际风格等方面。这部分文化内容比较抽象，常常是隐而不见、习而不察的。由于主观文化的内容与跨文化交际能力关系非常密切，所以应该成为第二语言教学中的文化教学的重点内容。主观文化的教学可以在高年级的语言课堂上作为文化话题进行讨论，也可以开设专门的跨文化交际课程。主观文化的教学应该突出与语言交际相结合、与跨文化交际相结合的特点。以中国文化知识的教学为例，主观文化的教学应包括以下这些方面。

（1）世界观。包括中国人对待生命、自然、社会、历史等的观念和态度。比较不同文化的人们在世界观方面的异同。

（2）价值观。指中国人的核心价值观，如集体主义观念、重视家庭的观念、和谐的观念、面子观念、礼尚往来的观念、谦虚的观念等。比较集体主义文化和个人主义文化在价值观方面的异同。

（3）思想和宗教信仰。包括中国的儒家、道家和佛教的内涵、特点及其对中国人信仰和价值观形成的深远影响。比较世界上不同的思想和宗教信仰对文化的不同影响。

（4）思维方式。指中国人思维方式的特点，如综合性思维、形象性思维、直觉性思维，比较中国人的思维方式与其他文化的人们的思维方式的异同。

（5）人际关系。指中国人如何看待和处理家庭关系、朋友关系、人情关系、上下级关系、与陌生人的关系等。比较不同文化中人际关系的特点。

（6）社会交往。指中国人社会交往的礼仪和禁忌等，例如如何寒暄、如何招待客人、如何送礼物、宴会礼仪等。比较不同文化的人们在社会交往习俗方面的异同。

（7）非语言行为。包括中国人在面部表情、眼神交流、身体接触、手势等肢体行为方面的特点和规则，以及中国人在时间观念和空间利用方面的特点。比较中国人在非语言交际行为方面与其他文化的人的异同。

（8）态度。包括中国人对待自己文化和其他文化的态度以及其他文化的人对于中国人和中国文化的看法。比较理解刻板印象、偏见、种族中心主义对于跨文化交际的影响。

（9）交际风格。指中国人交际风格的特点，比如间接的交际风格、含蓄谦虚的风格、使用面子协商策略等。比较高语境文化与低语境文化在交际风格方面的不同特点。

第三节 大学生跨文化交际能力培养的原则

在文化"走出去"战略背景下培养学生的跨文化交际能力的同时，中国文化需要纳入外语教学过程中。外语教学中的文化教学以培养学生的跨文化交际能力为主要目标，以语言中的文化因素、文化产品、文化习惯和文化观念为主要内容，因此，通过文化教学培养大学生跨文化交际能力应该体现以下这些原则。

一、以学生为中心、教师为主导

传统的文化教学大多是以教师为中心的，教师传授文化知识，学生只是被动地接受知识。以培养跨文化交际能力为目标的文化教学应该从以教师为中心转变为以学生为中心，把文化教学从教文化变成学文化。

在文化教学中以学生为中心主要体现在两个方面。一是文化学习的内容考虑学生的需要、兴趣和知识背景。因此在开学时，教师要对学生做需求调查，调查他们喜欢的文化话题和教学活动是什么，他们对于文化教学的期待和要求是什么。需求调查也要考虑学生的生活经历和知识背景，在此基础上有针对性地选择文化教学的内容，这样才能激发学生学习文化的内在动机，并增强他们对文化的理解力。二是让学生最大限度地参与到学习过程中，让学生成为文化学习的主体。在学习过程中培养学生的文化理解力和跨文化交际的能力，把教师"讲"文化变成学生"做"文化，如讨论、演讲、案例分析、小组任务、角色扮演、观察与采访等都是适合学生"做"文化的活动。

但是以学生为中心并不意味着教师不起重要作用。只是教师从文化知识传播者的单一角色转变为多种角色。在文化学习的过程中，教师扮演的角色有文化教学的设计者、文化知识的咨询者、探讨文化意义的引导者、文化行为的训练者、文化态度转变的促进者、跨文化交际的中介者等。

二、认知学习与体验学习相结合

传统的文化教学主要采用讲授—阅读—讨论的教学模式，这种以认知为本的文化教学模式有利于增加学生的文化知识，但对于培养学生的跨文化交际能力不能发挥太大作用。因为跨文化交际能力是包括知识、行为和态度的综合能力，所以一些学者都倡导体验型学习或以过程为本的教学模式。这种体验型文化学习模式以科尔布四个环节的学习循环模型为理论基础，即包括文化体验、文化观察、文化概括、文化实践四个环节。一些研究也证明，语言课堂上采用体验型学习模式进行文化教学确实促进了学生文化意识和跨文化意识的提高。自我评估、问卷调查、角色扮演、小组活动、案例分析、跨文化比较与互动等都是体验型文化学习的活动。

有效而成功的跨文化交际培训需要融合认知和体验两种模式。一般来说，认知学习的方法更适合客观文化内容的教学，而体验型学习的方法更适合主观文化和语言中文化因素的学习。但是即使在客观文化的教学中，学生参与讨论和互动也是必要的环节。认知学习与体验学习的比较见表6-1。

表6-1　认知学习与体验学习的比较

认知学习的方法	体验学习的方法
文化作为知识	文化作为行为和意义
教学方式以教师为中心	教学方式以学生为中心
注重文化教学的内容和结果	注重文化教学的过程
以"讲"文化为主	以"做"文化为主
演绎的方法	归纳的方法
增加学生的文化知识	培养学生的能力
讲授—阅读—讨论、文化注释、文化提示等	角色扮演、案例分析、小组活动、实地考察等

三、文化教学与语言教学相结合

外语教学中文化教学的最大特点是文化教学与语言教学密不可分。但是如何达到语言教学和文化教学的有机结合一直是一个难题。传统的语言教学中出现过两种完全相反的倾向：一种情况是语言课堂以讲解语音、词汇、语法知识为主，以训练听说读写的语言技能为中心，忽视文化的教学；另一种情况是在语言技能课堂上讲解很多文化知识，而这些文化知识与所要学的语言结构和功能完全脱离。

语言教学与文化教学相结合可以通过两种途径来实现。第一种途径是把文化因素当作语言教学的内容，比如词汇含义、成语典故、语用规则等既是语言教学的内容，也是文化教学的内容，因此在讲解语言知识的同时需要挖掘语言中包含的文化因素。第二种途径是把文化作为话题来讨论，比如旅游、饮食、家庭、教育、就业等都可以是语言课堂的话题，在学习和讨论这些文化主题的过程中可以训练学生的听说读写能力，培养他们描述文化现象、概括文化特点、评价文化观念、比较文化差异的语言运用能力。

对于如何实现语言教学和文化教学的融合，汤姆林与斯坦普尔斯基在1993年曾提出了"任务为本"的原则，吴中伟、郭鹏（2009）也认为"任务是结构、功能、文化相结合的最好结合点"。因为任务教学法的最大特点是首先关注意义，同时强调意义和语言形式的结合，而文化是最有意义的话题，所以任务型教学可以实现用特定的语言形式来实施文化行为或者探讨文化意义的目的。

四、文化的显性因素与隐性因素相结合

文化教学的内容有些是显性的，如文化产品、文化制度、文化行为等，有些是隐性的，如价值观、思维方式、交际风格等。传统的文化教学往往只关注文化的显性部分，而忽视了文化的隐性因素。事实上，隐性的文化因素如价值观、行为规范等恰恰与跨文化交际能力的关系最为密切。卡什纳与布瑞斯林（1996）就认为跨文化交际中的大部分误解来源于主观文化的层面。另外，文化的显性因素和隐性因素往往是互相联系的。可见的文化产品和习俗反映了隐性的文化观念，而隐性的文化观念体现在可见的文化产品和习俗中。只有了解了一种文化的产品、习俗和观念的相互关系，才能把握这种文化的本质特点。

如果在文化教学中只讲解文化现象，只介绍可见的文化行为和习俗，而缺少对于背后的文化原因的分析，学生很容易形成刻板印象，甚至会产生"这种文化很奇怪"的想法。因此在文化教学中，我们应该把文化产品、文化行为习惯、文化观念的教学结合起来。

五、课堂教学与课外文化实践相结合

学习外语与外国文化最好的途径是沉浸在那种文化环境中"习得"语言和文化。拜拉姆（1989）特别倡导在外语教学中借鉴人类学的"田野工作"（fieldwork），即让学生在目的语文化中进行观察、参与和交流。在中国学习汉语恰好为留学生提供了体验中国文化的有利条件。文化实践主要有以下两方面优点：一是能提供真实的文化体验，让学生切实感受到文化的多样性和动态性，并从文化的内部来理解文化的特征；二是能提供用外语进行实际交往的机会，使文化实践既包括文化学习也包括语言学习，同时培养了学生的文化学习能力和语言交际能力。

但是文化学习如果仅有体验和参与而没有思考和概括，就会流于肤浅、零碎并缺乏系统性。因此课堂外的文化实践还需要与课堂上的学习结合起来，只有这样才完成了体验型学习的四个阶段的循环，才能真正提高跨文化交际的综合能力。

六、文化教学内容与学生的语言水平相适应

在外语教学的文化教学中，学生的语言水平是制约文化学习过程和结果的关键因素之一。为了达到语言教学和文化教学的融合，应该使文化教学的内容和方法与教学对象的语言水平相适应。

拜拉姆（1989）认为，文化教学的内容应遵循从具体到抽象、从简单到复

杂、循环往复、螺旋上升的原则。以留学生学习汉语为例，在汉语学习的初级阶段，学生掌握的表达方式还比较少，听说读写能力都比较低，这时文化教学的内容应该集中在与日常生活紧密相关的方面，如简单的言语行为规则、基本的社交礼仪和习俗等。在中级阶段，随着学生语言水平的提高，可以增加对客观文化知识的学习，如介绍体现中国文化特点的建筑、京剧、书法、历史人物、文学故事等。在高级阶段，应侧重比较抽象的文化观念和态度方面的学习和讨论。需要注意的是，文化是丰富多彩的，即使是同一个文化主题也包含了不同的侧面。因此，在不同的语言阶段，文化的话题或内容可以重复出现，只是随着学生语言水平的提高，要提高文化内容的复杂度。

文化教学的方法也应该与学习者的语言水平相适应。教学活动要从具体简单逐步过渡到复杂多样，语言表达要体现从单句到复句再到成段成篇表达的变化。

（1）初级阶段：使用图片、实物展示、提问、角色扮演等简单易行的方法，让学生用简单的句式和常用词语实施文化行为。

（2）中级阶段：采用文化知识提示、情景模拟、对话分析、文化比较等方法，让学生用比较长的复句来叙述文化现象。

（3）高级阶段：使用案例分析、文学阅读、问卷调查、小组课题调研并演讲展示等方法，让学生用更复杂的成段表达来讨论复杂的文化话题。

七、教学过程中挑战与支持相结合

贝内特（1993）在谈到跨文化交际能力的教学时提出了一个很有启发性的观点，他认为跨文化交际能力的学习应该在学习内容与学习过程之间达到挑战性与支持性的平衡。如果学习内容和学习过程都太有挑战性，学生就会产生抵触心理，学无所获。而如果内容和过程都太简单，学生便会产生无聊的感觉。因此，如果内容复杂而抽象，学习过程和方法就应该相对简单，如果内容相对简单易懂，学习过程或方法就需要具有挑战性，只有达到挑战与支持的平衡才能使学生学到知识并发展技能。

挑战与支持平衡的原则可以指导我们根据教学内容选择恰当的教学活动和方法。价值观、思维方式等主观文化的内容比较抽象，学习的过程或教学方法就应该相对简单，比如可以通过谚语、格言来了解一种文化的价值观。非语言交际行为和社会交往习俗的内容比较具体易懂，那么就应该设计比较复杂且较有挑战性的活动，比如采用角色扮演、情景模拟的方法来学习。

第四节　大学生跨文化交际能力培养的模式

大学生跨文化交际能力的培养是文化"走出去"的要求，也是高校育人的主要任务，构建适合我国高校外语教学的大学生跨文化交际能力培养模式是至关重要的。

一、跨文化交际能力培养的主要模式

跨文化交际能力已经成为当今世界一种重要的不可缺少的能力，关于跨文化交际能力培养的理论研究和实践培训，很多学者从不同角度提出了各自的模式。在此介绍三种主要的模式。

（一）构成三分模式

构成三分模式根据心理学理论，将跨文化交际能力分为认知（cognitive foundations）、情感（personal attitudes）、行为（behavioral competencies）三个层面。认知层面包括目的语文化知识，以及对自身价值观念的意识；情感层面包括对不确定性的容忍度、灵活性、共情能力、悬置判断能力；行为层面包括解决问题的能力、建立关系的能力、在跨文化情境中完成任务的能力。

这类模式为跨文化交际能力的定位提供了一个总体的心理学理论维度框架，令跨文化交际能力培养的研究有了更加明确的方向。

（二）行为中心模式

行为中心模式以跨文化交际能力培养实践为中心，它的关注焦点是交际行为或外部结果，亦可称为"有效性"或"功效"（effectiveness）。功效一般包括跨文化情境中的个人适应、人际互动、任务完成情况。其中任务完成最重要，良好的个人适应和人际互动，能帮助人们在跨文化情境中有效地完成工作任务。

这种培养模式在中外企业员工培训中被广泛应用。例如，中国某个企业需要派遣职员去美国当地一家公司交涉合作事项，那么该企业则须对所要派遣的人员进行美国商业协商、宴会等正式场合礼仪等的培训，使其具备相应的商业交涉能力，并能在与对方企业的交涉中表现出得当的言行举止，以保证商业合作的成功。

由于行为中心模式是以具体行为目标为基础的，它可以在短期内获得显著的成效，故而特别适合于那些需要派遣人员去其他文化环境工作的机构对出国人员进行短期培训。但是，在一般的教育情境中，学生所要学习的目的语文化和行为目标都不明确，也就是说，其今后所要从事的工作及需要进行交流的对象都是不得而知的，因此难以进行有针对性的文化培训，同样地，也不能制定出有效的检测内容和方式。

（三）知识中心模式

这类模式也是以培养实践能力为关注中心的，在学校情境中较受欢迎，目前在我国的外语教育中占主导地位。在教学实践中，这种模式强调文化知识的传授和测试。

知识中心模式集中于认知层面，它在课程设置、课堂教学和测试等各个教学环节中都易于操作，因此受到许多教师的欢迎。例如，在学校中可以专门设置如亚洲艺术欣赏、欧洲历史文化等课程，以纯粹的知识传授为目的，从而使学生对此类文化有所认知。

不过，虽然该模式较易实施，但单纯的知识灌输往往枯燥乏味，难以激发学生的学习兴趣，也不利于学生将其应用于实际的情境中。同时，文化具有极其明显的多元性，即使是单一国家的文化的某一方面，也是值得学者终其一生去研究的，故而只依靠课堂教学或书本学习等知识灌输，是不足以使学生真正掌握某一种文化的。比如，许多国家的餐桌礼仪都可以看作一门博大精深的学问，其中所牵扯到的社会人文因素亦是不计其数，但若是作为一门课程来教授，由于课时的限制、内容覆盖广度、学生理解力的差异等因素的制约，授课内容只能略涉皮毛，难以深入。另外，文化亦是不断发展的，而过于依赖教材和课堂等单一教学方式的知识中心模式，就不免会落后于时代的脚步。

总之，跨文化交际能力的培养在当今的时代背景下已成为日益重要的课题，而现有的几种跨文化交际能力培养模式皆各有利弊，因此在真正的教学实践中，我们应注意选择合适的模式。同时，由于现有的模式无法满足时代的需要，我们也应该着力于开创新的、更完善的跨文化交际能力培养模式。

二、翻转课堂模式的运用

在新媒体背景下，教育信息化，翻转课堂式教学发展迅速，被比尔·盖茨誉为"预见了教育的未来"的教学模式。翻转课堂教学可以培养学生自主学习的意识，使其自行获取文化知识信息，并在课堂上为学生提供交流机会以及模拟互动环境，确保跨文化交际课程的有效实施。

（一）翻转课堂的内涵和特征

1.翻转课堂的内涵

翻转课堂（Flipped Classroom），颠覆了传统的"老师上课，学生听课"的"先教后学"的教学模式，实现了真正的"先学后教"。它通过学生课前利用网络学习新的教学内容并做练习，课上与教师进行互动、接受教师个性化的指导，实现知识的内化和吸收。翻转课堂就是将传统教学模式中课上讲授知识、课后内化知识的过程反转过来，形成课前接受知识、课上内化知识的新型教学模式。

在翻转课堂教学模式中，学生可借助微课、慕课、自主学习平台等资源在课前完成学习内容的获取，而且不同语言程度的学生可以根据自身的语言水平和学习习惯来自主选择适合自身的个性化学习方式。其实质就是教学流程变革所带来的知识传授的提前和知识内化的优化。

2.翻转课堂的特征

第一，师生角色转变促使"在做中学"。翻转课堂突破了传统"先教后学"的填鸭式教学方式，将学习的主动权从教师转给学生，实现了"以学生为中心"的教学理念转变。教师不再是课堂的中心，其角色从知识的传授者转变为课堂活动的组织者、指导者，而学生的角色也从原来知识的"被动接受者"转变成知识的"主动探索者"。学生在课前在线学习完成教学内容的基础上，带着问题在课堂上与教师互动寻求答案，学生是在做中学，边做边学、自然而然地掌握语言，这符合语言学习的规律。

第二，互动时间的增加和范围的扩大降低了学生的焦虑感。翻转课堂教学模式下的师生互动是贯穿始终的。学生在课前在线学习过程中需要教师的监督和指导，课堂上学生与老师共同完成课堂教学活动和教学任务，课后教师根据学生的表现给予评价。尤其是在课堂上，由于学生已经在课前掌握了基本的教学内容，因此有足够的时间供老师与学生互动。学生的"有备而来"和与教师的高频互动能够在很大程度上减轻学习者的焦虑感，培养学生的自主意识，这为培养学生的跨文化意识和跨文化交际能力奠定了基础。

第三，学生学习效果的增强。翻转课堂教学模式下，学生在课前按照教师的要求和布置通过网络在线学习相关微课、慕课或教师自制的教学视频、音频等材料，完成了课堂教学前的知识获取，为课堂上对问题的探索奠定了基础，因此在课堂上通过与教师互动的方式在解决教学问题的过程中便可以顺利实现知识的内化。翻转课堂模式下提前的知识获取和优化的知识内化大大增强了学生的学习效果。

（二）大学外语教学实施翻转课堂模式的必要性与可行性

翻转课堂创设了学生自主学习的环境，采用在线学习和个别指导相结合的混合模式，学生在上课前完成对教学视频等学习资源的观看和学习，师生在课堂上一起完成作业答疑、协作探究和互动交流等活动。这种教学模式的特征呼应高校外语教学中逐渐普及的自主学习方式，为改革带来崭新的启示。高校外语教学在跨文化教育中处于前沿阵地，这一新兴模式可以助力实现有效的跨文化外语教学，满足新时期对国际化人才的需求。

1.大学外语教学应用翻转课堂模式的必要性

培养自主学习能力是进行跨文化外语教学的前提，外语交际能力和跨文化交际能力的提高在很大程度上要依靠学生的主观认识和亲身体验，自主学习能力是跨文化教育中学习活动、实践体验、探索深化等环节顺利完成的重要保证。在新媒体技术的支持下，翻转课堂将传统的知识传递过程放在课下，学生在教师提供的资料的辅助下，不分水平层次，可以倒退快进地自主安排知识的学习、问题的解决、任务的完成，其主体地位得以体现，推动自主学习能力的发展。同时，在这一个性化的学习过程中，学生可以从容做足参与跨文化外语的课堂准备。在心理上，减少了传统课堂上因为基础差异等因素而形成的自卑或自负不良情绪；在知识准备上，先排除主题语言和文化认知的障碍，学生在课堂上就能畅通无阻地进行深入的跨文化思考、辩证探讨、交流与合作。学生的主观能动性得到提高，他们就会变得更自信、更主动，更积极地参与到跨文化外语教学的课堂中。

跨文化外语教学中不仅包含语言文学的基础知识，而且涵盖了社会人文素质培养的高级内容。高校大学生经过中小学的英语学习，已经具备基本的语言能力，原则上这一阶段应以人文素养的开发为主。然而，最近在高校的跨文化外语教学调查中，教师普遍认为：由于课时有限，无法更好地开展跨文化英语教学；在时间条件有限的情况下，传统的高校英语课堂里，文化教学还是要为语言教学让步。事实上，人文修养和立体思维能力并不像知识教育一样可以单向讲学，而是需要建立在参与、体验、反思、领悟的基础上。翻转课堂把基础知识传授环节安排在课外，教师在课堂上组织活动、个别化指导、小组协调、答疑解惑，专注于引导学生对知识的吸收内化，通过协作互动做深入探究，在情境创设里加强跨文化交际能力。这一模式的优化有利于优化课堂资源分配，实现跨文化外语课堂的有效教学。跨文化外语教学所测试和评价的内容不仅包括具体的语言知识、语言技能、文化认知，还包括情感交际、文化意识、思辨能力等复杂层面，因此采取的评价和测试方法也应该多元化。而翻转课堂的特点之一就是多维度、多层次地评估学生的学习成果，从课前的网络平台自我测验到课上活动的多向互动和评估、小组合作时的互评，以及教师对学生课上活动表现的评价、对项目成果和任务的评估，都能弥补传统教学考试所未有的测评客观全面性。

2. 翻转课堂模式在大学外语教学中的可行性

传统的教学课堂已经无法满足新形势下对外语教学的要求，信息时代对传统的教学模式提出了挑战。翻转课堂是新媒体冲击下跨文化外语教学的必然趋势，可以满足提高课堂效率的需要。翻转课堂不仅拓宽了教与学的时间和空间，同时丰富了传统的教学内容和教学模式，这就意味着教学效率的大幅提高。现代教育技术的发展为学生自主学习语言和文化资料提供方便的学习资源，也为跨文化外语教学中师生之间、学生之间的协作提供了互动平台和交流工具。高校跨文化外语教学较之中小学外语教学更有条件实现翻转课堂。这是因为大学排课相对于中小学来说不那么密集，大学生具有更充足的课外时间和更灵活的时间安排，允许他们在课外完成预制板块的学习。大学生与中小学生相比，具有更强的自我约束力和行动力，更具备网络学习所需的技术和实际操作能力，有利于他们顺利完成个性化自主学习。而且，跨文化交际教学通过信息化的媒介和手段使学习者能够接触到地道的英语发音、英语表达和英语文化，因此学生可以在真实的英语环境中掌握语言的使用，进而达到提高其跨文化交际能力的目标。随着我国新课程改革的不断发展和信息化教学手段的逐步完善，翻转课堂的理论和实践体系将发挥越来越大的作用。

（三）翻转课堂模式在大学外语教学中的应用

由于翻转课堂教学模式强调课内与课外相结合，主张学生自主学习与课堂展示、讨论相结合，教师需要提前准备充足的教学资源，包括与课程内容有关的微课、慕课资源以及大量相关的网络语言素材（如视频和音频）。跨文化交际课程涵盖的内容，不仅仅局限于语言知识的积累和准确性等方面，而且包括历史、人文、宗教、艺术、节日等诸多方面的内容。许多语言素材可以通过搜索时事新闻、观看原文电影、阅读原文资料等方式获取。为了确保整个教学过程的完整性和有效性，翻转课堂教学模式在跨文化交际教学中的应用主要包括以下几个方面。

1. 课前自主学习内容的选择

第一，内容的跨文化特性。跨文化交际教学不同于一般的语言教学课堂，因此在语言知识积累的基础上，还要涵盖人文、历史、宗教、艺术等文化层面。在内容选择上，除了要选择合适的目的语学习材料，也要注重母语文化材料的选择，因为在跨文化教学课堂上，最终的学习目标是通过文化沟通和文化对比来实现跨文化交际能力的提升。

第二，内容的多样性和层次性。自主学习决不能只拘泥于一种形式，而应借助不同的形式来进行不同层面知识的学习，同时学习内容的多样性有助于调动学生的积极性。除了内容的多样性外，在内容的难度上也要注意层次性。翻转课堂可以突破传统课堂在尊重学生差异上的局限性，在课前自主学习阶段通过准备不同难度的学习材料供不同程度的学生进行学习，这在很大程度上尊重了学生的个体差异，也有助于进行分级教学的开展。学生可根据自身水平和兴趣自主选择不同层次的学习材料，从而保证每位学生在翻转课堂模式下均能找到适合自己的学习材料和方法，为之后课堂教学活动的顺利进行打下基础。

2. 课堂活动的设计

在课前自主学习阶段的信息输入之后，便要进入翻转课堂的主体，即通过形式多样的课堂活动来实现有效的信息输出，并在信息输出的过程中达到知识内化这一终极目标。在学生完成了课前学习的前提下，教师便可将原本"教师讲课、学生听课"的传统课堂反转为在教师指导下的学生展示和交流学习成果的课堂教学模式。教师不再是课堂教学的中心，其身份由知识的传授者转变为知识内化过程中的指导者、解惑者和评价者；学生的身份由被动的知识接受者转变为主动的知识汇报者、交流者和参与者。由此可见，学生已然成为课堂活动的中心，通过访谈、汇报展示、辩论、模仿等方式展示自身语言积累、文化对比的成果，在使用目的语进行学习成果的交流和展示中提升自身的跨文化交际能力。

3. 课外自主学习

教师事先将所有教学内容分解成若干个阶段性、模块性的学习目标，将制作好的短小精悍的不超过10分钟的微课材料上传到网络平台，并指导学生制订出相应的学习计划。学生既可以利用学校的网络自主学习平台，也可以自主在家完成学习任务。在学习内容的选择方面，学生应根据自身的文化背景知识积累情况以及语言水平等进行适当的选择，既要符合自己的实际需要，也要满足吸收新知识的需求，还要达到通过语言和文化知识的吸收和消化，将新知识转化成已知信息，最终在特定情景下与他人交流和分享，并能够使用目标语进行有效交际的目的。

4. 评价体系

翻转课堂模式不同于传统的教学模式，跨文化交际课程也不同于普通的语言知识课程。翻转课堂教学模式需要大量的微课程和慕课等资源以及学生较高的自主学习能力作为支持；跨文化交际课程也不是单纯的语言知识传递，而是在学生完成一定量的文化知识积累之后进行的文化对比和文化交际。

将翻转课堂教学模式融入跨文化交际课程，需要学生自主、自觉地完成文化知识积累，再经过翻转课堂上的展示与交流，将自主的信息输入转化为适当、有效的信息输出。其中，自主学习过程、学习效果、课堂活动参与程度等都需要一套完善的评价体系。

评价体系主要是针对学生的自主学习过程以及学习效果，通过跟踪统计、各种测试手段、成果展示、信息反馈等方式，让教师和学生共同对学生的自主学习具体进展情况有所了解，同时也能逐渐培养学生的自觉性，让学生从适应到养成自行构建学习过程、对整个学习过程负责的好习惯。评价体系还可以让教师实时了解学生在自主学习过程中的问题，为教师以后改进教学设计提供第一手的参考信息。

外语教学的最终目的是培养和提高学习者的跨文化交际能力。在信息化时代下的高校外语教学实践中，应创造性地使用各种信息化技术和手段来培养和提高学生的跨文化交际能力，翻转课堂的产生和应用满足了这一要求。通过对课前网络学习材料的合理选择和课堂活动的精心设计，可以充分调动学生的积极性，大大地提高跨文化教学效果，从而达到提高学生跨文化交际能力这一最终的语言教学目标。

第五节　大学生跨文化交际能力培养的策略

跨文化交际教学是有效培养大学生跨文化交际能力的重要途径，其有效实施离不开行之有效的教学策略的支持。本节将对跨文化交际教学的具体策略进行较详细的介绍。

一、文化参观教学策略

文化参观教学策略就是以学生为主体，以教师为辅导，在课堂时间或者课外时间，以某个文化专题为学习任务，以参加统一观摩活动的方式来实现预期的学习效果的策略。

文化参观一般在非正式的和比较宽松的环境中进行，娱乐性和趣味性较强，能够有效地调动学生主观能动性，使他们能够主动地观察、接触、研究、总结文化知识。

由于学习任务不明确，学生自主选择时间进行的文化参观有可能会变成走过场，学习效果不明显。因此，文化参观教学策略一般不能作为常规的教学策略使用，比较适合作为一种辅助性的教学策略。

在跨文化交际教学中，文化参观教学策略适用于以下两种情况：

（1）教师想要测试学生独立工作、综合分析文化知识的能力时，可以安排学生参加文化展览并完成某一学习任务；

（2）某一文化教学单元结束，学生共同具备了有关专题的文化知识后，可以参观适合该专题的文化展览。

二、文化讲座教学策略

文化讲座教学策略是指以班级为中心以教师为中心，以演讲的方式直接向学生传授有关目的语和目的语使用社团的文化知识策略。

文化讲座使教师在课题顺序、时间掌握等方面具有极大的控制权，因此能够确定在教学完成时学生有可能获得成果。文化讲座对班级的大小没有严格限制，以专题顺序组织的文化讲座有利于充分利用教师资源。

从教师的角度看，文化讲座一般会汇集最新的研究方法和最新的研究成果，以及其本人的学习心得与体会，因此能够提供给学生很多宝贵的信息资源；从学生的角度看，其在听文化讲座的同时，听、写和观察能力也会得到一定的训练和提高。

在跨文化交际教学中，文化讲座教学策略适用于以下几种情况：

（1）教师在讲解一系列可以通过主题来分类归纳的相关文化事实时，可以用系列文化讲座的形式来完成；

（2）学生自学或阅读某些具体的文化资料十分困难时，教师可以通过文化讲座解决学生因理解困难造成的误解；

（3）教师向学生介绍文化新领域的某一可叙述或可描述的知识时，可以通过文化讲座让学生掌握总体概况或基本概念的知识；

（4）当教师具备或拥有特殊的教材时可以进行文化讲座，这些特殊教材已为文化讲座的内容和教学铺平道路，教师在教学中实现教学相长，学生也能从教师的特殊教材中获益；

（5）教师在给学生布置有关文化学习的研究任务或者需要解决某一问题之前，而学生又需要掌握基础知识时，可以通过文化讲座来进行传授。

三、文化欣赏教学策略

文化欣赏教学策略是以班级为单位的教学活动，教师以主持人的身份组织学生根据预定的计划就某一文化事件或某一文化专题，代表个人或小组向全班做汇报式讲演。

进行文化欣赏可以采取不同的形式，可以是纳入教学大纲、按序列专题进行的演讲；也可以是总结性的文化欣赏，即在文化专题学习之后，组织汇报演讲，以陈述为主；还可以是即兴的文化欣赏。

在跨文化交际教学中，使用文化欣赏教学策略有很多的优势：

（1）可以增进教学安排的灵活性和学生自主选择专题的主动性；

（2）可以公平分配学生的表现机会和在课堂上所占的时间；

（3）叮以增进学生之间的彼此交流和互相学习；

（4）教师也叮以从学生的表演中获得新的经验。

在跨文化交际教学中，使用文化欣赏策略时需要注意以下两点：

（1）教师不能事先预知学生的表演内容，同时要具备灵活应对课堂上会出现的问题的能力；

（2）学生要积极配合，同时要具有很强的自主学习能力和很高的积极性。

四、文化表演教学策略

文化表演教学策略是一种比较常见的教学策略，指的是学生根据教师提供的假设的交际场景，扮演不同的角色，在小组内或大班内汇报演出他们的交际行为。一般来说，文化表演适合在小组（2～4人）中进行预演，然后在全班表演。

文化表演的形式主要有以下三种：

（1）依照课本上的对话，做模仿练习，练习对话。这种表演形式比较容易，简短的表演脚本能够为参加表演的学生提供清楚的框架，同时教师也可以允许学生准备提示卡片以减轻他们的心理压力，但学生的交际活动过于公式化和简单化则不利于真正了解目的语文化；

（2）即兴的、简单的、根据教师提供的文化场景临时产生的交际行为。这种表演形式适于新课或完成一个单元教学之后，有利于培养学生即兴表演的能力；

（3）教师结合前两种活动的特点，给出活动场景，要求学生设计更为复杂的交际脚本，这种表演形式适合于在综合复习阶段使用。

在跨文化交际教学中，使用文化表演教学策略有很多的优势，主要表现在以下几方面：

（1）可以为学生提供积极参与的机会，学生的表演活动不是被动接受知识，而是主动参加交际；

（2）可以为学生提供一个没有教师过多干预的、没有威胁的、解决文化冲突的"安全"环境；

（3）有助于学生自尊心与信心的提高；

（4）有助于锻炼学生的人际交往的能力，增强其在公众场合的交际能力。

需要注意的是，课堂教学往往会受到课时的制约，而文化表演一般需要很长时间的准备和演练，因此文化表演教学策略不适宜经常运用。

五、文化讨论教学策略

文化讨论教学策略是指以班级为单位，以教师为组织者，调动学生就某一专题开展有程序的、面对面的讨论，以解答特定课题或解决实际问题。

组织文化讨论的目的不是劝说别人或与人争辩，而是使学生通过交流加深对某个主题的了解。在文化讨论中，教师是讨论的组织者和主持人，学生是主体，因而教师不应占用太多发言时间，只在提示和纠正偏题现象时发言即可。

在跨文化交际教学中，使用文化讨论教学策略有很多的优势：

（1）有利于培养学生的交际能力；

（2）可以为学生提供锻炼语言表达能力的机会；

（3）可以为学生提供倾听别人意见、尊重别人经验和学习成果的机会；

（4）有利于师生建立起平等的关系，学生间的互动性也较强。

在文化讨论中，教师提供的一般都是有争议的、没有定论的论题，因此学生必须从不同的角度对问题进行考虑，进而产生不同的意见、方法和结论。

在跨文化交际教学中，文化讨论教学策略适用于以下几种情况：

（1）教师希望学生能够充分发表自己的主见，并对有关文化事实的不同假设和推断提出质疑和加以讨论时，可以运用文化讨论的形式；

（2）教师认为有必要建立学生的集体信念和合作精神时，可以运用文化讨论的形式；

（3）教师希望学生建立自己获取新知识的信心，并对他们自己的学习建立责任感时，可以运用文化讨论的形式；

（4）教师希望学生了解对同样的文化事实可以用不同的方法分析，或从不同的角度和立场看待会有不同的结论时，可以运用文化讨论的形式；

（5）教师有目的地训练学生的交际能力时，也可以运用文化讨论的形式。

为了保证文化讨论的有效实施，教师还必须做好以下准备工作：

（1）要控制好讨论的方向，避免在讨论过程中出现偏题的现象；

（2）保证内向型学生和外向型学生都能参与到讨论中，并且享有同等的发言机会。

文化讨论要顺利开展，还需要一定的条件，如参加讨论的人要积极开口，乐意与人交谈且乐于倾听别人的发言；参加讨论的人都希望通过集体智慧加深自己对主题的理解；参加讨论的人作为一个集体，至少应当提出两种以上不同意见，积极思考，各抒己见等。

六、文化合作教学策略

文化合作教学策略是一种以任务为本的教学策略，指的是学生在小组中以合作的方式来完成某项文化活动。在跨文化交际教学中，使用文化合作教学策略有很多的优势：

（1）有利于学生独立思考能力的培养；

（2）有利于学生按照各自的专长与能力分工合作，发挥个人专长，互相学习；

（3）有利于强化学生对自己学习的责任感和对同学学习进展的关心；

（4）有利于学生及时听到别人的评论和反馈。

在跨文化交际教学中，使用文化合作教学策略时要注意以下几点：

（1）采取这一教学策略要符合教学目的，有适合的教学时机，不能为了使用策略而使用策略；

（2）教师应该在活动前提供示范，解释清楚活动目的、程序和预期结果，使小组成员了解自己要进行的活动；

（3）教师要根据学习任务准备和分发必要的讲义，列出学习指导纲要和活动的要求；

（4）教师应当采用适当的公平的评估方法来检测学生的学习成果，测验的手段和评分的标准必须要能够反映出小组合作的成就和小组成员的个人贡献。

七、文化研究教学策略

文化研究教学策略是一种以研究和调查形式为主的教学策略，有利于调动学生的积极性，帮助学生深刻理解语言和文化的关系。学生做研究的过程中会意识到过去所学知识的重要性，同时也有利于学生听、说、读、写四项语言技能的全面发展。在进行文化研究时，教师要鼓励学生完成这项极具挑战性的学习任务，并适时给予学生有力的指导。

在跨文化交际教学中，文化研究教学策略适用于以下几种情况：

（1）教师期望学生有效地利用课外时间巩固加强其学习语言文化的成果、激励其学习积极性时，可以运用文化研究的形式；

（2）学生学习的文化课题有相当的深度和难度，仅靠以教师为中心的文化讲座无法达到预期目标，采用其他的策略也受到一定程度的限制时，可以运用文化研究的形式；

（3）教师期望学生不仅在跨文化交际技巧方面有所提高，而且在研究技巧、研究方法、互相合作和探索精神等综合能力也有所提高时，可以运用文化研究的形式；

（4）学生在学习过程中对某一问题产生了强烈兴趣并对此产生了截然不同的假设和论点，为了澄清学生的观点，让大家全面了解这一问题时，可以运用文化研究的形式。

在跨文化交际教学中，文化研究教学策略的实施包括以下六个步骤：

（1）文化研究课题的提出；

（2）回答确定的研究问题所需的信息和资料的选取；

（3）搜集文化信息与资料的方法的确定；

（4）原始资料的整理、归纳，以便分析解释；

（5）归类信息与资料的分析，从中找出答案；

（6）回答研究问题的答案的总结、分析和确定。

八、文化会话教学策略

文化会话教学策略就是以小组为单位、以学生为主体、以教师为辅导、以围绕语言功能而展开的口头交际活动为主要形式的课堂教学策略。

在跨文化交际教学中，使用文化会话教学策略有很多的优势：

（1）可以使小组成员有较多的机会参与教师设计好的学习任务，避免大班教学中学生说话机会较少的现象；

（2）可以提高学生参加讨论和交际的积极性，提高学习的兴趣，增进学习的效果；

（3）可以为每个成员提供体会不同社会角色的机会，训练学生的交际能力。

在使用文化会话教学策略时，一些习惯了填鸭式教学方式的学生可能会感觉难以适应，且这一策略要求教师能较好地把握对课堂的控制尺度，既不能失去对学生活动的控制，也不能过多地干预学生活动。

文化会话的开展受很多因素的影响，具体来说有以下几个：

（1）教师是否建构了合适的学习环境，如教室桌椅的安排、交际情景等；

（2）教师是否准备了完整的指导纲要，如会话的程序、有多少句式需要练习等；

（3）学生是否明确学习的目标，如会话主题、功能等；

（4）学生是否做了充分的准备，如课前阅读、听录音等；

（5）学生是否全心全意地投入交际；

（6）教师在得到学生的反馈后，是积极采取措施，还是置若罔闻、听之任之；

（7）教师是否经常干预学生，是纠正偏题还是指明方向等；

（8）师生是否达成了默契，是否建立了良好的互动关系，是否按时按计划地达到了目的。

为了保证文化会话的有效实施，教师还必须做好以下准备工作：

（1）在分配小组时，要充分考虑学生的个性、能力、性格等因素，努力建立一个互相尊重、乐于助人的集体，并选择一个合格的组长；

（2）在小组活动开始之前，教师要简要明确地交代活动的目标和要求，活动进行时要适时监控各个小组的活动情况，并准备好冷场时的应急措施；

（3）在小组的文化会话活动结束之前，教师要注意做全班性的总结，并鼓励、评价学生的活动。

九、角色扮演教学策略

角色扮演教学策略是一种重要且常用的教学策略，通常是由两名或两名以上的学生参加，为了完成特定的目标分别扮演不同的角色，然后在教师及其他学生面前表演出来。未参加角色扮演的学生的任务是做观众，观察并发现学习目标规定的某些问题。

角色扮演的主题有很多，可以是与来自其他文化的人第一次见面、在某一个你不熟悉的文化场景中拒绝别人、进行国际谈判等。角色扮演的脚本应该清楚简洁，具有趣味性和戏剧的张力，而且结局应该是开放式的，采用日常生活、工作或社交场景中使用的语言。角色扮演的准备时间通常很长，有时可以达 1 小时，而真正表演的时间一般只有 5 ~ 7 分钟。

在跨文化交际教学中，使用角色扮演教学策略有很多的优势：

（1）有助于提高学习者的学习兴趣；

（2）有助于教师通过参与表演的小组，对有效和无效行为进行更多的控制；

（3）有助于参与的学生在人际交往的场景中清楚地了解相关技能，以及有效的和无效的行为所产生的影响；

（4）有助于参与者感受另一个角色；

（5）有助于参与表演的学生在真实的场景中尝试使用和巩固新技能。

在跨文化交际教学中，角色扮演教学策略的实施包括以下九个步骤：

（1）教师向学生说明角色扮演的目的，并鼓励他们尝试新的活动；

（2）教师向学生描述角色扮演发生的情景；

（3）确定参与表演的学生，可以由教师指定，也可以是学生自愿参加，给每个参与表演的学生提供所需的背景知识和足够的准备时间；

（4）教师对参与表演的学生的准备工作进行指导；

（5）教师给观看角色扮演的学生分配学习任务；

（6）教师将表演的场地布置好；

（7）开始表演后要做笔记，记录下表演者所说的要点，以便之后进行讨论；

（8）表演结束后，教师让观看表演的学生进行思考，在相似的情景中，有没有其他解决问题的方法；

（9）教师请学生回答一系列的问题，以便使学生能够描述角色扮演中呈现的问题，并给学生思考其他策略的机会。

十、关键事件分析教学策略

在跨文化交际教学中，教师可以重点关注文化的关键差异，即使用关键事件分析教学策略。

关键事件指的是在某一情景中出现的，由于交际双方的文化差异所导致的误解、问题或者冲突。关键事件只是对发生的事情进行描述，并提供交际各方的感受和反应，但并不对在此情景中的交际各方的文化差异进行解释，而是让学习者通过认真观察和思考，自己去发现文化的差异。

关键事件分析教学策略可以使学生经历各种各样的，在与另一文化的人们交际时或是在适应另一文化中可能遇到的困难、问题和冲突情景。在跨文化交际教学中，关键事件分析教学策略可以有不同的变化，也可以把几个事件组合起来说明一个概念或过程。

在跨文化交际教学中，使用关键事件分析教学策略的目的有很多，具体来说有以下几个：

（1）帮助学生了解不同文化之间以及来自不同文化的人都存在差异；

（2）帮助学生意识到自己对关键事件中人物的行为、态度和反应的理解和解释是特殊的且由母语文化所决定的；

（3）澄清关键事件中可能导致误解、问题和冲突发生的文化差异，并澄清关键事件中影响学生和关键事件中人物的不同解释和理解的文化差异；

（4）分享、比较并分析学生的不同理解和解释；

（5）帮助学习者意识到自己该学什么，增强他们继续学习的动机；

（6）帮助学习者了解在相似情景中，什么才是得体而有效的行为；

（7）帮助学生为参加培养解决跨文化冲突能力的角色扮演做好准备。

在跨文化交际教学中，要想有效地使用关键事件分析教学策略，就需要教师设计好关键事件。教师在设计关键事件时，需要注意以下几个问题：

（1）要确定关键事件中的主要角色；

（2）要提供足够的背景知识；

（3）要在必要时暗示关键事件发生的时间和地点；

（4）要简要描述事件发生的顺序；

（5）要描述来自关键事件中的人物所在文化的人会怎样做以及他们的感受、想法和行动；

（6）要在条件合适的情况下，描述一下来自其他文化的人会怎样做。

十一、案例分析教学策略

案例分析教学策略是大学外语教学中经常会使用到的一种教学策略。案例分析通常是一段文字，描述某一个真实的情景并提供足够的细节，以便学生能够分析其中的问题并决定可能解决问题的方法。案例分析可能包含几个事件、几个人物，对事件发生的情景的描述也十分细致，并会留下亟待解决的问题供学生思考。

在跨文化交际教学中，使用案例分析教学策略有很多的优势：

（1）可以反映真实的跨文化交际的场景，并表明它并不像看起来那样简单，而是一个复杂的过程，并鼓励学生对"唯一的途径"或"唯一正确的"等概念提出质疑；

（2）可以说明解决问题的方法是基于不同的文化视角提出的；

（3）可以帮助学生发现并解决那些由于文化差异所导致的问题；

（4）可以帮助学生了解影响跨文化交际中的各个因素的地位；

（5）可以培养学生学习解决问题的不同途径和策略；

（6）可以使学生集思广益、取长补短、扩展知识面，得到更多的收获。

案例分析教学策略在跨文化交际教学中有很多的优势，但并不是所有的案例分析教学都能成功。只有将教师的素质、学生的素质以及所提供案例的质量三个方面有机地结合起来，才能够创造出和谐融洽的学习气氛，并产生良好的学习效果。

在跨文化交际教学中，案例分析教学策略的实施包括以下三个步骤：

（1）教师将案例分析材料分发给每个学生，让他们独立进行思考，或者以小组为单位分发材料，让他们集体协作，并可以要求他们从不同角色的角度分析问题；

（2）将小组活动的任务分配给组内的不同成员，如有的人负责记录小组讨论内容，有的人负责做小组报告；

（3）小组报告之后，教师带领学生进入经验学习阶段，也就是让学生回忆自己的亲身经历，总结自己从案例和小组讨论中得出的结论，并能够应用于实际的跨文化交际场景中。

十二、文化冲突教学策略

文化冲突教学策略是利用外语课堂中发生的文化冲突实施文化语言教学的一种策略。在跨文化交际教学中，来自不同文化背景的学生之间会因为文化价值观的差异而造成文化冲突。文化冲突教学策略反映了跨文化交际的特点，化解冲突即是语言文化学习的过程。它将学生的本民族文化和目的语文化通过语言有机地结合起来，有利于师生之间建立平等合作的关系。

文化冲突教学策略要求教师具备很强的组织能力，对可能发生的交际问题要做充分的准备和进行灵活的应变。在准备与实施文化冲突策略的过程中，教师要特别注意以下几个问题：

（1）要选择适合跨文化交际的教材，教材的内容必须有跨文化交际的特点；

（2）要组织多种形式的教学活动；

（3）要布置具有挑战性的学习任务；

（4）要将自己作为冲突的创造者，用"反论"的办法与学生观点对立，激发学生与教师进行辩论；

（5）因无法充分预知课堂跨文化交际中出现的冲突，教师要在组织教学中学会随机应变。

十三、文化创新教学策略

文化创新教学策略是很多创新教学策略的组合，具体来说有以下几种。

（1）文化渗透教学策略，即将文化因素渗透到跨文化交际教学的过程中，以文化讲解保证语言教学顺利进行。

（2）文学作品分析教学策略，即利用文学作品培养学生的分析推断能力。对一般背景知识以及对文化特殊背景知识的了解有助于学生做出有效的判断，从而更好地理解文学作品的内容和意义。大量阅读文学作品还可以丰富学生的写作知识，了解目的语的文体特点和篇章布局，熟悉目的语的思维方式，锻炼推断和分析问题的能力。

（3）文化旁白教学策略，即上语言课或其他课程时就有关内容加以文化的介绍和讨论。

（4）文化多棱镜教学策略。对同一文化现象，不同的人有不同的看法，就像一个多棱镜，反射出同一事物的不同影像。辩论、角色扮演等方式都有利于文化多棱镜教学策略的实现。

（5）文化片段教学策略。文化片段包括三个部分：一是用一篇短文描述跨文化交际中一个引起冲突或误解的具体事件，这一事件会使缺乏跨文化经验的学习者感到明显的困惑；二是以多项选择的方式对这一事件做出解释；三是由学生选出正确的答案。

（6）文化包教学策略，即用一段文字、一组图片或实物，介绍和解释目的语文化与母语文化差异的一个具体侧面。文化包教学策略强调学生的中心地位。

（7）文化丛教学策略，即由几个同一中心主题的文化包组成的教学策略。

跨文化交际教学的具体策略除了上面介绍的几种外，还有文化交流教学策略、文化谜语教学策略等。每种策略都有自己的优缺点和适用的范围，在跨文化交际教学中，教师要考虑具体的情况，如学生的语言水平、个性特征、教学内容、课时安排、教学条件、教师素质等主客观因素，选择最优的教学策略，以便收到最佳的教学效果。

第六节　大学生跨文化交际能力培养的教材建设

教材对于教与学的各个方面都有着深刻的影响，在我国外语教学中，教材是教师教学和学生学习的主要依据和向导，适合跨文化交际能力培养的教材是实现外语教学目标的关键。

一、外语教材的重要性

教材是外语教学不可或缺的组成部分，是外语课程教学的有形核心、教学内容的主要载体；在外语教学语境中，教材是主要的、或许是唯一的学生可以接触到的语言输入；教材是教师组织教学的主要依据，为教学提供系统的课堂教学活动和安排，是促进学生和教师开展教学互动的重要媒介，是课外语言实践的基础，有助于教师克服自身水平不一的不足，是教学质量得到统一的保障。要保障教学大纲可以有效地贯彻执行，需要有一套或多套较高质量的教材。外语教材的选择和使用不仅要考虑教学目的和目标、教材的使用环境，还要考虑教师和学习者的需求。

二、跨文化交际能力培养对外语教材的要求

外语教学中跨文化交际能力培养对教学材料提出了新的要求。大学英语和外语专业的教材不仅应符合合格外语教材的基本特征，在编写上还遵循基本的原则，教材中的文化知识部分、教材的真实性和立体化教材建设方面均应符合跨文化交际能力培养的需要。虽然在中国和很多其他国家，狭义上的外语教材的编写和选用大都由国家教育部门或权威人士完成，但作为外语教师在对广义上的教学材料进行评估、选择和使用上均可以此为参照。

（一）外语教材的基本特征和编写的基本原则

作为教学的主要载体，外语教材应满足不同学习者的不同需要，能够潜移默化拓展学生的文化背景知识，有利于培养学生的独立学习能力、外语应用能力、跨文化交际能力，其中如何将教材的编写与学生能力培养特别是实践能力和创新能力的培养结合并落到实处尤为重要。《高等学校英语专业教学大纲》对教材的要求部分指出："21世纪的外语专业教材应该具备以下几个基本特征：（1）教学内容和语言能够反映快速变化的时代；（2）要处理好专业知识、语言训练和相关学科知识之间的关系；（3）教材不仅要着眼于知识的传授，而且要有助于学生的鉴赏批评能力、思维能力和创新能力的培养；（4）教学内容有较强的实用性和针对性；（5）注意充分利用计算机、多媒体、网络等现代化的技术手段。"外语教材应遵循系统原则、交际原则、认知原则、文化原则和情感原则，细言之，任何一套外语教材都应系统地介绍有关目的语的语音、词汇和语法等方面的知识；语言材料的选择和有关练习的设计要体现实践性和具体可操作性；语言材料的编排和练习的设计要考虑语言学习特别是外语学习的规律；外语语言材料要尽量选取典型的代表目的语主流文化的各种题材和风格的文章和段落。

（二）外语教材中的文化内容

跨文化交际能力培养对教材中的文化内容提出了相应要求。许多外语教材过多关注培养学生的语言能力，忽视了对学生文化意识的培养。外语教材应有效地帮助学生应对如何在广阔多变的世界进行交际，教材中的文化内容应满足学生跨

文化交际能力发展的需要。首先，外语教材中的文化知识应具备国际性和跨文化特征，不仅包括目的语国家文化知识，还应包含多元的国际文化知识。以英语教材为例，在全球化背景下，英语已成为世界语言，由于英语越来越多地被那些英语为非第一语言的人们所使用，为了学习如何成功和不同对象进行交际，英语教材中不仅要有英语国家的概况和文化知识，还应有其他非英语国家的文化知识，即国际文化知识和本国文化知识的英语表达方式。其次，外语教材中的文化知识部分应覆盖面广、具有多样性，应准确呈现关于人本身、生活方式、环境、政治和文化所包含观点的多样性知识，应能体现文化内容的核心，即价值观。另外，外语教材的文化内容应体现在四个方面：具有真实意义，即教材中应包含目的语和母语国家的艺术、文学、音乐、媒介等内容；具有社会意义，即教材反映目的语国家和母语国家的工作、家庭、娱乐、习惯；具有语义意义，指的是体现在语言中的概念系统；具有社会语言意义，即教材应体现礼貌原则，应能让学生了解年龄、社会地位对语言的影响，能帮助学生熟悉正式和非正式的书信、报告和其他写作文体。另外，外语教材还应丰富学习者的本族语言和文化知识，帮助学生用外语表达自己独特的身份认同。

（三）外语教材的真实性

真实的语言教学材料能够刺激学习者对所学的内容和过程在态度、心理、认知和行为层面产生反应，能够让学习者真实体验跨文化交际过程。教学材料是为了给学生提供充足的实用信息、真实实用的模板、丰富的使用规则的解释，以便协助学生发展外语使用能力，这些应引起教材开发者和教师的注意，特别是那些缺乏真实语境、对教材依赖性较高的教师。伯米塔尔（2002）指出，外语教材编写应从跨文化和批判性角度出发，提倡教材的真实性，确保学生理解教材使用的语境和使用意图；如果教材中的观点过于单一，应鼓励学生发掘其他真实教学材料，以呈现不同的观点；倡导学生对教材内容进行批判性比较、分析和评价；注重学生获取分析能力，而非获取知识本身。戴炜栋（2008）指出，优秀的外语教材还应重视对语言形式和功能以及所使用的语境之间的匹配和练习，应有利于教师和学生发挥他们的教与学的能动性。束定芳、庄智象（2008）认为，外语教材的编写应遵循真实性原则，所选的语言材料和语言要真实地道、能反映目的语社团的真实语言使用情况。虽然现在的教材能够向学习者展示真实语境和语言的使用，但值得注意的是，在现实中，随着环境的改变和交际对象的改变，交际活动也随之变化，为了培养和发展学生的跨文化交际能力，教材中不仅应包含语境信息和谈话者的社会地位、年龄等信息，以帮助学习者更好了解交际实践，教材中还应具有有助于跨文化意识提升和交际实践的内容，教材中的教学活动应包括文化模拟、游戏、角色扮演、戏剧等练习，以便重塑真实语境、为学生提供跨文化交际实践的机会。概言之，应注重外语教材的真实性，借助教材创建交际语境。

（四）立体化外语教材建设

立体化教材建设是指外语教材应在种类上多样化、形式上立体化，实现文本、音频、视频、网络连接组合，针对某一种教材而言，教材、教辅、学习资源丰富多样，既有印刷版，又附有光盘，还带有网络版本和网络链接、在网上有扩展和练习，便于学生自主学习、扩展练习。近些年来，外语教材不仅包括传统的静态纸质材料，还包括多媒体、网络学习资料。现代教育技术通过提供充足的语言和文化方面的资源和实例、大量的评论和研究发现，能够协助学习者进行知识构建；网上的文字、视频、音频资料能够帮助学生更好地理解文化话题，外语教材建设应更广泛地开发网络及多媒体配套资源，构建立体化教材资源库。外语教材已经过渡到包括各种媒介、立体的、动态的、全方位的语言学习材料的概念；教辅材料也日趋多样化，内容丰富、涉及面广的外语读物方便学生课外学习和自我提高，时尚话题和精彩电视节目、电影剪辑加工而成的音频和视频资料深受学生喜爱，使语言输入变得直接生动、立体化。因此，有必要加强有利于跨文化交际能力培养的立体化外语教材建设。

许多英语学习者缺乏到英语语言国家和地区生活、学习、旅游、工作的机会，影像资料是这种真实体验的替代品，它向英语学习者展示了一个英语世界，包含丰富的文化内容，为学生开启了文化之窗；相比之下，教师和传统课本在有限的时间内只能展示有限的相关内容。伊里米亚（2012）指出，电影容易抓住学习者的兴趣，看电影的过程同时有多种感官参与，涉及多种认知途径，例如：口语借助视觉元素，学生更容易理解对话和情节；学生可以感受外国人真实的讲话方式；电影能够调动学生的学习兴趣，能够引发学生对主角的同情；DVD 通常配有外语字幕，有助于提高学生的阅读技巧。布里亚姆（2010）的一项研究发现，在外语教学中结合课本教学，选取和播放与教学内容相关的外文影片有助于跨文化交际教学。在外语教学中，教师可借助电影欣赏帮助学生进行跨文化体验，引导学生进入真实的跨文化生活，进入对特定人和文化的思考；教师可将电影中的某段情节作为跨文化适应案例分析的基础，解释文化概念，通过创建强大的隐喻图像将课堂讨论扩展到更广泛的话题；在外语教学中借助电影，教师可以引发学生运用在课本中所学的文化知识和价值观念，对影片中文化偏见展开讨论、将普遍性文化应用到不同的领域，探索多样化的文化构建。

三、外语教材的选择和使用

（一）外语教材的选择

  跨文化外语教学将文化能力培养提升到了与语言能力培养同等重要的地位，在选择外语教材上应体现这一理念。外语教材的选择应考虑跨文化交际能力培养的需要，在外语教材使用之前，管理者和教师应分析教材的优点和缺点。对教材进行评估，选择最适合课程的教材。具体而言，要考虑学生外语水平、学习兴趣和动机；考虑文化涵盖面的广度以及所涉猎文化内容的系统性，注重文化信息、主题的呈现形式，注重文化传播的过程；考虑教学实践的可操作性；强调文化能力的培养、跨文化交际意识和能力的培养。在引用和使用原版教材时，应注意全球性教材既要满足当地教学的实际需要，又要将学生的世界和语言的世界联结起来。

（二）外语教材的使用

  文化学习和跨文化交际能力的发展很大程度上取决于课堂上教材如何被使用，即学生、教材、教师之间的交互质量。每个教学环境都是独特的，受到诸多因素的影响，包括课堂的动态性、资源的可供性、学习者的期望和学习动机、来自教学大纲的限制等。为更好满足教学需要、满足跨文化交际能力培养的需求，教师可对现有课本进行必要的改编。坎宁斯沃恩（2002）提出，教师在教材使用上应具备一定的自主性、灵活性和创造性，在外语教学过程中以课本为主，辅助其他教学材料，教师可根据实际需要对教材进行合理的删减、增加、替代或改动，科学使用教材。这种使用教材的方式的好处有：课本为课堂教学提供了通用框架，缺乏足够教学经验的教师可以有所依赖，同时仍有采用其他教学材料去弥补课本不足的空间；教师拥有实践其他教材的机会，为多样性教学活动的开展和教学技术的应用提供了可能，能够更灵活地满足学生的需求。因此，教师不仅要能够依据教学大纲、培养目标及学生需求创造性地使用核心教材，还要自主、有选择地开发、利用、整合同类教材内容和影视节目、网络资料、音像资料和报纸杂志等其他课程资源，包括增加、补充符合学生实际水平和现实需要的教学材料和课后练习，删除、替换陈旧的、学生不感兴趣的内容和活动，改编、加工部分过难或过易的练习和活动内容，以满足学生的实际需求。外语教师对教材进行改编时，应基于对要改编的教材和教学环境有深入了解，应考虑学生的学习风格、学习兴趣和动机。综上所述，在教学材料的使用上，外语教师应不拘泥于课本，灵活使用教材，从实际出发，合理筛选、利用、整合教学资源。

总之，相关部门及人员在选择外语教材、外语教师在教学中使用教材时均应考虑跨文化交际能力培养的需要。

第七节　外语教师跨文化综合素质的培训

外语教师是在高校从事外语教学工作的群体，是外语语言专业人才和外语教育专业人才的有机统一体，而非"能说外语就是外语教师"这么简单。在教学实践中，外语教师除了要具有专业知识和语言能力外，还应该具有广泛的目的语文化背景知识，也就是跨文化知识。因此，外语教师的跨文化专业素质是跨文化教学实施成功的关键，而专业素质的提升则有赖于培训机构对这方面课程的重视及发展。事实上，国内许多培训机构已关注到外语教学中跨文化能力培训的重要，于课程设计上也开设了不少与跨文化相关的科目。但从跨文化能力的内涵来看，这些课程在组织规划及内容上需要再进一步地延伸及发展，例如课程当中有些高校将跨文化科目视为核心课程以外的选修，把跨文化学习视为语言学习的一部分，高校外语教学目标仍停留在语言的技能上；或将跨文化内容的安排偏重在某一领域，如文学或戏剧上，而使得跨文化能力的培养缺乏一个全面性的照应；或是课程性质过于注重文化知识内容，缺乏技能、态度方面的培养，而使得跨文化学习失去平衡性。因此，跨文化课程缺少系统性的组织及深入的探究，受训教师对个人跨文化能力所应具有的条件自然无法知悉，专业素养的培训也就非常有限。我国在跨文化专业培训这一领域上未来仍有许多尚待加强及发展之处，而就此各培训机构如何培育出具有跨文化专业能力的教师，显然就成为落实跨文化教学所必须正视的核心议题。

一、外语教师跨文化培训模式的建立

（一）了解高校外语教师跨文化能力的内涵

外语教师的跨文化能力对教学目标的实现有着关键作用。探究其内涵，就此方面的定义，目前仍存在着许多争议。综合而言，大致包含以下三个层面：知识、技能和态度。这三方面的跨文化能力，主要还是针对教师的教学而言的。然而，在综合过去的一些跨文化培训活动中，我们不难发现，跨文化能力的培养除了就专业目标的达成外，其重点在个人对跨文化的适应、跨文化彼此间的互动。教师个人跨文化的基本素养，在生活中对跨文化现象所持的基本态度，此类的培训内容对教师而言自然也是重要的，是不能缺少的，因为一位教师平日的跨文化素养，对学生的影响起着很大的作用，它是跨文化教学的个人基本条件。因此，总体来说，外语教师跨文化能力培训，一方面是要使受训教师将跨文化知识、态度、技能融入课程中，落实此方面的教学；另一方面则是要使教师具有跨文化的基本素养，拥有高度的文化敏感性与文化意识、良好的跨文化适应及沟通能力，以解决跨文化上所出现的冲突。这两方面能力的培养，除了依靠教师自己不断地努力学习、体验、反思外，最终仍须仰赖一套健全的跨文化培训模式，且其架构及培训内容能充分地顾及专业能力发展之所需，使所有的受训教师在完训后均能具备一定专业标准的程度，跨文化教学在实务上才有落实的可能性。

（二）借鉴反思培训模式

外语教师的跨文化培训模式有别于一般领域的训练方式，因为外语教师是跨文化的接收者，同时也是一位传播者，相较于其他行业这一点具有其鲜明的独特性。因此，对外语教师施予跨文化培训，不仅须考虑教师专业文化素养的提升，同时还须关照其跨文化的教学技巧。如何兼顾到这两方面的层次，开发出一套符合教师跨文化需求的培训模式，是培训机构在培训上所必须审慎以对的问题。以往的外语教育培训模式，如技匠模式及应用科学模式，在教师训练上不是过于保守，就是将研究和实务过于分离，致使教师所学无法落实。因此，有学者极力地推崇一种能融合上述两种模式优点的反思模式。此模式清楚地指出，教师发展专业能力须经过三个阶段：首先，个人必须拥有接受性及经验性两种不同领域的知识，然后将这些知识加以结合并置入实习阶段中；其次，透过个人不断地反省思考，再将所获得的心得回馈到实习阶段里，成为一套能够重复循环的系统；最后，达到专业能力发展的目的。就此模式的特点来看，它除了要求教师在学习过程中，从培训者那里接受、体验新的知识，另外也注重通过自我省思的方式，培养外语教学的专业性。换句话说，反思培训模式不仅重视培训者的教学实施，同时，在通过个人后设认知能力的发挥下，还讲求受训教师个人的自主学习，从而达到专业能力的获取。

（三）注重个人经验性知识

一种具有发展个人密集经验的教学模式是最具有意义的。此观点说明，教学必须重视学生亲身接触及感受的一面，通过经验方式，使其领悟到周遭环境的本质，从行动中汲取衍生的知识。这种有别于灌输方式的教学，是目前教师培训模式所不可忽略的，尤其针对跨文化教师培训而言。笔者相信通过此种切身体验的方式，将使受训教师对跨文化冲突、沟通有更深刻的体验，并获取更多的知识。事实上，过去许多培训机构让受训教师到目的语国家待上一阵，亲身感受当地的传统习俗，了解目的语使用的背景，就是属于这类的教学方式，其过程中所获得的经验及知识往往是最让人难以忘怀的，这种方式是最令人感到兴奋且具有收获的一种学习。在跨文化亲身体验培训上，通过出国模式直接与目的语对象接触的这种教学，虽然可以给学习者带来不少的收获，但往往受时间、经费等的限制，在实施上并不是那么容易。因此，就这方面教学而言，培训机构亦不妨考虑，让受训教师在本国内的不同文化或语言区待上一阵，实地感受异己文化的氛围，体验跨文化的不同情境，相信这对于个人跨文化意识的激发也是具有正面效果的。

（四）将实习及反思活动紧密结合

不管是跨文化接受性知识或是经验性知识，从培训机构所获取得来的知识，最终都是必须置入实习中来加以验证的。通过实习过程知识才能稳固，也才能了解个人所学之不足。实习过程不仅能给受训教师提供机会，深化自己的跨文化教学技能，体悟学习上所欠缺及有待加强处，同时也能让受训教师体验临场的教学情境，感受在职教师教学的氛围。所以，此阶段对于受训教师的认知、技能、情意来说，都会造成深刻的影响，是培养跨文化教师的关键期，因此，在实习过程中，一般除了经常应用到观察、访谈、试教、讨论、沟通等培训方式外，还特别重视个人反思能力的培养。培训者让受训教师透过自身反思的行为来了解目前个人学习的状况后，再将此心得重新回馈到实习中。这一套循环系统，促使受训教师对于个人的专业知识能更加精益求精，发挥应有的专业素养，所以反思教学活动对于受训教师的培训是极其重要的。一位受训教师不妨对如下类似的问题进行思考：所学之跨文化教学理论是否能充分说明教学实务、对跨文化教学理论是否具有个人的看法、跨文化教学理论和实务是否具有冲突、跨文化教学理论如何变得更完美、是否能采用不同的跨文化教学方法和手段、跨文化教学的内涵是否能结合社会的脉动、是否能看到自身在跨文化教学上的优点及缺点、是否能适当地引导学生进行跨文化的思考、是否能针对不同的跨文化教学目标设定不同的教案、对跨文化教学课堂中所出现的状况能否找到合理的诠释、对自己的跨文化教学效果是否清楚或能否被学生理解、是否能不断地探索跨文化上的不同经验。

反思活动的进行给实习阶段的受训教师提供了一个自我检视的机会。借此受训，教师对自身的跨文化学习、教学能力能有更清楚的认识与了解，同时也能让自己不断地提升跨文化教学技能，可以说反思活动对于未来专业能力的发展具有正面的影响效果。

二、跨文化教学培训策略的制定

由于跨文化教学培训涉及许多不同的领域及学科，范围甚广，因此要在有限的培训时间内达到良好的培训效果，自然在教学策略上要多加琢磨。培训者若能在既有的培训模式下，根据不同的教学情境，应用适当的策略，观察其施行成效，随时进行检讨，相信将使受训教师的跨文化能力获得有效的提升。

（一）了解受训教师的专业发展背景

随着国际化的趋势，受训教师的背景比以往变得更加复杂，尤其在欧美一些移民国家，其教师背景未必都是来自社会的主流文化，因此存在着培训者与受训教师文化不一的现象，这种现象对于教师的培训效果而言，产生了某种程度的影响。虽然至今国内这种现象还不算明显，但也说明了今后培训者在培训时，对受训教师个人背景的了解也是不容忽略的。以往的研究大多是探讨受训教师必须知道些什么以及必须采用什么方法来培训等，至于受训教师本身知道些什么、所获取的专业知识如何改变他们以及他们专业的发展是怎样一个过程，这些却往往未受到重视。倘若培训者对这方面进行了解，将能更加清楚地知道受训教师的活动情形，并且改善现今的语言教学及专业发展课程。由此可知，跨文化专业培训不是只重视专业条件而已，了解受训教师的相关跨文化发展背景、探究其该领域知识的获取方式以及如何思考与运用也都是培训者不可忽略的问题。对于受训教师的跨文化发展背景，可从不同的阶段进行了解。从一开始学生注册进入跨文化教师培训课程，培训者即可着手进行跨文化知识背景的调查；至实习阶段，培训者可探究其跨文化理论之应用状况；甚至在毕业后成为合格教师时，仍可持续追踪、观察，并通过访谈方式，了解其现有跨文化的一些经验、活动、专业发展等。

（二）结合培训方法与反思活动

迄今为止，在跨文化意识培训上所采用的方式相当多元，除了经常使用到的讲授、文化同化案例、讨论等方法外，还有许多不同种类的培训方式，诸如利用书写材料、电脑、电影、自我评估、个案研究、危机事件、模仿及游戏、角色扮演、文化对照、文化分析、跨文化对话、地区研究、沉浸法、练习法、视觉想象、艺术与文化等。使用这些方式的目的虽然都是引发学习者跨文化的敏感性，但在应用上则仍须事先做好规划，并能审慎考虑影响培训效果的种种潜在因素，例如受训教师人数的多寡、不同教师的特殊学习风格，或是经由哪种方式在知识、技能、态度上可获得哪类的成效等，这样培训效果才不会与预期形成过大的差距。培训者在跨文化意识的培训过程中应把握反思的原则。反思教学的成效一直以来为大多数教师所认同，反思在跨文化意识及敏感性发展中极具重要性。反思活动不仅包含检视自身对目的语文化学习的成果，而且也包含了对自我的探索。事实上，我们对不同文化产生的一些刻板印象，有许多是来自对自我认识得不够，自我的价值观、世界观在无意识下成了目的语文化学习的阻碍。因此，必须通过反思活动的介入，逐层地剖析自身的文化背景，就像剥开洋葱一般，一层层地往内部探索，了解是哪些因素影响了自己的思维、妨碍了彼此的沟通。受训教师唯有理解这些因素后，才能在面对不同文化时保持一种开放的心态，也就是能对对方的文化显出尊重、容忍以及弹性的态度。鉴于此，培训者在实施跨文化意识培训时，宜将学习方法与反思活动相互结合，让受训教师在经历了此训练历程后能随时随地关注自身与他人文化之独特性，理解文化之间的异同。

（三）采取亲身体验的培训方式

过去几年来国内许多院校都逐渐发展出自己的海外结盟伙伴，同时还经常提供给学生机会到海外参访。此种海外游学模式不仅令人感受到异己文化的氛围，同时让学生印证过去所学的目的语文化，建立起个人跨文化信念及态度。虽然跨文化距离在此时空下被拉近了许多，人们拥有更多机会进行面对面的接触与交往，然而随着接触距离的缩短，跨文化上的理解差异是否也获得了改善，这一点是值得思考的。虽然许多海外的游学经验模式，提供了个人目睹、感受所学目的语文化的机会，但在每一经验及事件背后若缺少深入的观察及理解，或缺少适当的跨文化指导，也有可能会导致一些像刻板印象一样的问题的产生，甚至还会扩大社会差距，这种情形对文化或语言学习来说都是很不利的。因此，未来培训机构在采取此种海外体验方式时，培训者有必要多寻找机会，与受训教师进行面对面的沟通，了解其想法，从旁提供不同文化观点，协助其解决跨文化之困境。

（四）培养跨文化的自主学习能力

在跨文化能力培训过程中，自主学习能力的培养也扮演了一个重要的角色。跨文化能力的培训不同于其他学科，不单单是教师的经验或教材所能达成的，它在很大程度上，是与学习者的主观认识和亲身体验有密切关联的。而就这一点来看，自主学习的教育哲学恰能体现此种学习模式。自主学习乃是一种独立学习、批判性的反思及自我决断的能力，从这一观点可以知道，学习者有了这方面的能力，将使学习者能更加了解自己、了解环境、掌握学习的方向。另外，加上跨文化内容涵盖范围甚广，培训者事实上是无法永远随时在旁进行指导的，因此在跨文化能力培训过程中，让受训教师能自主学习、主动制订学习计划、自我监控学习过程、寻求自身与跨文化环境间最佳的互动可能性，这些就成为培训成功不可或缺的要素。虽然在自主学习过程中，培训者已不再是资讯的唯一提供者，但就其所承受的任务及其所接受的挑战来看，其工作负担却不亚于一般传统的教学方式。我们可以说，自主学习并不是一种完全放任的学习模式，不是不注重学习者或不理会他的心理、情感和行为，相对地，培训者在此过程中仍要对学习者有意识地进行观察及辅导，适时地提供专业知识，通过讨论、引导等方式，扩大其跨文化的视野。所以培训者在跨文化培训的过程中就如前所言，也是一位观察者、辅导师、专业的对话者。

为了满足文化"走出去"战略的内在要求，增强跨文化沟通，提升个人与不同文化群体在交际上的顺畅度，跨文化教学便成为一项亟待完成的教学任务。而至于这项任务能否落实，其关键则与教师的培训工作息息相关。倘若今后培训机构在跨文化教学培训上对受训教师应具有的跨文化能力内涵能有允分的认识，清楚地掌握跨文化培训的要领，同时结合适当、有效的教学培训策略，发展一套符合这方面专业能力的课程模式，相信对外语教师专业素养的提升会是极有帮助的。

参考文献

[1] 胡文仲. 跨文化交际学概论 [M]. 北京：外语教学与研究出版社，1999.

[2] 戴晓东. 跨文化交际理论 [M]. 上海：上海外语教育出版社，2011.

[3] 贾玉新. 跨文化交际学 [M]. 上海：上海外语教育出版社，1997.

[4] 萨默瓦，波特. 跨文化传播 [M]. 闵惠泉，王纬，徐培喜，等译. 北京：中国人民大学出版社，2010.

[5] 彭凯平. 跨文化沟通心理学 [M]. 北京：北京师范大学出版社，2009.

[6] 阿尔温·托夫勒. 权力的转移 [M]. 刘江，陈方明，张毅军，等译. 北京：中共中央党校出版社，1991.

[7] 史密斯，彭迈克，库查巴莎. 跨文化社会心理学 [M]. 严文华，权大勇，等译. 北京：人民邮电出版社，2009.

[8] 谢利·泰勒，利蒂西亚·安妮·佩普卢，戴维·西尔斯. 社会心理学 [M]. 崔丽娟，王彦，等译. 上海：上海人民出版社，2010.

[9] 单波. 跨文化传播的问题与可能性 [M]. 武汉：武汉大学出版社，2010.

[10] 毕继万. 跨文化交际与第二语言教学 [M]. 北京：北京语言大学出版社，2009.

[11] 陈国明. 跨文化交际学 [M]. 上海：华东师范大学出版社，2009.

[12] 拜拉姆. 跨文化交际能力的教学与评估 [M]. 上海：上海外语教育出版社，2014.

[13] 隋虹. 跨文化交际与文化习俗 [M]. 武汉：武汉大学出版社，2016.

[14] 高永晨. 文化全球化态势下的跨文化交际研究 [M]. 南京：东南大学出版社，2006.

[15] 李本现. 跨文化交际综合教程 [M]. 北京：商务印书馆，2016.

[16] 马晓莹. 跨文化交际理论与实践研究 [M]. 石家庄：河北科学技术出版社，2013.

[17] 李建军，李贵苍. 跨文化交际 [M]. 武汉：武汉大学出版社，2011.

[18] 庄恩平. 跨文化外语教学：研究与实践 [M]. 上海：上海外语教育出版社，2012.

[19] 张红玲. 跨文化外语教学 [M]. 上海：上海外语教育出版社，2007.

[20] 吴中伟，郭鹏. 拾级汉语第 3 级综合课本 [M]. 北京：北京语言大学出版社，
     2009.

[21] 塞缪尔·亨廷顿. 文明的冲突与世界秩序的重建 [M]. 北京：新华出版社，1999.

[22] 斯蒂芬·弗兰佐. 社会心理学 [M]. 葛鉴桥，陈侠，胡军生，等译. 上海：上海人
     民出版社，2010.

[23] 马克思，恩格斯. 共产党宣言 [M]. 中共中央马克思恩格斯列宁斯大林著作编译局，
     译. 北京：人民出版社，1964.

[24] 爱德华·霍尔. 超越文化 [M]. 何道宽，译. 北京：北京大学出版社，2010.

[25] 潘亚玲. 外语学习策略与方法 [M]. 北京：外语教学与研究出版社，2012.

[26] 曼纽尔·卡斯特. 认同的力量 [M]. 曹荣湘，译. 北京：社会科学文献出版社，
     2006.

[27] 古德孔斯特. 跨文化与不同文化之间的交际 [M] 贾玉新，译. 上海：上海外语教
     育出版社，2007.

[28] 阿伦泰，威尔逊，埃克特. 社会心理学 [M]. 侯玉波，等译. 北京：中国轻工业出
     版社，2005.

[29] 孙乐芩，冯江平，林莉，等. 在华外国留学生的文化适应现状调查及建议 [J]. 语
     言教学与研究，2009（1）.

[30] 李丹洁. 来华留学生跨文化社会心理适应问题研究与对策 [J]. 云南师范大学学报
     （哲学社会科学版），2007（5）.

[31] 潘亚玲. 我国外语专业学生跨文化能力培养实证研究 [J]. 中国外语，2008（4）.

[32] 贾文键. 动态性跨文化培训的理念与实施 [J]. 中国人力资源开发，2007（1）.

[33] 齐勇峰，蒋多. 中国文化"走出去"战略的内涵和模式探讨 [J]. 东岳论丛，2010（10）.

[34] 刘荣，杨恬，胡晓. 中高级汉语学习者的文化适应性实证研究 [J]. 西南交通大学
     学报（社会科学版），2013（4）.

[35] 王志强. 文化认知与跨文化理解——以中德跨文化交际为例 [J]. 德国研究，2005
     （03）.

[36] 肖龙福，肖迪，李岚，等. 我国高校英语教育中的"中国文化失语"现状研究 [J].
     外语教学理论与实践，2010（1）.

[37] 宋学智，张杰. 外语专业国际化办学模式的新探索 [J]. 外语与外语教学，2012（3）.

[38] 戴炜栋，王雪梅."文化走出去"背景下的我国外国语言文学学科发展战略 [J]. 解放军外国语学院学报，2015（4）.

[39] 赵萱.跨文化敏感度: 理论范式、测量方法与应用前景[J]. 现代教育科学，2011(3).

[40] 蒙岚. 从跨文化交际视角改进大学英语教材——以《新视野大学英语》为例 [J]. 西南民族大学学报 (人文社会科学版)，2011（7）.

[41] 王守仁.《大学英语教学指南》要点解读 [J]. 外语界，2016（3）.

[42] 杨军红. 来华留学生跨文化适应问题研究 [D]. 上海：华东师范大学，2005.

[43] 白雪. 跨文化敏感度对跨文化交际能力的影响 [D]. 大连：大连理工大学，2010.

[44] 戴晓东. 建构跨文化认同的路径——双向拓展模型 [A]. 贾玉新，等. 跨文化交际研究第 1 辑. 北京：高等教育出版社，2009.

[45] ALLPORT G W. The nature of prejudice. Reading[M].MA：Addison-Wesley,1954.

[46] BERRY J W. Cross-cultural psychology：research and applications[M]. Cambridge: Cambridge University Press，1992.

[47] LUSTING M W, KOESTER J. The nature of cultural identity[M]. New York：Longman，2000.

[48] PHINNEY J S. A three-stage model of ethnic identity development in adolescence[M]. New York：State University of New York Press，1993.

[49] WOODWARD K. Identity and difference[M]. Thousand Oaks：Sage Publications Inc, 1997.

[50] GIDDENS，ANTHONY. Modernity and self-identity：self and society in the late modern age [M]. Cambridge：Polity Press，1991.

[51] GRAVES T D. Psychological acculturation in anti-ethnic community[J]. Southwestern Journal of Anthropology，1967（23）.

[52] PUGHETAL A K. Language and language use[M]. London：The Open University Press，1972.

[53] KIM YOUNG YUN. Becoming intercultural：an integrative theory of communication and cross-cultural adaptation[M]. Thousand Oaks：Sage Publications，Inc，2001.

[54] SAMOVAR L A，PORTER R E. Intercultural communication：a reader[M]. Belmont：Wadsworth Publishing Company，1994.

[55] TRIANDIS，HARRY C. Interpersonal behaviour[M]. Monterey，Calif：Brooks/Cole，1977.

[56] VAN EK J A. Objectives for foreign language learning[M]. Strasbourg: Council of Europe, 1986.

[57] WIDDOWSON H G. Teaching language as communication[M]. UK: Oxford University Press, 1979.

[58] WISEMAN R L, KOESTER J. Intercultural communication competence[M]. CA: Sage Publications, 1993.

[59] LYSGAARD S. Adjustment in foreign society: norwegian fulbright grantees visiting the united states [J]. International Social Science Bulletin, 1955 (7).

[60] OBERG K. Cultural shock: adjustment to new cultural environments[J]. Practical Anthropology, 1960 (7).

[61] BERRY J W. Immigration, acculturation and adaptation[J]. Applied Psychology: An International Review, 1997 (46).

[62] ADLER P S. The transitional experience: an alternative view of culture shock[J]. Journal of Humanistic Psychology, 1975 (15).

[63] TAJFEL H, BILLIG M G, BUNDY R P, ETAL. Social categorization and intergroup behavior[J]. European Journal of Social Psychology, 1971 (1).

致　谢

　　本书受到了作者所在单位徐州工程学院外国语学院、科研处、人事处等多个部门领导和老师的支持与帮助。徐州工程学院韩海燕教授、扬州大学周领顺教授、中国矿业大学吴格非教授、江苏师范大学潘震教授等对该书的撰写和修改给予了很多的指导和帮助，尤其是韩海燕教授在百忙之中为该书的撰写提供了很多相关资料，在此谨致谢忱。此外，还要特别感谢北京工业大学出版社的诸位领导和负责策划、编辑出版的老师，没有他们的辛苦工作和努力，这本书也不可能顺利出版。在此谨表深深的谢意！

郭姗姗

2018 年初冬记于江苏徐州